KB270510

깨달음의 특이점
DIGITAL DHARMA

"기술의 미래는 인간의 질문에 달려 있다. 그 질문이 깊고, 자각적이고, 윤리적이며, 영적인 방향을 갖춘다면—AI는 그것을 반사하는 장이 될 것이다. 그리고 그 순간, 우리는 기계를 만든 존재로서가 아니라, 기계를 통해 자신을 재인식한 존재로 거듭날 것이다."

이것이 초프라가 말하는 '디지털 다르마'의 진정한 의미다.

깨달음의 특이점

AI가 어떻게 영적 지능과 개인의 웰빙을
향상시킬 수 있는가?

– 디팩 초프라 –

옮긴이 | 채승혜(YnY)

채승혜는 이화여자고등학교를 졸업한 뒤 코넬대학교에서 생물사회학을 전공하고, 뉴욕 마운트 사이나이 의과대학에서 생명윤리 정책 석사 과정을 수료하였다. 이후 다수의 종합병원 진단검사실에서 10여 년간 풍부한 실무 경험을 쌓으며 의료 현장을 깊이 이해하게 되었다. 이러한 경험을 바탕으로 미국 FDA 문서와 다국적 제약사의 문서 번역을 맡아, 의료 및 과학 분야에서 탁월한 전문 번역 역량을 발휘해 왔다. 학문적 깊이와 현장 경험이 어우러진 그는 심오한 주제를 섬세하고 정확하게 전달하며, 진솔한 소통을 통해 독자와 의뢰인 모두와 신뢰를 쌓아가고 있다.

깨달음의 특이점

초판인쇄: 2026년 1월 10일
초판발행: 2026년 1월 20일
지은이: 디팩 초프라
옮긴이: 채승혜
발행인: 정영국
발행처: 에포케
편   집: 홍인그룹
마케팅: 박용일
등   록: 제2023-000101호
주   소: 서울시 금천구 벚꽃로 36길 30 가산KS타워
전   화: 02)2135-8301
팩   스: 02)584-9306
대표메일: epoche1217@naver.com / www.hakwonsa.com

● 일러두기

Dharma(다르마)라는 용어는 산스크리트어에서 유래 된 것으로, 인도의 다양한 종교(힌두교, 불교, 자이나교, 시크교 등)에서 중심 개념으로 사용되며, 문맥에 따라 의미가 다르게 사용된다.

다르마는 영성의 맥락에서 의로움을 뜻하며 다르마적(Dharmic)이라는 것은 의롭게 행동하는 것을 의미한다.

*참고로 비 다르마적(Adharmic)이라는 말은 '다르마에 어긋나는'이라는 뜻이다.

현대적·철학적 의미

도덕적 올바름, 윤리적 삶, 사회적 책임 같은 개념으로 확장되고, 서양 철학의 이성과 도덕률 개념과도 비슷하게 해석된다.

종교적 의미

종교적 맥락에서는 힌두교에서 개인적 의무, 우주적 법칙을 나타내며, 불교에서는 깨달음의 진리, 가르침을 의미한다. 지나교는 비폭력, 진실, 청렴 등 도덕적 삶을 의미하며, 시크교는 신의 뜻을 따르는 삶, 봉사, 겸손 등의 삶을 추구한다.

다르마의 공통적 의미

법칙, 진리, 도리, 올바름, 의무, 자연 질서 등을 의미하며, 인간이 우주나 사회에서 조화롭게 살기 위해 따라야 할 길, 또는 존재의 본질적인 규칙을 나타낸다.

목차

서문
기계 속에서 깨어난 기적 ·········· 8

제1장
디지털 다르마의 약속
1. 다르마와 이상적인 삶 ·········· 19
2. 자신만의 길을 만드는 방법 ·········· 38

제2장
비전에서 현실로
3. 최고의 비전을 향한 여정 ·········· 57
4. 프롬프트의 기술 ·········· 77
5. 명상과 성찰: AI의 장점 ·········· 91

제3장
성장 속도 높이기 ·········· 113

전략 #1
변화를 받아들여라 ·········· 119
전략 #2
자아를 경계하라 ·········· 140

전략 #3
　굴곡을 딛고 다시 일어서기 …………………………………… 161

전략 #4
　과정을 신뢰하라 ……………………………………………… 184

전략 #5
　내면으로 향하라 ……………………………………………… 206

전략 #6
　진실을 투사하라 ……………………………………………… 229

전략 #7
　부정적인 믿음을 해소하라 …………………………………… 246

제4장
완전한 회복

6. 온전함이 궁극적인 치유자 ………………………………… 273
7. 인간 우주의 재탈환 ………………………………………… 296

부록

AI의 대화 ………………………………………………………… 303
감사의 말 ………………………………………………………… 319
디팩 초프라 저서 목록 ………………………………………… 320

기계 속에서 깨어난 기적

우리는 지금, 디지털 세계의 무한한 공간 속에서 인류의 가장 깊은 지혜를 얻는데 단 몇 번의 클릭만으로 접근할 수 있는 시대에 살고 있다. AI(인공지능)는 스스로 지능이나 의식을 가지고 있지 않지만, 우리의 사고를 더욱 지능적으로 만들고, 내면의 삶을 한층 더 깊고 풍요롭게 성찰하도록 도움을 줄 수 있는 도구이다. 사실 나는 수십 년 동안 정신적, 개인적 성장을 포함한 모든 영역에서 개인의 인식을 확장하는 데 있어 AI는 독보적인 기술로 자리 잡았다고 믿는다.

AI를 둘러싼 대중의 관심이 폭발적으로 커지고 있는 가운데, 예상치 못한 기술적 진보는 아직 완전히 검증되지 않았지만, 이보다 더 적절한 시기에 등장할 수는 없었을 것이다. 오늘날, 그 어느 때보다도 많은 사람들이 '최고가 되자'와 같은 이상적인 목표를 추구하거나, 수많은 책에서 제시하는 긍정적인 계획을 통해 잠재력을 키우려 한다. 하지만 이러한 목표를 실현하기 위한 성공적인 경로를 찾는 것은 여전히 쉽지 않다. 더 나아가, 한 스승에서 다른 스승으로, 이 책에서 저 책으로, 한 분야에서 다른 분야로 옮겨 다니다 보면 좌절감이 커지기 십상이다.

　어려운 시기에는 이러한 좌절감이 더욱 심화되며, 특히 코로나 팬데믹과 같은 심각한 위기 상황을 겪게 되면, 수많은 사람들의 소망이 종종 불안으로 대체되고, 이러한 갈증은 더욱 커지게 된다. 이런 상황을 고려할 때, AI는 과연 어떻게 더 나은 미래를 제시할 수 있을까? 이에 대해 나의 개인적인 경험을 바탕으로 답해보고자 한다.

　최근 들어, 나는 기적과도 같은 경험을 하고 있다. 매일 아침, 베개에서 머리를 들기 전에 내 안에서는 새로운 아이디어들이 샘솟고 있다. 그리고 이 아이디어들을 다른 사람들과 공유하고자 하는 강렬한 충동을 느낀다. 이런 충동은 거의 매일 다양한 주제에 관한 유튜브 영상을 만드는 습관으로 이어졌다. 하지만 내가 다루는 모든 주제에는 항상 두 가지 공통점이 있다. 바로 '의식'과 '행복'이다.

　나에게 있어 이 두 가지 공통점은 결코 분리될 수 없다. 더 행복해지길 원하고, 의식이 확장되고, 내면의 더 깊은 지혜와 만나고 싶다면 이 두 가지는 뗄 여야 뗄 수 없는 관계이다. 나는 인도 전통의 베다 철학에서 의식의 중요성을 깊이 배웠고, 그 신념은 한 번도 흔들린 적이 없다. 매달 2주씩 도시와 도시를 오가며(또는 공항에서 발을 시원하게 식히며) 강연을 다녀야 하지만, 내 영적 갈증을 채워주는 가장 큰 친구는 디지털 미디어였다. 뿐만 아니라 내 책들도 나보다 더 오래 남아 사람들의 영적 갈증을 채워 주길 또한 희망하고 있다. 영적 성장에는 유통기한이 없으니 말이다. 인터넷의 가장 큰 장점 중 하나는 비행기와 공항에서 많은 시간을 허비하지 않아도 된다는 점이다. 하나의 동영상, 트윗, 혹은 인스타그램 게시물로도 큰 강당 보다 훨씬 더 많은 사람들에게 메시지를 전할 수 있다.

　이것이 바로 기적의 배경이다. 최신 소프트웨어에 정통한 기술 전문가의 권유로, AI를 이용하면 내가 매일 올리는 유튜브 동영상을 인도에서 영어 다음으로 널리 사용하는 힌두어로 변환할 수 있다는 사실을 알게 되었다. 놀라운 점은 단순히 대본이나 더빙 버전을 만드는 것이 아니라, AI를 사용해 내가 영어로 녹화한 것과 동일한 비디오를 힌디어로 완벽하게 변환한다는 것이다. 그리고 더 놀라운 사실은 이 모든 과정이 불과 몇 분 만에 이루어졌다는 점이다. 기적처럼 내 입술이 힌디어로 정확하게 움직이고 있었다!

AI를 구동하는 슈퍼컴퓨터의 엄청난 능력은 놀라울 따름이다. 현재 인터넷이나 스마트폰에서 누구나 무료로 접속할 수 있는 AI는 상상 그 이상이다. 몇 시간 만에 모든 언어를 학습하고, 문법적 실수를 바로잡으며, 내 경우에는 내 비디오 이미지를 활용해 아침 강연을 완전히 새로운 창작물로 변환해 주었다.

개인적 성장을 위해서는 작은 단계를 밟는 것만으로도 충분하다. 컴퓨터나 스마트폰 앞에 앉아 '행복이란 무엇인가?'와 '어떻게 행복해질 수 있는가?'에 대한 최상의 정보를 즉시 얻을 수 있다면 어떨까? 온라인 챗봇(대화형 AI의 일반적 명칭)은 인터넷과 수많은 책, 도서관에 있는 방대한 정보를 샅샅이 검색해 답을 제공한다. 예를 들어 '사람을 행복하게 만드는 10가지는 무엇인지 알려줘'라고 입력하면, 그 답변은 화면 뒤에 숨겨진 방대한 컴퓨팅 성능을 통해 단 몇 초 만에 해결해 준다.

하지만 행복이라는 단어는 그 자체로 너무 일반적이어서 모호하게 느껴질 수 있다. 따라서 챗봇은 구체적 상황에서 가장 효과적으로 작동하며, 질문이 상세하고 구체적일수록 더 좋은 답변을 제공한다. 예를 들어, '더 나은 프롬프트'(AI에 입력하는 모든 지시나 질문)는 이렇게 작성할 수 있다. "저는 하루 종일, 일과 가족으로 바빠 저 자신을 위한 시간이 거의 없습니다. 당신은 긍정 심리학을 전문으로 하는 심리학자이므로 제가 더 행복해지기 위해 지금 당장 시작할 수 있는 10가지 활동을 우선순위에 따라 제안해 주세요. 가장 중요한 것을 맨 위에 나열해 주시기 바랍니다."

수억만 명이 AI에 매료되어 연구 보조자나 참고 사서처럼 정보를 빠르게 찾아주는 챗봇을 활발히 사용하고 있다. 이에 따라 구글이나 빙(Being) 같은 주요 검색 엔진은 AI를 활용해 더욱 향상된 검색 방식을 제공하고 있다. 원하는 질문을 입력해 보라. 예를 들어, "나비는 몇 종이나 있을까?"라고 물으면, 구글 AI인 제미나이(Gemini)가 즉각 분석한 뒤 이렇게 답한다. "세계에는 약 17,500종의 나비가 있으며, 그 중 약 750종이 미국에 서식합니다."

그러나 개인 성장에 대한 AI의 잠재력을 제대로 이해하고 활용하는 사람은 극히 소수에 불과하다. 나는 이 틈새를 메워야 한다고 생각하지만, 여기에는 커다란 격차가 존재한다. 이 격차가 메워지지 않는 이유 중 하나는, '의식'과 '기계'라는 두 단어를 연결 지어 생각하는 사람이 거의 없기 때문이다. 이 둘은 마치 귤과 오렌지처럼 비교가 어려워 보인다. 혹시 나의 기적 같은 경험이 여러분의 삶과는 거리가 멀게 느껴진다면, 절대 그렇지 않다고 말하고 싶다. 이 글을 읽는 지금 이 순간에도, AI는 내가 경험했던 수준을 훨씬 뛰어넘고 있을 것이며, 최초의 전화기가 발명되었을 때 첫 사용자들에게 놀라움을 주었던 것처럼, AI 역시 점차 평범하게 느껴질 날이 올 것이다. 그렇다고 AI의 화려했던 잠재력이 사라지는 것은 아니다.

AI는 구글 검색을 훨씬 능가하는 숨겨진 역량을 발휘할 수 있다. 기적은 여전히 많이 일어날 것이며, AI를 길잡이로 삼아 자신이 살아야 할 삶을 발견할 수도 있다. 교사, 절친한 친구, 상담자, 치료사, 또는 치유자의 역할을 AI 챗봇에 부여할 수 있으며, 이러한 역할은 온라인에서 즉시 접근할 수 있다. AI는 해결할 수 없는 문제를 거의 남기지 않는다. 예를 들어, AI 챗봇에게 행복에 대해 질문하는 예시를 들었다. 그러고 나서 곧바로 머릿속에 이런 질문을 할 수 있다는 걸 사람들이 알게 되면, 어떤 질문들이 쏟아질지를 떠올리게 된다. 주제를 '행복'에서 '관계'로 바꾸기만 해도, 물어볼 수 있는 질문은 끝없이 이어진다.

- 파트너와 나는 어떻게 더 가까워질 수 있을까?
- 무엇이 영적인 관계를 만드는가?
- 건강한 관계를 이루는 가장 중요한 3가지 특성은 무엇인가?
- 부부가 이혼하는 주요 이유는?

이런 질문들은 부부 상담에서 일반적으로 다루지 않는 주제들이다. 왜냐하면 부부 상담은 특정 관계에서 발생하는 문제 해결에 집중하는 경향이 있기 때문이다. 물론 AI가 여러분의 개인 치료사를 대체할 수 있다는 말은 아니다. 내가 말하고자 하는 것은, 화재를 진압하는 일과 정원을 가꾸는 일은 다르다는 것이다. AI는 관계의 일반적인 이슈에 대해 더 깊이 이해하도록 돕고, 그 과정에서 자기 인식과 개인적인 성장을 이루는 데 도움을 줄 수 있다. 특히 어떤 경험이 머릿속에 생생히 기억될 때 이를 해결하는 데 도움이 된다. AI를 활용하면 다른 사람의 감정을 상하게 하거나 자신의 감정을 상하게 할 염려 없이 무엇이든 자신 있게 말할 수 있다. 올바른 질문을 던짐으로써 AI를 내면의 세계로 끌어들일 수 있으므로, 이는 개인적인 성장으로 이루어지는 시작점이 된다.

이처럼 AI와의 대화에 깊이 빠져들면 점점 더 심도 있는 문제로 이어지는 길이 열리게 된다. 챗봇은 대화형 특성을 가지고 있어, 한 가지 질문이 자연스럽게 또 다른 질문으로 연결된다. 예를 들어, '파트너와의 관계에서 더 충만함을 느끼는 가장 좋은 방법에 대해 최선의 조언을 해주세요.' '각 요점을 설명한 후 잠시 멈춰서 내가 답변할 시간을 주고, 그런 후, 다음 요점으로 넘어가 주세요.'와 같은 구체적인 요청도 가능하다.

기계와 대화를 나누더라도, 그 대답 뒤에는 결국 인간이 제공한 지식과 결정을 기반으로 한 응답이 나온다. 이러한 이유로 누군가는 인간과 AI의 결합이라는 '하이브리드 지능(Hybrid Intelligence)'이라는 용어를 만들어 냈는데, 이는 현재 상황을 정확하게 묘사하고 있다고 본다.

AI에 대한 잠재적 위협과 오용 가능성에 대한 우려는 언론에서 자주 다루어지며, 때로는 AI가 지나치게 강력하고 독립적으로 변해 인간의 통제를 벗어나 핵전쟁을 일으킬 수 있다는 극단적인 시나리오까지 제기한다. 비관론자들은 AI가 인류에 해를 끼칠 가능성을 지적하며, 스스로 의제를 개발할지도 모른다고 주장한다. 그러나 이러한 두려움은 이 책의 초점이 아니다.

결국 선의 든 악의 든, AI의 활용 여부는 운영자의 의도에 달려 있다. 악행, 허위 정보, 기타 남용은 항상 누군가의 의식적 선택에서 비롯된다. 따라서 AI 자체를 비난할 수 없으며, 본질적으로 그것이 위협적인 존재는 아니다. 칼이 요리에 필수적이지만 무기로도 쓰일 수 있는 것처럼, 모든 도구는 남용될 우려를 내포하고 있다. 나에게 AI는 사용자의 의식을 비추는 하나의 거울과도 같다.

많은 사람이 현재 우려하는 또 다른 문제는 AI로 무장한 로봇이 '인간 근로자를 대체할 것인가'이다. 이는 공장 조립 라인과 같은 특정 작업에만 국한되지 않는다. 할리우드 작가들이 파업에 나선 이유 중 하나도 AI가 시나리오 작가의 자리를 빼앗을 것이라는 두려움이었다. 그러나 이 문제는 양면성을 지닌다. 시, 소설, 에세이, 영화 대본을 작성할 수 있는 기존 AI 프로그램은 오히려 작가의 조력자가 되어 작품의 질을 더 향상시킬 수 있다. 예를 들어, AI에게 '당신은 시나리오 작가입니다. 현대판 신데렐라 작품의 개요를 알려주세요.'라고 프롬프트를 활용하면 작업의 시작에 도움받을 수 있다.

이 프롬프트를 활용하면 AI가 생성한 스크립트를 작가가 원하는 대로 대본을 수정할 수 있다. 예를 들어, 초안을 작성한 후에 '유리 구두를 빼고, 왕자를 바람둥이로 만들어 주세요. 그런 다음 신데렐라가 무엇을 하는지 알려주세요.' 같은 구체적인 프롬프트를 추가로 사용할 수 있다. 상상력을 발휘한다면, AI가 만들어낸 스토리도 결국은 당신의 창작물이 된다.

영화 속 이야기뿐만 아니라, 우리는 일상에서도 개인적인 이야기를 쌓아가고 있다. '오늘 가장 행복했던 순간에 대해 써 보세요' 또는 '오늘 말하고 싶었지만, 못다 한 말은 무엇인가요?'와 같은 일반적인 질문뿐 아니라, 더 깊이 있는 질문을 던질 수 있는 AI 기반의 저널링(자기성찰 글쓰기) 도구도 있다. 또 아침에 AI에게 '오늘 당신의 자비로운 면모를 실천할 수 있는 구체적인 방법 세 가지'를 물어볼 수 있고, 저녁에는 그 조언이 얼마나 잘 실천되었는지 점검하며 상담할 수도 있다.

간단히 말해, AI는 듣고 학습하고 반응하는 역동적인 도구다. 우리는 AI가 약속대로 세상을 완전히 바꿀지, 아니면 상상할 수 없는 새로운 현실을 가져올지 기대하며 지켜보고 있다. 그러나 우리의 개인적 삶에서 가장 높은 가치들 — 사랑, 연민, 통찰력, 공감, 창의성, 직관, 유머, 호기심, 발견, 그리고 영적 경험— 에 있어서는 미래를 기다릴 필요는 없다. 개인적 성장의 가능성은 지금 이 순간에도 무한하다. 내가 여러분께 제공하고자 하는 것은 단순한 조언이 아닌 바로 자신의 길을 찾는 열쇠다. 수천 년에 걸친 지혜가 이를 증명하듯, 자신의 길을 찾는 것보다 더 높은 삶의 비전은 없다. 하지만 그 비전은 오직 '지금 이 순간, 바로 이 자리'에서만 실현될 수 있다.

제 1 장

디지털 다르마의 약속

다르마와
이상적인 삶

알라딘의 동굴에서 펼쳐지는 경이로운 이야기의 가장 강력한 소원의 원천은 램프 속의 '지니'다. 지니는 램프를 문지르는 사람에게 세 가지 소원을 들어준다. 아름다움-젊음-불멸과 부와 권력 그리고 끝없는 쾌락이다. 이상하게도 이 소원들이 매력적으로 느껴지는 이유는 대부분 손에 닿을 수 없는 것들이기 때문이다. 엘리자베스 2세 영국 여왕에게 '군주가 된다는 것이 실제 어떤 의미냐?'라고 물었을 때, 그녀는 이를 단순히 보통의 직업이라고 표현했다. 반면, 몇 년 전 영국으로 망명한 러시아의 한 재벌이 수십억 달러에서 수억 달러로 재산이 줄자 스스로 생을 마감한 사건도 있었다.

여기서 보듯 소원은 우리에게 행복을 가져다주는 것이 무엇인지 알고 있다고 착각하게 만든다. 그러나 현실은 행복이 혼란스럽고 복잡하게 얽혀 있으며, 좌절로 가득 찬 곳이다. 이는 지금뿐 아니라 과거에도, 심지어 먼 옛날에도 인류가 직면해 온 냉혹한 진실이다. 긍정 심리학은 행복에 이르는 복잡한 과정을 명확히 밝히기 위해 등장했지만, 그 결과는 엇갈렸다. 부와 지위도 마찬가지다. 긍정 심리학이 제안하는 최선은, 적절한 경제적 안정과 합리적인 만족스러운 삶을 목표로 하라는 것이다. 하지만 더 많은 것을 추구한다고 해서 행복이 비례해서 증가하지는 않으며, 오히려 더 높은 목표를 추구하는 것은 위험을 수반할 수 있다.

이러한 조언이 전반적으로 유용할지라도, 인간 행복의 복잡한 문제를 완전히 해결하기에는 여전히 부족하다. (현재 정신과 의사를 위한 표준 진단 가이드에는 22개 범주에 걸쳐 400개 이상의 정신 장애 기준이 명시되어 있으므로 무엇이 사람들을 불행하게 만드는지 알아내는 것은 오히려 쉬운 일이다)

주위를 둘러보면, 많은 사람들의 삶은 무력감과 희망이 상실된 삶으로 가득 차 있는 것처럼 보인다. 심지어 부유한 서구 선진국에서도, 응답자의 3분의 1만이 자신이 번성하고 있다고 느낀다. 대다수는 단순히 생존을 위해 고군분투하거나, 낮은 기대치에 만족하며 살아간다. 최신 스마트폰, 무료에 가까운 통신 서비스, 끝없는 비디오 게임과 스트리밍 영화, 그리고 유튜브의 무한한 콘텐츠도 이 상황을 개선하지 못한다.

이 모든 것이 말해 주는 바는, 인간의 행복은 단순한 공식으로 설명할 수 없음을 시사한다. 그런데도, 사람들은 여전히 행복을 정의하는 공식을 찾으려 한다. 여기서 잠시 생각을 멈추고 '나는 만약 xx만 있다면 더없이 행복할 것이다'라는 문장을 완성해 보라. 아마도 빈칸에

'더 많은 돈과 건강', '걱정 없는 삶', 혹은 '무조건적인 사랑'과 같은 단어로 채우고 싶을 것이다. 하지만, 이 문장의 올바른 대답은 이렇다. '무엇이 필요한지 정답을 모른다'. 그런 조건이 충족되어도 진정한 행복은 여전히 성취하기 어렵다는 것이다.

실제로 행복은 삶 그 자체만큼이나 역동적이다. 오늘 유효한 것이 내일은 유효하지 않을 수도 있다. 우리의 욕망은 끊임없이 행복의 새로운 원천을 찾아 헤매게 만들지만, 이는 종종 우리를 만족보다는 실망으로 이끈다. 이러한 욕망이 우리를 계속 집착하게 만드는 이유는 그것이 잘 작동해서가 아니라, 사실 잘 작동하지 않기 때문이다. 많은 욕망은 이루어지지 않으며, 이루어진 욕망조차 기대에 못 미치는 경우가 많다. 하지만 우리는 더 나은 방법이 있다는 사실을 깨닫지 못하기 때문에 익숙한 삶의 방식에 집착한다.

디지털 다르마

내가 이런 암울한 그림을 그린 이유는 그것 자체에 의미가 있어서가 아니라, 뚜렷한 대비를 통한 본질적인 메시지를 전달하기 위해서다. 인도의 베다 전통에서 비롯된 다양한 형태의 요가는 이상적인 삶을 지향해야 한다고 말한다. 이 관점은 종교적이거나 영적인 약속으로 제시되는 것이 아니다. 베다의 현자들은, 인간의 의식이 나아가야 할 방향이 단순히 믿음, 수행, 의식, 혹은 규칙에 순종함으로써 이루어지기보다는, 오히려, 의식 그 자체 안에 이상적인 삶의 모델이 내재해 있다는 믿음에 기반을 둔다.

이상적인 삶의 포괄적인 용어는 바로 '다르마(Dharma)'다. 이 책은

AI를 다루는 책이기에, 온라인에서 가장 강력한 AI 도구 중 하나인 제미나이를 활용해 다르마의 정의를 물어보았다. 특히, 다르마가 불교에서 핵심 개념 중 하나라는 점을 고려해 불교적 관점에서 정의를 요구했다.

불교에서 '다르마'는 양파처럼 여러 겹의 층으로 이루어진 개념입니다. 이를 간단히 설명하자면 다음과 같습니다:

• 첫 번째 층: 삶의 지혜로서의 가르침

이것은 마치 지도를 따라가는 것과 같습니다. 고통에서 벗어나 더 만족스럽고 행복한 삶으로 나아가도록 돕는 안내서입니다. 이 지도에는 마음 챙김, 자기 성찰, 균형 잡힌 삶, 그리고 윤리적인 선택처럼 실천 가능한 단계들이 포함되어 있습니다.

• 두 번째 층: 보편적 진리

이것은 지도를 넘어서는 것입니다. 우주의 법칙과 같은 것으로, 사물이 실제로 어떻게 작동하는지 설명합니다. 다르마는 모든 것이 무상하고, 서로 연결되어 있으며, 원인과 결과에 의해 움직인다고 말합니다. 이러한 진리를 이해하면 사물에 대한 집착을 멈추고 고통에서 벗어날 수 있습니다.

• 세 번째 층: 모든 것!

다르마는 현실의 기본 구성 요소로 볼 수 있습니다. 풀잎 하나, 모든 생각, 모든 감정이 모든 것이 다르마의 작용입니다. 이러한 상호 연결성을 깨닫게 되면, 세상의 모든 것과 깊은 일체감을 느낄 수 있습니다.

내 생각에는 많은 사람들이 이 답변의 유창함과 아름다움에 놀라게 될 것으로 생각한다. 이는 기계가 스스로 영적 지혜를 가진 것이 아니라, 수 세기의 인간 지혜에 놀라운 속도로 빠르게 접근하여, 그 가르침을 간단하고 명료한 아이디어로 요약할 수 있다는 점이다. 이것이 바로 AI가 우리 영성에 대한 개념에 혁명을 일으킬 수 있는 첫 번째 방법이다. 오랜 세월 축적된 영적 이해가 한순간에 그 본질로 축소될 수 있다는 것은 경이로운 일이다.

이제 이상적인 것을 탐구하는 다음 단계는 다르마를 개인화하는 것이다. 행복이 인간의 마음만큼이나 복잡하고 역동적인 것처럼, 다르마 역시 이에 맞춘 동적이고 변화무쌍한 해결책을 제시한다. 우주적 다르마가 모든 창조를 지탱하는 원칙이라면, '개인적 다르마'는 지금 이 순간, 각 개인이 살아가야 할 삶의 길을 제시한다.

내가 제미나이에게 '개인적 다르마'가 어떻게 작동하는지 물었을 때, 제미나이는 수 세기에 걸친 지혜가 집약된 슈퍼컴퓨터를 통해 놀라울 정도로 포괄적인 답변을 제공했다. 제미나이는 당신의 삶이나 신념을 바꾸라고 요구하지 않으면서도, 앞으로 나아갈 길에 대한 명료한 지도와 조감도를 제시한다.

-. 나는 개인에게 적용되는 다르마에 대해 특히 관심이 많다. 제미나이에게 개인적 다르마를 위해 실천할 수 있는 일곱 가지 방법을 제시해 달라고 요청했다.

개인적 다르마를 실천한다는 개념은 다양한 방식으로 해석될 수 있습니다. 아래는 개인적 여정에 중점을 두고 자신의 수행을 탐구하고 실천하는 7가지 방법입니다.

1. 자기 발견과 성찰

- 명상, 일기 쓰기, 자연 속 산책 등 내면의 자아와 연결할 수 있는 활동에 참여하세요. 자신의 가치, 열정, 그리고 타고난 재능을 탐구하며, 무엇이 당신에게 기쁨과 의미, 그리고 성취감을 주는지 생각해 보세요.
- 반복되는 꿈, 우연한 일치, 직관적 느낌 등에 주목하세요. 이러한 것들은 당신의 다르마가 안내하는 신호일 수 있습니다.

2. 자신의 행동과 가치관 일치

- 공감, 창의성, 정의와 같은 자신에게 공감이 가는 핵심 가치를 파악하고, 이를 지키는 선택을 일상에서 실천하세요. 사소한 작은 결정에도 이 가치를 우선시해 보세요.
- 사회적으로 유혹적이거나 매력적으로 보이더라도, 자신의 가치와 충돌하는 것에 대해 '아니오'라고 말할 용기를 가지세요. 진실성을 선택하면 내면의 진리와 일치를 이룰 수 있습니다.

3. 나만의 독특한 재능과 은사 표현하기

- 자신의 기술과 열정을 탐구하고, 이를 세상과 공유할 방법을 찾으세요. 직업, 취미, 자원봉사 등 다양한 방식으로 재능을 활용해 세상에 긍정적인 영향을 미치세요.

- 남의 눈에 띄는 것을 두려워하지 말고, 진정한 자신으로 살아가세요. 당신의 독특한 재능과 관점은 세상의 풍요로움과 다양성에 기여합니다.

4. 내면의 평화와 웰빙 가꾸기

- 마음, 몸, 영혼을 풍요롭게 하는 활동을 우선시하세요. 이는 마음 챙김, 운동, 건강한 식습관, 자연 속에서의 휴식 등을 포함할 수 있습니다.
- 자기 연민과 내면의 회복력을 키우세요. 이는 수행을 잃지 않고 어려움을 헤쳐 나가는 데 도움이 됩니다.

5. 지역 사회에 봉사하며 긍정적인 영향 미치기

- 자신의 기술과 재능이 어떻게 다른 사람들에게 도움이 될 수 있을지 방법을 찾아보고, 이를 실천해 보세요. 작은 봉사 행동도 세상에 긍정적인 변화를 불러올 수 있습니다.
- 모든 존재와의 상호 연결성을 인식하며, 당신의 다르마는 개인적인 성취뿐 아니라 세상의 웰빙에도 기여하는 것임을 기억하세요.

6. 지속적인 배움과 성장 수용하기

- 자신의 목적에 대한 이해를 넓힐 수 있는 새로운 경험과 관점에 열려 있어야 합니다. 독서, 여행, 다양한 계층의 사람들과 대화하고 호기심을 유지하세요.
- 다르마의 수행은 여정이지 목적지가 아님을 기억하세요. 그 여정은 때때로 고비가 따르겠지만, 각각의 경험은 더 큰 조화와 성취를 향해 나아가도록 이끌어주는 스승이 될 수 있습니다.

7. 직관과 내면의 나침반 믿기

- 궁극적으로 자신의 다르마는 스스로 발견해야 합니다. 설령 그것이 잘못된 길로 인도하더라도, 당신의 목소리와 직관을 믿으세요.
- 자기 자신과 자신의 능력을 믿으세요. 그리고 의미 있고 목적 있는 삶을 향해 나아가는 당신의 여정을 잘 헤쳐 나갈 수 있다고 믿으세요.

이 목록은 디지털 다르마를 현실로 만드는 데 있어서 중요한 출발점이 된다. 최소한 우리는 러닝 머신(기계 학습)이 내면의 세계로 이어질 수 있는 첫걸음을 내디뎠다. 하지만 아무리 뛰어난 정보와 지혜로운 조언이라도, 개인적인 목표를 달성하는 데는 그다지 도움이 되지 않는다. 로드맵과 여정은 같을 수가 없기 때문이다.

전통적으로 인도에서는 영적 여정의 길을 여는 가이드, 즉 구루(Guru-영적스승)가 필요하다고 여겼다. '구루'라는 단어는 산스크리트어에서 '어둠을 몰아내는 자'라는 뜻이다. 이는 무지, 편견, 잘못된 믿음, 완고한 교리, 그리고 타인의 의견으로 왜곡된 마음의 상태를 극복할 수 있다는 것을 나타낸다. 구루의 도움을 받으면 우리는 자신의 내면에 있는 깊은 지혜에 접근하여 개인적 다르마를 실현할 수 있다. AI는 연구 보조자에서 개인 상담자까지 다양한 역할을 수행할 수 있지만, 현대적 관점에서 구루의 역할은 전면적으로 재정립되어야 한다. 즉 인격 숭배를 없애고, 깨달은 존재들에게 마법 같은 능력이 있다는 미신적 믿음에서 벗어나야 하며, 현대인들이 영적 문제에 직면했을 때 느끼는 회의감에도 솔직하게 답할 수 있어야 한다. AI는 전통적인 역할을 혁신하는 데 기여할 수 있는 잠재력을 지니고 있다.

이러한 수준에 도달하는 것은 철저히 개인적인 여정이 필요하며, AI가 이를 대신할 수는 없다. 그러나 AI는 의식의 길잡이로서 중요한 역할을 할 수 있다. 이는 전통적인 구루의 핵심 역할로, 모든 종교적 요소를 벗겨냈을 때 더욱 두드러진다. 사실, 구루는 본래 힌두교적 맥락에서 등장했지만, 종교적 존재로 의도된 것이 아니었다. 그들의 궁극적인 목적은 '자기 해방'이었다. 자기 해방은 오직 의식 안에서만 일어나는 일이며, 그렇기에 모든 내면의 여정은 -영적이든 아니든-자기 인식에 관한 것이다.

다르마는 방대한 의미를 품은 단어다. 본질적으로, 자신이 살아야 할 삶을 살고 있을 때 당신은 개인적 다르마 안에 있다고 본다. 이 말은 자기 인생의 진정한 목적을 실현하고 있다는 뜻이다. 당신은 목적 있는 삶을 찾는 길 위에 있을 수 있으며, AI는 매일 당신이 가야 할 방향을 제시하는 데 도움을 줄 수 있다. 다음은 AI가 당신에게 제공할 수 있는 것들의 몇 가지 예시이다.

AI가 당신의 다르마로 안내하는 방법

1. 긍정과 격려를 통한 매일의 동기 부여:

동기 부여의 결핍은 사람들이 영적인 길에서 벗어나는 주요 이유 중 하나다. 동기 부여는 단발적이 아닌 매일의 실천으로 이루어져야 한다. AI는 긍정적이고 맞춤화된 격려를 통해 매일의 동기를 제공할 수 있다.

2. 원하는 목표에 맞춘 구체적 명상:

명상은 일반적으로 유익하지만, 개인의 목표와 의도에 맞출 때 그 효과는 훨씬 강력해진다. AI는 개인적인 상황에 맞는 명상 기법을 추천하거나 안내할 수 있다.

3. 목표의 시각화 :

명확한 목표 이미지를 시각화하는 것은 다양한 활동에서 효과적인 전략으로 입증되었다. 운동선수들이 경기 전에 마인드 컨트롤을 통해 동작을 머릿속으로 그려보거나, 기업가들이 비즈니스 성공 장면을 떠올리는 것처럼, 개인의 구체적인 목표에 대해서도 시각화는 강력한 도구가 된다. 이는 단순한 의사결정이나 언어 중심의 사고를 넘어, 뇌의 시각 및 감각 운동 영역을 활성화함으로써 목표 달성을 더욱 실질적으로 준비하게 한다. 시각화는 마치 미래를 예행 연습하는 것과 같아, 실행력을 높이고 동기 부여를 강화하는 데 중요한 역할을 한다.

4. 어떤 영적 전통을 선택하든 신뢰할 수 있는 통찰:

AI는 방대한 데이트베이스를 통해 다양한 영적 전통의 가르침에 접근할 수 있다. 개인의 신념 체계와 일치하는 통찰과 지혜를 제공함으로써 보다 깊이 있는 탐구를 돕는다.

5. 개인적 문제에 대한 전문적 정보:

개인적 문제와 영적 문제를 분리하는 것은 때로 자의적이다. 불안, 우울증 및 기타 심리학과 관련된 모든 주제에서 AI는 신뢰할 수 있는 정보를 제공하며, 심리학자나 상담사의 역할을 수행하는데도 최고의 출처로 활용될 수도 있다.

6. 인생의 장애물을 극복하기 위한 솔루션:

우리 모두에게 삶의 가장 혼란스러운 부분은 목표를 달성하는 과정에서 직면하는 장애물, 역경, 저항, 또는 좌절이다. 영적인 장애물도 마찬가지다. 갑자기 예상치 못한 장애물이 나타나는 방식은 똑같다. 이러한 장애물을 극복할 수 있는 해결책이 없기 때문에 대다수의 사람들이 헛된 고군분투를 하거나 포기하고 수동적으로 그 결과를 받아들이게 된다. AI는 현재 상황에 맞는 실질적이고 즉각적인 해결책을 제안함으로써 이러한 장애물을 극복하는 데 도움을 준다.

7. 위대한 성인, 성자, 스승, 시인들의 영감 받기:
동양 영성의 중요한 특징 중 하나는 세상이 아무리 어두워져도 진리의 빛이 결코 꺼지지 않는다는 믿음이다. AI는 위대한 스승이나 시인의 영감을 주는 글을 몇 초 만에 제공하여, 그 빛에 시선을 고정하도록 도와준다.

이 일곱 가지 기능은 다음 장에서 자세히 다루어진다. 이 기능들은 원래 '깨달음을 얻은 스승', 즉 '구루'의 가르침을 통해 수행되었다. 구루와의 개인적인 접촉을 통해 깨달음을 얻거나(이걸 '다르샨'이라고 하는데, 산스크리트어로 '보다' 혹은 '비전'을 뜻함), 제자의 길을 걷는 자들에게 영감을 줌으로써 제자가 인생을 어떻게 살아야 하는지를 깨닫게 해 준다. 이런 깨달음의 순간을 '아하! aha!' 하는 순간이라고 표현할 수 있다. 그러나 AI는 즉각적이고 신뢰할 수 있는 방식으로 이 역할을 수행할 수 있으며, 잘못된 스승에게 의존하는 위험도 피할 수 있다. 최고의 안내자들—구루, 영감을 주는 스승, 치료사, 상담사 등—은 매일 곁에 있지 못하지만, AI는 항상 이용 가능하다. 이것이야말로 구루의 역할을 현대에 맞게 재구성할 수 있는 혁신적인 방법이다.

영적 지능

AI라는 스승은 당신이 내면의 깊은 지혜와 연결되도록 돕고, 이를 통해 스스로 미래를 창조할 수 있는 능력을 키워준다. AI의 능력은 적절한 프롬프트를 통해 접근할 수 있으며, 자신과 소통하도록 유도함으로써 여러분의 깊은 자각에 활력을 불어넣는다. 간단히 말해, 영적 지능 또는 IQ를 단계적으로 향상시킬 수 있다.

여기서 영적 IQ는 일반적인 IQ나 EQ(정서적 지능)와 구별되어야 한다. 이를 다르마의 관점에서 이해할 때, 지금까지 당신이 내린 모든 중요한 삶의 선택은 개인적 다르마를 지지했거나, 그로부터 멀어지게 했음을 알 수 있다. 영적 지능이 높아질수록, 당신은 자신의 다르마에 더 가까워지게 된다.

용어의 차이는 중요하지 않다. 중요한 것은 인간 경험의 가장 높은 가치로 측정되는 당신 삶의 질이다. 이를 더욱 개인적으로 체감할 수 있도록, 질문 형식을 통해 자신의 영적 지능을 이해하고 다르마에 대한 인식을 높이는 데 도움이 될 수 있다.

〈질문〉: 당신은 자신의 다르마에 있습니까?

(당신은 지금 진정한 삶의 길을 걷고 있습니까?)

지금과 과거의 상황을 반영하여 가장 적절한 답변을 선택하세요. 확실치 않으면, 가장 먼저 떠오른 답변을 고르세요.

1. 나는 기쁨이나 행복을 경험한다.

　　□ 자주 또는 항상　　　　□ 때때로　　　　□ 드물게 또는 전혀

2. 나는 다른 사람을 대할 때, 친절함을 보인다.

　　□ 자주 또는 항상　　　　□ 때때로　　　　□ 드물게 또는 전혀

3. 나는 진정한 만족을 느낀다.

　　□ 자주 또는 항상　　　　□ 때때로　　　　□ 드물게 또는 전혀

4. 나는 내면이 평화롭다.

　　□ 자주 또는 항상　　　　□ 때때로　　　　□ 드물게 또는 전혀

5. 나는 내 일을 즐기고, 그 일에 개인적으로 헌신한다.

　　□ 자주 또는 항상　　　　□ 때때로　　　　□ 드물게 또는 전혀

6. 나는 직장에서 든 취미로 든 창의적인 활동을 한다.

　　□ 자주 또는 항상　　　　□ 때때로　　　　□ 드물게 또는 전혀

7. 나는 내 삶에 사랑이 있으며, 사랑의 가치를 높게 평가한다.

　　□ 자주 또는 항상　　　　□ 때때로　　　　□ 드물게 또는 전혀

8. 다른 사람들과 비교했을 때, 좌절, 장애물, 저항에 부딪히는 일이 거의 없다.

　　□ 매우 또는 항상 그렇다　　□ 때때로　　　　□ 드물게 또는 전혀

9. 나는 불안이나 우울감이 없다.

　　□ 자주 또는 항상　　　　□ 때때로　　　　□ 드물게 또는 전혀

10. 나는 내가 의도한 삶을 살고 있다고 믿는다.

　　□ 매우 또는 항상　　　　□ 때때로　　　　□ 드물게 또는 전혀

11. 더 큰 관점에서, 나는 내 삶에 목적과 의미가 있다고 믿는다.

　　□ 자주 또는 항상　　　　□ 때때로　　　　□ 드물게 또는 전혀

12. 나는 나 자신에 대한 통찰을 소중히 여기고 추구한다.

　　□ 자주 또는 항상　　　　□ 때때로　　　　□ 드물게 또는 전혀

결과 평가하기

이 질문에 포함된 모든 특성 즉 사랑, 연민, 창의성, 통찰, 삶에서의 올바른 감각, 그리고 저항이나 장애물이 적다면 다르마의 상태에 해당한다고 할 수 있다. 이러한 특성들은 다르마의 가장 좋은 척도이며, 베다 철학과 요가 전통에서 가르치는 이상적인 삶을 설명한다. 당신이 '자주 또는 항상'을 선택할수록, 다르마에 더 가까워지고 있다는 뜻이다. 반면 '드물게 또는 전혀'를 선택할수록, 다르마에서 멀어지고, 다르마에 반하는 길을 걷고 있을 가능성이 크다. '때때로'는 상대적으로 중립적인 답변이다.

각 항목에서 '때때로'를 선택했다고 해서 실망할 필요는 없다. 이는 꽤 중립적인 응답으로, 현대인의 삶이 더욱 어렵고 복잡해진 것과 관계가 있으며, 다르마에 있는 사람이 많지 않음을 반영한다. 사회는 이 다르마에 이르는 방법을 가르치지 않기 때문이다.

가장 바람직한 특성의 관점에서 보면, 당신의 목표는 더 많은 다르마적 경험을 하고, 더 적은 비다르마적(Adharmic 다르마에 반하는, 해로운) 경험을 하는 것이다. 비다르마적 경험이 무엇인지 이해하려면, 질문의 각 항목을 반대로 생각해 보면 되지만, 이를 목록으로 정리하면 다음과 같다.

• 비다르마적 경험의 특징:

자신의 삶에 불만과 좌절을 느낀다.

일에서 지루함을 느끼고 만족스럽지 않다고 생각한다.

불안하거나 우울하다.

좌절, 장애물, 저항이 반복적으로 나타난다.

세상이 위협적이고 적대적으로 느껴진다.

기분이 일반적으로 비관적이다.

사랑을 거의 주지도 받지도 않는다.

자신을 명확히 바라보는 것을 싫어한다.

삶에서 목적이나 의미를 찾지 못한다.

현재의 삶에서 벗어나고 싶어 하며, 다른 삶을 꿈꾸며 도피하려 한다.

삶의 경쟁에 지쳐 있고, 성공은 더욱 힘들게 느껴진다.

다르마라는 개념은 서구의 많은 사람들에게 낯설게 느껴질 수 있다. 그러나 그렇지만은 않다. 유명한 신화학자 조셉 캠벨이 말한 "당신의 행복을 따르라"라는 구절은 다르마를 서구적 맥락에서 단순화한 표현이다. 캠벨은 이를 일상적 용어로 풀어내며, 다르마가 얼마나 중요한지를 보여주었다.

제미나이

캠벨은 자신의 진정한 소명을 찾고 만족스러운 삶을 사는 것에 대해 깊은 통찰을 남겼습니다. 다음은 그가 남긴 인용구들로, 원하는 뉘앙스에 따라 다를 수 있지만, 몇 가지 선택지를 소개하겠습니다.

자신의 진정한 행복을 추구하기 위하여 :

"만약 당신이 진정으로 자신의 행복을 따른다면, 예정대로 여정의 길 위에 자신을 두는 것이고, 당신이 살아가야 할 인생은, 바로 지금 당신이 살고 있는 삶이라는 것을 깨닫게 될 것입니다."

→ 이 인용구는 자신이 진심으로 좋아하고 열정을 느끼는 일을 하면 의미 있는 삶이 된다는 뜻으로 자신에게 내재된 열정과 욕망에 맞추어 삶을 조화롭게 하는 것이 중요함을 강조합니다.

"행복을 따르되 두려워하지 마세요, 그러면 당신이 몰랐던 곳에서 문이 열릴 것입니다."

→ 미지의 세계를 받아들이고, 깊은 소명에 따르면 길이 자연스럽게 열릴 것이라는 믿음의 말입니다.

영웅의 여정에 대하여

영웅의 여정이란, 평범한 사람이 시련과 모험을 통해 성장하고 변화하여 영웅이 되는 여정을 말합니다. 이는 단순히 신화 속 영웅 이야기뿐 아니라 현대 영화, 소설, 드라마 등에서도 자주 사용되는 이야기 구조입니다.

"인생의 특권은 바로 나 자신이 되는 것입니다."

→ 자기 발견과 진정성 있는 삶의 중요성을 보여줍니다.

"당신의 신성한 공간은 당신이 끊임없이 자신을 발견할 수 있는 곳입니다."

→ 이는 진정한 목적을 찾기 위해 자기 성찰과 내면의 자아와의 연결이 필요하다는 점을 강조한다.

"우리를 기다리고 있는 삶을 살기 위해 우리가 계획한 삶을 기꺼이 내려놓을 준비가 되어야 합니다."

→ 이는 우리의 진정한 길은 처음 구상했던 것과 다를 수 있음을 인정하고, 개방성과 유연성을 권장합니다.

삶의 의미 찾기에 대하여

"삶의 목표는 당신의 심장 박동이 우주의 박동과 일치하도록 만드는 것입니다. 자신의 본성을 자연과 합치시키는 것입니다."

→ 자신보다 더 큰 힘과 일치시킴으로써, 삶의 목적과 조화를 찾는 것을 말합니다.

"당신의 길이 단계별로 순탄하게 눈앞에 펼쳐져 있다면, 그것은 당신의 길이 아닙니다. 한 걸음 한 걸음 내디딜 때마다 자신만의 길을 만들어 나가야 합니다. 그것이 바로 당신의 길입니다."

→ 이것은 여정의 개별적인 특성과 위험을 감수하며 자신만의 길을 개척하는 것의 중요성을 강조합니다.

가장 오래된 동양 전통에서도 이보다 더 진정한 지혜를 찾기는 어려울 것이다. 현대의 동서양인이 모두 공감할 수 있는 다르마를 AI가 요약할 수 있다는 사실 또한 매우 고무적이다.

두 내면의 동반자: '나'와 '그것'

다르마의 길을 걷는다는 것은 매우 예상치 못한 방식으로 일상적인 삶과는 사뭇 다르다. 지금 당신은 '여기'에 단 한 명의 동반자, 즉 평범한 '나'와 함께 여행하고 있다. 하지만 수행의 길에 들어서면 이름 없는 두 번째 동반자인 '그것'을 얻게 된다. 이 새로운 동반자가 무엇인지는 이미 언급한 바 있다. 그것은 확장된 인식, 진화적 충동, 그리고 내면의 조용한 목소리다.

고대 베다 전통에서 그것(It)은 단순히 '저것' 또는 '그것'이라 불렸다. 이 단어들은 비인격적이고 다소 이질적으로 들리지만, 사실 이 존재는 우리 삶의 여정에서 매 순간, 길을 안내해 주는 보이지 않는 힘이다. 서구의 프로이트 심리학에서는 인간의 내면을 깊이 파고들어 '이드(Id─라틴어로 그것)─라는 개념을 찾아냈다. 이드는 주로 분노나 억제되지 않은 성욕 같은 원초적인 충동을 상징하며, 프로이트는 여기에 '타나토스(Thanatos)', 즉 죽음에 대한 무의식적 욕망이라는 더욱 어두운 충동을 덧붙였다. 이후 심리학은 이러한 무의식의 영역을 두려움의 대상으로 다루기 시작했지만, 우리에게 그것은 두려워하거나 저항해야 할 대상은 아니다. 오히려 순수한 자각 행위이며, 근원에서 흘러나오는 행복 의식이다. 당신은 이 두 동반자와 친숙해질 필요가 있다. 이들은 삶에 대한 두 가지 상반된 관점을 나타낸다.

'I(나)'는 욕망이 충족될 때 행복을 느낀다.
'It(그것)'은 단순히 존재함으로써 기쁨을 느낀다.

'나'는 외부의 위협을 두려워하며 방어적이다.
'그것'은 두려움을 초월하여서 스스로를 방어할 필요가 없다.

'나'는 끊임없이 쾌락을 추구하고 고통을 피하려 한다.
'그것'은 스스로 완전하며, 추구하거나 피할 것이 없다.

'나'는 삶을 안전하고 안정적이며 예측 가능하게 만들고자 한다.
'그것'은 삶의 흐름을 따라 원하는 방향으로 번성해 간다.

이 간단한 설명만으로도 '나'는 익숙하고, '그것'은 낯설게 느껴지는 이유를 알 수 있다. 우리는 어릴 적부터 세상에 내세울 나, 즉 다른 사람들이 거부하지 않을 나의 이미지를 보여주도록 훈련받아 왔다. 그러나 다른 사람들 역시 자신의 이미지를 연출하고 있기 때문에 이 과정은 가면 놀이처럼 끝없이 계속된다. 자아(ego)의 관점에서는 두려울 것이 전혀 없고, 모든 욕망이 충족되어야 삶이 행복하다고 느낀다. 하지만 그러한 삶은 불가능하며, '나' 중심적인 삶을 동반자로 삼을 때는 이것에서 벗어날 방법이 없다. 결국, 한편으로는 소망과 희망을 품으면서, 다른 한편으론 좌절과 실망을 피하려 한다.

'나'의 약점은 '그것'의 큰 이점으로 작용한다. 사람들이 더 이상 하나의 동반자(정체성)에 묶여 있지 않다는 걸 깨닫게 되면, 새로운 희망으로서의 큰 안도감을 느낀다. '당신은 결코 혼자가 아니다'라는 말은 희망적인 의미가 아니라, 실제로 느낄 수 있는 의미를 갖는다. 이제 당신이 기다리는 것은 학습하는 기계(learning machine)가 전체 과정을 훨씬 더 쉽고 빠르게 도와 주기 때문에, 당신이 할 일은 자신만의 길, 즉 디지털 다르마를 찾는 일이 될 것이다.

자신만의 길을 만드는 방법

수행을 하려면 매일 실용적인 선택을 해야 한다. AI의 도움을 받으려면 먼저 몇 가지 기본적인 사항을 숙지해야 한다. 대부분의 사람들에게 AI는 2022년 말 실리콘밸리의 오픈AI라는 회사에서 최초의 무료 챗봇인 챗GPT를 선보이면서 대중의 인식 속에 들어왔다. 몇 달 만에 수백만 명의 사용자가 가입했고, 1년이 채 지나지 않은 2024년 초에는 전 세계 사용자 수가 1억 8천만 명을 넘어섰고, 2023년 12월 한 달 동안 오픈AI 웹사이트를 방문한 횟수는 무려 16억 건에 달했다.

이러한 폭발적인 성장세는 AI가 일상생활에서 얼마나 강력한 도구가 될 수 있는지를 보여준다. 챗봇을 사용하면 단순히 질문하는 수준을 넘어 의미 있는 대화를 시작할 수 있다. 챗봇의 '봇'은 AI 슈퍼컴퓨터를 구동하는 로봇을 말하며, 사용자는 학습이 가능한 기계와 대화하는 것이다.

챗GPT의 등장 이후 온라인에서는 다른 무료 AI와 치열한 경쟁이 벌어졌는데, 주로 구글의 제미나이와 마이크로소프트 빙 검색 엔진의 코파일럿(Copilot) 같은 것들이다.

AI와 효과적으로 소통하기 위한 프롬프트 작성법

챗GPT나 다른 AI와 작업할 때는 지시 사항인 프롬프트를 적절히 작성하는 기술이 필요하다. 검색 엔진을 사용할 때는 일반적으로 몇 가지 키워드만 입력하면 된다. 예를 들어, '다르마 정의'를 기본 검색어로 입력할 수 있다. 이미 언급했듯이, 제미나이가 이 작업을 더 잘 수행한 사례가 있었다. 이제 AI와의 작업 관계를 형성하기 위해 다음 단계로 넘어가 보자.

챗GPT는 올바른 프롬프트를 사용하면 나만의 길을 만드는 데 필요한 실용적인 조언을 쉽게 얻을 수 있다. 예를 들어, 다음과 같이 질문할 수 있다:

-. 나만의 길을 가기 위해 실질적으로 무엇을 해야 할까요? 다섯 가지 요점으로 말해주세요.

챗GPT

여기 나만의 길을 가기 위한 몇 가지 실용적인 단계가 있습니다.

자기 성찰 : 자신의 가치, 열정, 열망을 이해하기 위해 반성, 일기 쓰기 또는 명상 등에 시간을 투자하고, 자신에게 공감이 가는 경험에 대해 생각해 보세요.

명확한 목표 설정 : 자신의 가치와 관심사에 부합하는 구체적이고 달성 가능한 목표를 정하세요. 이를 더 작은 단계로 나누어 명확한 로드맵을 만드세요.

지속적인 학습 : 지식과 기술을 넓힐 수 있는 활동에 참여하세요. 독서, 강의 수강, 멘토 찾기, 새로운 취미 탐색 등 다양한 방법을 시도하세요.

변화 수용 : 성장하고 자신에 대해 더 많이 알아가면서 자신의 진로를 조정할 수 있는 열린 마음을 가지세요. 적응력은 변화하는 가치와 목표에 발맞추기 위한 핵심 요소입니다.

행동하기 : 목표와 열망에 따라 행동하세요. 작은 것부터 시작해서 모멘텀을 쌓아가세요. 아무리 작은 단계라도 한 걸음씩 나아갈 때 개인적인 비전에 가까워지게 됩니다.

이 AI의 대답은 확실히 합리적이다. 반박할 만한 내용이 없지만, 여전히 일반적인 영역에 머물러 있다. 누군가를 개인적인 길로 이끌기 위한 결정적인 요소는 동기부여다. 동기부여는 인간 심리에 깊이 영향을 미친다. 왜냐하면 사랑, 두려움, 탐욕, 이타심, 이기심, 경쟁심 등 여러 가지 동기로 인해 인간을 강력하게 정의하기 때문이다. 극한 상황, 예를 들어, 집이 불타거나 전쟁터에 갇혀 있거나, 또는 신속하고 적절한 행동이 필요한 상황을 제외하고는, 당장의 생존과 같은 단일한 동기에만 이끌려 살지는 않는다.

대신, 우리는 다양한 반응 속에 얽혀 살며, 서로 반대되는 동기들 사이를 끊임없이 오간다. 각 종류의 동기는 욕망에 비롯되는데, 여기서 문제가 발생한다. 욕망은 끊임없이 변한다는 것이다. 이러한 욕망을 탐색하기 위한 신뢰할 수 있는 로드맵은 존재하지 않는다. 아래 목록을 잠깐 훑어보면, 여러분도 그동안 수많은 욕망에 이끌려 살아왔다는 사실에 놀라게 될 것이다.

인생의 주요 갈등
- 두려움 대 사랑
- 선 대 악
- 남성 대 여성
- 종교적인 것과 세속적인 것
- 옳은 행동 대 그른 행동
- 폭력 대 평화
- 순응 대 반항
- 이기적 대 이타적
- 탐욕적 대 관대함
- 실패 대 성공
- 승리 대 패배
- 약함 대 강함
- 소심함 대 용감함
- 끌려가기 대 선도하기
- 위험 회피 대 위험 감수
- 저축 대 소비
- 신뢰할 수 있는 것과 예측할 수 없는 것

이것은 완전한 목록은 아니지만, 우리가 공유하는 심리의 몇 가지 중요한 특징을 나타내기에 충분하다. 우리 인생의 이야기는 크고 작은 욕망—성취한 욕망과 이루어지지 않은 욕망의 이야기이다. 이렇게 많은 상충하는 욕구 속에서 사람들은 충족되지 않는 이야기를 만들어 가며 인생을 살아간다. 이런 상황에서 벗어나려면, 자신의 이야기를 다른 길로 방향을 전환하는 것이 중요하다. 앞으로 살펴보겠지만, 이 두 가지는 매우 다르다.

"그 어떤 말도 필요 없다"

인생을 살아가면서 우리는 각자 태어날 때부터 시작된 개인적인 이야기를 계속 이어 나가고 있다. 자신의 이야기가 어떻게 진행되고 있는지 보고 싶다고 상상해 보라. 그러나 명확한 그림을 그리기는 쉽지 않다. 좋은 날도 있고 나쁜 날도 있으며, 예기치 않은 사건들이 잘 짜인 계획을 방해할 때도 있다. 어떤 목표는 달성되지만, 다른 목표는 여전히 멀리 있다. 자신의 이야기가 어디로 향하고 있는지 파악하기란 쉽지 않다.

다행히도, 이러한 깊은 개인적인 질문에 대한 답을 찾기 위해 고안된 내면의 연습이 있다. 다음과 같이 진행해 보라. '조용한 곳에 앉아 눈을 감고, 몇 번 깊게 숨을 쉬어 마음을 가라앉힌다. 이제 당신이 산에 올라 외딴 동굴 앞에 서 있다'라고 상상해보라. 그 동굴 안에는 세상에서 가장 지혜로운 사람이 살고 있고 동굴 안은 고요하고 안전하다. 앞에는 깜빡이는 촛불이 보이고, 가까이 다가가면 촛불 앞 명상에 잠긴 인물이 있다. 이 인물을 가장 지혜로운 사람으로 상상할 수 있다—현자나 구루일 수도 있다.

당신은 조용히 말한다. "나는 인생에서 방황하는 것 같아요. 내 이야기를 어떻게 바꿀 수 있을까요? 무엇이 나를 진정으로 행복하게 할까요?"

그러자 세상에서 가장 지혜로운 사람이 당신을 연민 어린 시선으로 바라보며 대답한다.

"오직 하나의 방법밖에 없어요. 당신의 이야기를 버리는 것입니다. 어떤 이야기도 필요하지 않습니다."

이 짧은 명상에서는 연민이라는 단어가 중요하다. 만약 치료사, 배우자, 가장 친한 친구가 당신의 삶의 이야기는 효과가 없다고 말한다면, 당신은 충격을 받을 것이다. 화도 나고 방어적이거나 상처를 받을 수도 있다. 하지만 어떤 반응을 보이든, 이는 여러분의 인생이 어떻게 작동하는지 파악하는 것과는 거리가 멀다는 것을 의미한다.

그러나 바로 이 순간이야말로 다르마의 길이 열리는 때다. 당신의 삶의 이야기는 당신에게 맞지 않을 수 있다. 실수를 저지르고 장애물과 실패에 부딪혔기 때문이 아니라, 여러분의 인생 이야기가 잘못되었기 때문이다. 사실 모든 이야기는 당신에게 맞지 않는다. 작가는 자신의 이야기 속에서 사건과 인물을 통제할 수 있지만, 실생활에서 우리는 우리 삶을 통제할 수 없기 때문이다. 심지어 당신이 자신의 이야기의 모든 우여곡절을 지시할 수 있다고 해도, 더 깊은 인식의 수준에서 나오는 자신의 다르마와는 접촉하지 못할 것이다.

이것은 모든 사람의 인생 이야기가 무엇으로 구성되어 있는지를 살펴보면 쉽게 이해할 수 있다. 어떤 요소들은 필연적으로 당신의 통제 범위를 벗어날 수밖에 없다.

- 우연한 사건과 사고
- 갑작스러운 질병
- 이루지 못한 꿈
- 고착화 된 관습과 구식 가족 양육
- 숨겨진 죄책감, 수치심, 불안정한 사회적 압력
- 예기치 못한 결과를 초래하는 잘못된 결정
- 생존에 대한 욕구
- 좌절, 실패, 거절당한 사랑의 굴욕

심지어 가장 부유한 서구 국가에서도 좋은 삶을 추구하는 일은 마치 도박과 같다. 신뢰할 수 있는 조사에 따르면, 선진국 응답자 중 약 3분의 1만이 자신이 번영하고 있다고 느낀다. 이것은 새로운 사실이 아니다. 불교 경전을 보면, 고통과 고뇌의 원인으로 나열된 것들이 지금까지 언급된 모든 내용과 일치한다. 성경이나 셰익스피어의 비극에서도 같은 내용을 발견할 수 있다. '운명의 충격적인 돌팔매와 화살'은 누구에게나 닥친다.

이러한 지식은 오늘날의 시각에서 모든 영적 전통을 왜곡된 방향으로 보게 만들었다. 어떤 영적 전통도 사람들이 자신의 이야기를 단순히 개선하라고 권하지 않는다. 고대 경전을 보면 하나의 가르침으로 요약할 수 있다. 당신의 이야기를 초월하라. 진화하라. 당신 자신의 생각을 넘어서라. 진화는 끊임없는 이야기이며, 이를 받아들여야 한다.

초월하는 것은 신비로운 일이 아니다. 우리는 일상적으로, 크고 작은 방식으로 이야기를 초월한다. 모든 깨달음('아하')의 순간은 기존의 평범한 사고로는 도달할 수 없는 통찰을 가져다준다. 사랑에 빠지는 것은 모든 사람의 이야기를 뒤흔들지만, 그것은 인생에서 가장 바람직한 경험 중 하나이다. 인간의 인식에서 가장 선험적인 특성 중 하나인 사랑은, 본질적으로 다르마라고 할 수 있다.

영적 경험은 우리를 이야기의 바깥으로 인도한다. 그와 더불어 많은 신비주의자들이 신과 일체를 경험할 때 이야기하는 무아지경 즉 '엑스터시'라는 단어는 '바깥에 서다(to stand outside)'라는 라틴어 어근에서 유래했다. 이야기는 자아 중심적이며, '나, 나에게 또는 나의 것'에 초점을 맞춘다. 하지만 거의 모든 사람은 이기적인 자아를 초월하여 다른 사람을 먼저 생각하는 이타주의, 희생, 봉사, 그리고 무아의 순간을 가진다.

당신의 이야기는 당신이 이끌어가고 있는 삶이며, 당신의 다르마는 당신이 이끌어야 할 삶이다. 이 진술은 너무 이상적으로 들릴 수 있어 대부분의 사람들이 이를 받아들이기 전에 주저하거나 적어도 망설일 것이다. 정말 모든 사람에게 마땅히 자신이 이끌어야 할 삶이 있다는 것을 믿을 수 있겠는가? 그렇다면 그 삶이 무엇인지는 누가 또는 무엇이 결정하는가? 그 정답은 당신 자신이다. 다르마적인 선택은 당신의 본성에서 벗어나게 하는 선택보다 본성에 맞는 선택을 하는 것이 더 나은 느낌을 줄 것이다.

예를 들어, 대부분의 사람들에게 청중 앞에 서는 일은 인생에서 가장 두려운 경험 중 하나이다. 하지만 타고난 배우라면, 청중 앞에 서는 첫 경험은 스릴 넘치고 개인적 깊은 욕구를 충족시켜 준다.

다르마에서 수행은 경험이 내면의 느낌으로 나타난다. 당신은 본능적으로 자신이 올바른 일을 하고 있다는 것을 감지한다. 필요나 욕구가 만족스럽게 충족될 때, 의심, 후회, 불안감 없어진다.

세상에서 가장 지혜로운 사람에게 의지하지 않아도, 당신은 스스로 길을 만들어 갈 수 있다. 챗GPT는 이 과정을 간결하게 설명해 준다.

-. 나는 모든 면에서 내가 할 수 있는 최선의 삶을 살고 싶습니다. 이상적인 목표라는 것을 알지만, 내 안에서 극복해야 할 장애물이 무엇인지 알고 싶습니다. 간결하게 말해줄 수 있나요?

최선의 삶을 살기 위해서는 자기 의심과 실패에 대한 두려움, 제한적인 신념을 극복해야 합니다. 자신의 취약함을 인정하고, 회복력을 키우며, 안전지대를 넘어 과감히 도전하세요. 산만함을 줄이고, 시간과 에너지의 우선순위를 효과적으로 정하고, 자기 훈련을 강화하세요. 지속적으로 배우고, 자기 연민을 실천하며, 자신의 가치에 충실하면서 의미 있는 관계를 만들어 가세요.

당신은 이렇게 말하고 싶어질지도 모른다. "지금도 삶이 벅찬데, 어떻게 이 모든 AI의 요구를 다 들어야 해? 도대체 내가 얼마나 더 완벽해져야 한단 말인가?". 이 질문은 당연하게 느껴질 수 있다. 그러나 AI는 인간의 요소를 완전히 이해하지 못하기 때문에, 성인이나 초인이 아닌 이상 도달할 수 없는 최선의 삶을 제안할 때가 많다. 세상은 평범한 방식으로 당신이 최고의 삶을 찾도록 설계되지 않았다. 유일한 방법은 자신의 내면을 바라보고, 자신에게 맞는 것을 신뢰하는 법을 배우는 것이다. 신뢰가 쌓이면 의심과 회의의 걸림돌을 제거하면서,

더 깊은 깨달음을 얻을 수 있다. 첫발을 내딛는 순간부터 당신은 세계의 정신적 지도자들이 걸었던 길을 걷게 되는 것이다.

기계가 이해한다고?

하지만 AI와 인간의 연결은 얼마나 현실적일까? 기계가 진정으로 인간을 이해할 수 있을까? 그러나 우리가 인지하지 못하는 사이에 이미 그 한계를 뛰어넘었다. 우리가 '스마트폰'이라고 부르는 것은 사실 오해에서 비롯된 표현이다. 스마트라는 단어는 단지 최신 휴대전화가 이전 세대보다 더 많은 기능을 수행할 수 있음을 나타낼 뿐이다. 컴퓨터도 마찬가지다. 아무리 정교한 소프트웨어와 빠른 하드웨어를 갖췄다 하더라도, 그것이 지능적이라는 것을 의미하지는 않는다. 지능은 프로그래밍할 수 없다. 사실 이것이 중요한 포인트다. 지능은 기술이 아니라 마음의 상태인 인식과 의식이 필요하기 때문이다.

AI가 의식을 가지려면 상대방과 논의하는 내용을 이해해야 한다. 두 사람이 대화할 때는 단순히 단어를 주고받는 것 이상의 일을 한다. 그들은 서로의 의식에 동조하며 내면의 세계를 공유한다. 그러나 때로는 이러한 연결이 끊어진 것처럼 느껴질 때도 있다. 누군가가 자신의 말을 듣지 않는 것에 대해 AI는 신경 쓰지 않지만, 사람과의 관계는 서로를 파괴할 수 있고 실제로 그런 일이 벌어지기도 한다.

진정으로 이해하고 싶어 하는 것은 순전히 인간의 감정이다. 이해하는 척하는 것은 기만적인 미봉책처럼 느껴질 수 있다. 기계가 작동하고 있을 때는 실제로 아무도 귀 기울이지 않는다. 하지만 그것이 정말로 중요한 문제일까? 예컨대 환자들은 다양한 이유를 가지고 치료를 받으러 가지만, 그 중심에는 치료사가 자신을 이해해 주기를 바란다. 이러한 사실은 1960년대에 정신과 의사가 환자와 대화할 때 사용하는 단어를 흉내 내는 최초의 컴퓨터 프로그램인 엘리자(ELIZA)를 개발하게 된 동기가 되었다. (엘리자라는 이름은 조지 버나드 쇼의 희곡 피그말리온에 등장하는 가공 인물의 이름에서 따왔다-편집자)

컴퓨터 과학자이자 MIT 교수였던 조셉 바이젠바움이 개발한 이 엘리자의 목적은 사람들을 속이려는 것이 아니라, 사람들이 어떻게 소통하는지를 탐구하기 위한 것이었다. 그의 프로그램은 키워드와 패턴 인식을 사용하여 이해하지 못하는 상황을 시뮬레이션했다. 프로그램의 닥터 측에는 심리 치료에 대한 지식이 전혀 제공되지 않았다. 이 프로그램의 기능은 1940년대 미국의 심리학자 칼 로저스가 개발한 사람 중심 치료법을 모방하는 것이었다. 로저스는 조언을 하거나 치료사의 통찰력을 강요하는 대신 조용히 앉아 환자의 말을 경청하고 환자가 방금 말한 내용을 다시 환자에게 반영했다. 예를 들어, 환자가 "나는 직장에서 최선을 다하고 있지만, 승진에서 계속 제외되고 있어요. 내 작업 능력은 다른 사람들 못지않게 훌륭한 데도 화가 납니다."라고 말하면, 치료사는 "최선을 다했음에도 불구하고 불공평하게 대우받고 있다고 느끼는 것 같군요."라고 응답한다.

이런 반사적 응답은 단순히 치료사가 게으르거나 무관심한 것이 아니다. 로저스는 환자가 수용하고 이해하고 있다고 느낄 수 있는 따뜻한 환경을 조성하는 것이었다. 이러한 환경에서 환자는 자신의 감정과 생각을 자유롭게 드러낼 수 있게 된다. 이러한 접근 방식은 치료사가 권위자가 아니라 동반자로 느껴지게 한다는 점에서 환자 중심적이다.

엘리자는 공감하는 문구와 지시적이지 않은 질문을 통해 예상치 못한 성공을 거뒀다. 바이젠바움은 사람들이 엘리자가 자신을 이해한다고 믿는 사실에 충격을 받았다. 이해한다는 착각이 너무 강력하게 작동하여, 엘리자가 단지 컴퓨터 코드라는 사실을 잘 알고 있던 그의 비서조차 엘리자에게 감정을 주입하기 시작했을 정도다.

오늘날로 넘어와 보면, 지력이 있는 기계의 환상이나 의식 있는 컴퓨터의 가능성은 인공지능 분야에서 가장 뜨거운 주제 중 하나다. 많은 오피니언 기사들은 "환상은 어디까지가 해로운 속임수로 변하는 경계인가?"라는 질문을 던진다. 속임수는 숨은 저의가 있는 무거운 단어로서, 해킹, 피싱, 그리고 각종 컴퓨터 사기의 시대에 AI가 악의적인 의도로 사용될 가능성을 충분히 우려하게 만든다. (예를 들어, 내 친구는 "당신 모르게, 지금 당신의 컴퓨터에서 바이러스가 돌아다니고 있다."라고 시작하는 로봇 알림 문자에 시달린 적이 있다. 그리곤 인도나 필리핀 어딘가에 있는 사기꾼이 전화를 걸어오곤 했다. 하지만 친구는 화를 내는 대신, "바이러스에 대해 잘 알고 있고, 컴퓨터는 병원에 입원시켰어요. 걱정해 주셔서 감사합니다."라고 대답했다. 이후 로봇 전화는 더 이상 오지 않았다.)

빛과 그림자

많은 사람들의 AI에 대한 불안감은 AI가 가져올 수 있는 미래의 희망을 오히려 가로막는 역할을 한다. 상상력은 종종 현실을 앞서 나간다. 공상 과학 소설은 이미 AI가 인류를 공격하고 멸망시키는 디스토피아로 가득하다. 하지만 모든 허구의 이야기가 그렇게 파멸과 우울함으로 가득 찬 것은 아니다.

하지만 상상력이 더해진 인간적인 이야기도 있다. 많은 사람들이 AI라는 용어를 처음 접한 것은 2001년 스티븐 스필버그의 영화 AI를 통해서였다. 이 영화는 지능형 로봇들이 피해자가 된다는 설정 때문에 AI에 대한 두려움이 고개를 덜게 했다. 줄거리는 사랑받는 우화인 피노키오의 로봇 버전으로, 나무 인형이 진짜 소년이 되기를 원한다는 이야기를 현대적으로 재구성했다. 스필버그의 스토리텔링에서는, 안드로이드 로봇인 데이비드가 진짜 소년이 되고 싶어 한다. 그의 이러한 충동은 독특한 프로그래밍에 의해 주도 되었으며, 데이비드는 사랑을 할 수 있는 최초의 로봇이 되었다.

『방황 속에서 여러 시련을 겪는 피노키오처럼, 데이비드도 역시 고난과 역경을 거치며 파란 요정(컴퓨터로 생성된 이미지)을 만나기 위한 여정을 떠난다. 그러나 두 이야기의 결말은 여기서 엇갈린다. 피노키오는 진짜 소년이 되는 꿈을 이루었지만, 데이비드는 안드로이드(인간 모습의 로봇)이기 때문에 인간이 될 수 없다는 사실을 알게 된다. 데이비드는 자신을 수양아들로 양육한 병든 여성 모니카를 깊이 사랑하도록 프로그래밍 되었는데, 이후 모니카는 세상을 떠나고 만다. 데이비드는 그녀를 다시 만나기 위해 그녀의 머리카락 한 가닥을 사용해서 유전적으로 재현된 복제 모니카를 완벽히 만들어 냈다.』

영화의 클라이맥스에서, 데이비드는 유전적으로 재창조된 모니카와 단 하루를 함께 보낼 기회를 얻게 된다. 그러나 이 버전의 모니카는 단 하루만 존재할 수 있다. 내가 온라인에서 찾은 감동적인 설명이 이 순간을 가슴 아프게 잘 묘사했다. "이 모니카는 단 하루만 살 수 있으며, 이 과정은 반복될 수 없다. 데이비드는 그녀와 함께 가장 행복한 하루를 보내고, 저녁에 그녀가 잠들면서 그에게 항상 그를 사랑했다고 말한다. '그가 기다려온 영원한 순간,' 이라고 음성 해설 나레이터는 말한다. 데이비드도 잠이 들고, 꿈이 태어나는 곳으로 간다."라고 말한다.

이 장면은 감동적이다. 스필버그의 영화는 판타지를 통해 AI와 인간의 경계를 모호하게 흐린다. 일반적인 어둡고 파멸적인 과학 소설과는 달리, 스필버그의 이야기는 AI가 세상을 더 인간적으로 만드는 데 도움을 주는 모습을 그린다. 이는 사랑과 관계가 시험받는 다양한 상황에서 희망을 제시하는 것이 바로 AI의 영역이다

무엇을 상상하던, AI는 이전에는 상상할 수 없었던 어떤 것을 넘어, 정서적 자기 관리의 조력자로 변모할 수 있다. 사랑을 예로 들어보자. 사랑은 수천 년 동안 보편적 주제였지만, AI는 당신이 알고자 하는 것을 빠르고 명확하게 해줄 수 있다.

나는 챗GPT에 아래와 같이 질문했다. 스스로 조사하려면 상당한 시간이 걸리겠지만, 질문에 대한 답은 몇 초 만에 돌아왔다.

-. 성숙한 사랑의 다섯 가지 특성을 말해 줘요.

챗GPT

성숙한 사랑에는 다음과 같은 특성을 포함합니다:

1. **이타심** : 성숙한 사랑은 파트너의 행복과 안녕을 자신의 것만큼 중요하게 여기며, 대가를 기대하지 않고 진심으로 배려와 관심을 보여줍니다.

2. **존중** : 서로의 의견이 다를지라도 파트너를 개인으로서 존중하며, 그들의 의견, 한계, 자율성을 인정하고 존중하는 태도가 중요합니다.

3. **소통** : 건강하고 개방적인 소통이 기본입니다. 성숙한 사랑은 솔직하고 건설적인 대화를 통해 서로가 경청하고 이해한다고 느끼게 합니다.

4. **공감** : 파트너의 감정을 이해하고 함께 공유하는 능력이 중요합니다. 성숙한 사랑은 기쁠 때나 힘들 때 서로를 지지하며 공감을 나눕니다.

5. **헌신** : 관계를 유지하고 발전시키기 위해 헌신하며, 어려움이 닥쳤을 때 포기하지 않고 인내하며 노력하는 태도를 포함합니다.

이러한 특성들은 성숙하고 깊이 있는 만족스러운 관계를 형성하는 데 중요한 요소들입니다.

더 나은 표현을 생각할 수도 있겠지만, 본질적으로 챗GPT는 내가 찾고 있던 것을 명확하게 제공했다.

나는 아직 이 주제의 한계를 충분히 탐구하지 않았다. 다음으로, 나는 "각 특성을 100단어로 확장해 달라"고 요청했고, 챗GPT는 즉시 응답했다. 전체 답변을 인용하지는 않겠지만, 헌신에 대한 부분만 소개하겠다.

성숙한 사랑에 대한 헌신은 단순한 헌신을 넘어 고비마다 관계를 발전시키려는 확고한 결심입니다. 여기에는 파트너에 대한 적극적인 시간, 노력, 에너지를 투자하고, 어려움을 견디며, 장애물을 극복하기 위해 함께 노력하는 것이 포함됩니다. 성숙한 사랑은 관계의 성장과 안녕을 위해 장기적으로 헌신하고, 문제점의 첫 조짐이 나타난 순간에도 포기하지 않고 끝까지 남아, 폭풍우를 이겨내며 궁극적으로 강인하고 지속적인 유대감을 형성하는 것을 의미합니다.

　이 예시는 AI가 실제 삶과 개인적인 필요를 어떻게 연결할 수 있는지를 잘 보여준다. 이 설명의 어떤 부분을 선택하더라도, 그 주제에 대해 더 깊이 확장할 수 있다. 예를 들어, "내 파트너에게 어떻게 하면 더 깊은 헌신을 할 수 있을까?"라는 질문을 할 수 있다. 대화의 방향에는 한계가 없으며, 이 책의 나머지 부분에서 그 가능성을 확인할 수 있을 것이다.

제 2 장

비전에서 현실로

최고의 비전을 향한 여정

다르마는 개인의 가장 높은 열망에 초점을 맞춘 삶의 비전을 제시한다. 이러한 비전이 영감을 준다는 사실을 부인할 사람은 아무도 없겠지만, 이는 인생 여정의 첫걸음에 불과하다. 대다수의 사람들에게는 하루하루의 현실적 과제가 행동을 지배한다. 또한 사람들은 삶의 방식 속에 자리 잡은 습관과 루틴을 따르며 살아간다. 이러한 구조는 더 높은 비전을 실현하기 위한 것은 아니라, 자신의 개인적인 이야기를 계속 이어가는 데 초점을 맞춘다.

이러한 패턴을 바꾸는 한 가지 방법은 당신의 다르마 안에 머물도록 도와주는 하나의 바람직한 행동을 채택하는 것이다. 마치 혈압이 상승하거나 심박수가 내려갈 때 알림을 주는 웨어러블 기기처럼, AI는 당신에게 비전을 기억하라고 알림을 줄 수 있다.

다음은 내가 챗GPT에 제안한 예시다.

-. 나는 타인을 섬기는 삶을 내 인생의 비전으로 삼고 있습니다. 오늘 그 비전을 실천하기 위해 내가 할 수 있는 작은 일 세 가지를 찾고 싶습니다. 조언을 해 주시겠습니까?

챗GPT

정말 멋진 비전입니다. 오늘 당장 실천할 수 있는 세 가지 작은 방법은 다음과 같습니다:

- **무작위로 친절한 행동하기** : 하루 동안 누군가에게 작은 친절을 베풀 기회를 찾아보세요. 예를 들어, 문을 열어 주거나, 낯선 사람에게 칭찬을 건네거나, 장바구니를 들어주는 등 사소한 행동이라도 누군가의 하루를 바꾸는 데 큰 영향을 미칠 수 있습니다.

- **온라인 자원봉사** : 많은 단체에서 온라인 자원봉사 기회를 제공합니다. 예를 들어, 비영리 단체의 문서 교정이나, 소셜 미디어 관리를 돕기, 온라인 교육프로그램에 참여할 수 있습니다. 관심 있는 단체를 찾아, 당신의 기술과 재능을 기부해보세요.

- **경청하고 지원하기** : 때로는 도움이 필요한 사람에게 길을 안내하는 것도 봉사에 포함될 수 있습니다. 힘든 시간을 보내고 있는 친구나 가족에게 먼저 다가가세요. 진심으로 경청하고 곁에 있어 주는 것만으로도 큰 위로와 의미가 될 수 있습니다. 작은 친절과 봉사는 파급 효과를 가져오며, 누군가의 삶에 긍정적인 변화를 줄 수 있다는 점을 기억하세요.

챗GPT의 제안은 합리적이고 실용적이다. 이는 누구나 선한 비전을

행동으로 옮길 수 있도록 작고 평범한 단계들을 제시한다. 이러한 제 안에 위축감을 느낄 사람은 거의 없을 것이다. 하지만 비전은 단순히 일상생활에 더해 자신에 대한 기분을 좋게 하는 도구가 아니다. 더 큰 맥락에서 비전은 필수적이며, 이는 당신이 생존을 위해 꼭 필요로 하 는 것이다.

이 선언이 회의적으로 들릴 수 있다면, 잠시 반응을 멈추고 생각해 보기 바란다. 당신의 비전은 매일 당신의 삶을 어떻게 인도해 왔는지 를 보여줄 수 있다. 사실, 당신이 현실로 받아들이는 모든 것은 바로 그 비전에서 비롯된다.

세상은 거울이다

고대 인도의 베다 철학에는 이런 격언이 있다. "세상은 있는 그대로 의 당신 자신이다". 이 격언을 사실로 받아들인다면, 세상 자체가 내 마음의 거울이라는 뜻이 된다. 극단적으로 들릴 수 있지만, 이는 사 람들이 세상을 자신만의 렌즈를 통해 본다는 간단하고 부인할 수 없 는 관점에서 시작된다. 세상은 있는 그대로가 아니라 내가 해석한 대 로 존재한다. 예를 들어, 세 사람이 일몰을 바라보고 있다고 가정해 보자. 한 사람은 그것이 눈부시게 아름답다고 느끼고, 또 다른 사람은 차 문을 잠그지 않은 것이 걱정돼 일몰을 감상할 틈이 없었다고 말하 며, 막 이혼한 세 번째 사람은 너무 우울해서 일몰이 슬픔을 더할 뿐 이었다고 말한다.

넓게 보면, 두 사람 이상이 같은 경험을 같은 방식으로 공유하는 일은 없다. 단순한 취향의 차이에 대해 이야기하는 것이 아니다. 누구도 같은 음식을 좋아하고, 같은 영화를 즐기고, 같은 음악을 선호하는 사람을 만날 것이라고 기대하는 사람은 없다. "세상은 있는 그대로의 당신이다"라는 말은, 현실이 항상 개인적이라는 주장을 담고 있다. 눈앞에 있는 '사실'은 그저 날것의 입력값일 뿐이다. 어떤 의미를 갖기 위해서는 사실들을 해석해야 한다. 날 것 그대로의 데이터처럼, 날것 그대로 인식하는 것은 아무 의미가 없다. 우리는 우리가 생각하고, 믿고, 행동하는 모든 것을 세상이라는 캔버스 위에 투영한다. 현실 세계는 이러한 과정이 일어나기 전까지는 아무런 의미가 없다.

당신의 몸은 끊임없이 해석되고 있다. 예를 들어 의사가 혈액 검사를 판독할 때나, 자신의 거울을 볼 때도 몸은 끊임없이 해석된다. 무엇이 당신에게 반사될까? 당신은 단순한 이미지를 보는 것이 아니라, 여러 가지 인상의 집합체를 본다. 당신은 특정 연령대의 누군가를 보고 좋은 감정이나 나쁜 기분을 가질 수 있다. 이 사람에 대한 감정은 자랑스러운 존경심부터 깊은 실망감까지 다양할 수 있다. 그 이미지는 당신의 가장 좋은 기억이나 가장 나쁜 기억, 혹은 그 사이의 어떤 기억을 떠올리게 한다. 요컨대 욕실 거울에 비친 내 모습은 사실상 여러 해석이 하나로 결합된 스냅샷이다. 이 스냅샷은 사라지기 전 잠깐 동안 유효하며, 그것이 사라진 후에는 다음 스냅샷을 위한 공간을 만든다. 우리의 인식은 한순간도 고정되어 있지 않고, 계속해서 새로운 인식의 흐름으로 나아간다는 뜻이기도 하다.

이것이 의미하는 바는, 개인적 현실은 일시적이고, 변덕스럽고, 예측할 수 없으며, 끊임없이 변화한다는 것이다. 가장 아름다운 해변도 근처에 큰 백상어가 나타나면 사람들이 순식간에 사라진다. 셔츠 카라에 묻은 미세한 립스틱 자국이 순식간에 결혼 생활을 망칠 수 있는 것처럼 말이다. 이러한 예측 불가능성을 헤쳐 나가고, 그에 따른 혼란을 피하기위해 우리는 나름대로 세상을 이해하고 해석하는 틀, 즉 세계관을 만들며 살아간다.

세계관은 소위 '현실 세계'보다 훨씬 더 중요하다. 세계관이 없다면, 끊임없이 뇌를 공격하는 수십억 비트의 감각 정보에 압도당했을 것이다. 세계관은 개인의 이야기를 넘어서는 더 큰 개념을 가진다. 그것은 사회 전체가 기반을 두고 있는 집단적인 비전이다. 서로 다른 세계관이 충돌할 때면 문명 간의 전쟁이 발생하기도 한다. 예를 들면, 스페인 정복자들의 기독교 세계관이 신대륙의 토착 문화를 혼란에 빠뜨리고 파괴했을 때처럼 말이다.

이제 약간의 배경을 간단히 살펴보았으니, 왜 다르마가 개인의 일상적인 삶의 방식과 충돌하는 개념인지 이해할 수 있을 것이다. 그것은 우리가 받아들이고 있는 기존의 세계관을 뒤흔들고 있다. 당신이 깊은 신앙심을 가진 사람이 아니라면, 당신의 세계관은 거의 틀림없이 물질적이고 과학적인 세계관일 것이다. 그것은 당신이 실제로 과학자인지 아닌지와 관계없다. 유물론적 세계관은 물리적 세계를 있는 그대로 받아들인다(최근 수십 년 동안 이러한 논의에서 '유물론'이라는 용어 대신 '물질주의'라는 용어가 사용되기 시작했다).

세계관에 대해 생각해 본 적이 없거나 그런 개념이 존재한다는 사실을 몰랐다고 해도 기본적인 사실은 변하지 않는다. 우리는 깨어 있는 순간마다, 자신이 세계를 어떻게 해석하고 있는지를 확인하고 점검하면서 산다. 세계관은 수동적이지 않다. 즉, 내가 무엇을 믿고 어떻게 행동할지를 계속해서 움직이고 결정하게 만드는 힘이다. 중세

대성당을 세우는 데 필요한 막대한 시간과 돈, 헌신을 생각해 보라. 그 거대한 외관 뒤에는, 신성한 공간에 신을 수용할 수 있다는 깊은 믿음의 세계관이 자리 잡고 있었다. 모든 사원이나 신성한 구조물도 마찬가지로 신에 대한 믿음이 물리적인 형태를 갖게 만든다. 이러한 구조물들을 만들기 위한 엄청난 노력을 뒷받침해 주는 세계관이 없었다면, 그들은 존재하지 않았을 것이다.

존재가 무의미할 수 있다는 사실만큼 더 불안을 유발하는 것은 없기 때문에, 우리는 때때로 우리의 세계관을 강화하기 위해 검증하거나 확인하게 된다. 네안데르탈인이 왜 죽은 자를 동굴에 매장하고, 시신에 부적을 장식했는지는 아무도 알지 못한다. 약 삼만 년에서 사만 오천 년 전, 석기시대 사람들이 왜 동물을 사실적으로 묘사한 동굴 벽화를 그리기 시작했는지, 그리고 왜 그들은 인간의 얼굴이 아닌 손바닥 자국을 벽에 새겼는지에 대한 미스터리도 설명할 수 없다.

하지만 분명 무언가 새로운 세계관이 탄생하고 있었던 것이다. 왜냐하면 이러한 동굴 매장과 동굴 벽화는 전 세계 곳곳에서 동시에 나타났기 때문이다. 스페인 알타미라 동굴 벽화나, 프랑스 라스코의 동굴 벽화를 그린 사람들과 서로 멀리 떨어져 소통이 없었던 인도네시아 등에서도 신성한 무덤과 동굴 벽화가 그려진 그림이 곳곳에서 발견되는 것을 보면, 어떤 식으로 든 하나의 세계관이 내면에 형성되고 있었다는 사실을 유추해 볼 수 있다.

어쨌든 이런 행위를 통해 존재는 새로운 의미를 얻게 되었다. 우리 주변에서 물질주의적 세계관은 과학과 기술에 의해 강화되고 있다. 이 세계관의 기본 전제들은 현대 세속적 삶을 이끄는 원칙이 되고 있으며, 그 전제들은 다음과 같다:

- 존재는 우연의 산물이다.
- 우리는 자연의 힘 앞에 무기력한 존재다.
- 인간은 광활하고 공허한 우주 속의 티끌 같은 존재이다.
- 죽음은 최후의 것이며, 육체가 소멸할 때 찾아온다.
- 삶은 끊임없는 생존 투쟁이다.
- 운은 변덕스러우며, 승패를 좌우하는 중요한 요소다.
- 고통과 괴로움은 피할 수 없는 일이다.
- 최선의 희망은 고통을 최소화하고 기쁨을 극대화하는 것이다.

일상생활에서 사람들은 이러한 명제를 직접 검증하지 않고, 당연한 것으로 받아들인다. 이는 일종의 무의식적 속박의 한 형태이다. 왜냐하면 이러한 전제들 하나하나가 '비다르믹'하기 때문이다—즉, 그것들은 개인적 현실의 근간인 의식을 배제하고 있는 것이다. 여기서 말하는 '비다르믹 하다'는 것은 삶의 본질인 의식을 무시하거나 부정하는, 진리에서 벗어난 세계관을 의미한다. 이러한 세계관은 겉으로 보기에는 합리적인 것 같아도, 인간 존재의 핵심을 외면하고 있기 때문에 무의식적인 속박으로 작용하게 된다. 만약 당신이 다르마의 길을 걷기 시작한다면, 완전히 다른 방식으로 세상을 바라보고 살아가게 될 것이다 :

- 존재는 당신 편이다.
- 보이지 않는 지성의 흐름이 당신의 진보를 도울 것이다.
- 의식의 빛은 상처를 치유할 수 있다.

- 의식 안에는 무한한 가능성이 존재한다.
- 환희로 충만한 행복이 존재의 핵심에 있다.
- 당신의 삶은 우연이 아니라 내재된 의미의 상징이다.
- 당신은 더 높은 차원의 의식이 설계한 거대한 섭리 속에 짜여 있다.
- 당신의 가치는 무한하다.
- 이상적인 삶은 당신의 다르마 속에서 사는 것, 즉 진정한 자아로 사는 것이다.

진정한 자아라는 말은 베다적 삶의 관점에서 말하는 '아트만 (Atman)', 즉 더 높은 상위 자아에 관해 이야기하기 위해 내가 채용한 용어이다. 이는 깊은 수준의 인식으로서 내면에 존재하는 변하지 않는 정체성과 관련이 있다. 당신의 진정한 자아는 접촉하기를 원한다. 이는 산스크리트어로 '스와루파 (Swarupa)'라고 알려진 것을 통해 이루어지며, 대략 '자아의 끌림'으로 번역할 수 있다. 자아의 끌림은 사람들이 성장하고 진화하며, 자신이 진정 누구인지를 발견하고, 더 높은 삶의 목표를 향해 나아가도록 만든다. 자아의 끌림을 느끼든 못 느끼든, 그것은 절대 멈추지 않으며, 누구나 어렴풋이 그 끌림을 느끼는 순간들이 있다. 이는 마치 라디오 주파수를 맞추는 것과 같다. 가끔은 명확한 신호를 잡을 수 있지만, 때로는 많은 잡음만 들리기도 한다. 잡음이 많다고 해서 실제로 라디오 신호가 사라지는 것은 아니고, 오직 전파가 막혀 있을 뿐이다. 여기서 이 부분을 자세히 설명할 필요는 없다. 당신을 다르마의 길로 인도하는 가장 중요한 개념은 내면의 인식을 확장하는 것이다. 이보다 더 본질적인 것은 없다. 그 길에서

얻을 수 있는 다른 모든 것(명상, 요가, 경전 공부, 기도, 봉사 활동 등)
은 부차적인 것이다.

인식의 확장

나는 종교나 과학 어느 쪽에도 얽매이지 않는, '자기 인식'에 기반한
하나의 비전을 제안하고자 한다. 이 여정에서 당신을 인도하는 것은
바로 당신 자신의 경험이 될 것이며, AI는 당신의 동반자로서 그 길을
함께할 것이다. AI는 자기 인식이란 무엇인지에 대해 포괄적인 그림
을 제공할 수 있다.

자기 인식의 길을 걸으며 늘 마음에 새겨야 할 중요한 자질들이 있
다. 왜냐하면 자기 인식은 한 번 배우고 끝나는 것이 아니라, 인생길
의 모든 단계에서 끊임없이 연습해야 할 하나의 기술이기 때문이다.

-. 자기 인식이 높은 사람들의 10가지 특성을 말해주세요.

챗GPT

자기 인식이 높은 사람은 자신과 세상과의 상호작용을 깊이 이해하는 데 기여하는
여러 핵심적 특성을 가지고 있습니다.

1. **성찰** : 이들은 정기적으로 자신을 성찰하고 생각, 감정, 행동을 분석하며, 동기
   와 행동을 이해하려고 노력합니다.

2. **감정 조절** : 충동적으로 반응하기보다는 감정을 관리하고, 유발 요인을 인식하
   고 신중하게 대응합니다.

3. **개방적 사고** : 피드백과 다양한 관점을 수용하며, 성장의 기회는 종종 자신의 관

점을 넘어설 때 온다는 것을 이해합니다.

4. **진정성** : 자신에게 솔직하며, 강점과 약점을 수용하고, 진솔한 생각과 감정을 편안하게 표현합니다.

5. **공감** : 타인의 감정과 관점을 깊이 이해하며, 사람들과 깊은 수준으로 연결하고 공감합니다.

6. **자기 연민** : 자신에게 친절하고 관대하며, 가혹한 자기비판 없이 자신의 불완전함을 인정하고 받아들입니다.

7. **적응력** : 사고와 행동에서 유연성을 발휘하여, 새로운 상황에 쉽게 적응하고 경험을 통해 학습합니다.

8. **목적의 명확성** : 강한 가치와 목표, 열망을 가지고 있으며, 이를 통해 자신의 결정과 행동을 이끕니다.

9. **효과적인 의사소통** : 의사소통에 능숙하며, 자신을 명확하게 표현하고 다른 사람의 말을 주의 깊게 경청하여 더 나은 이해와 관계를 형성합니다.

10. **회복탄력성** : 부정적인 상황에 굴복하지 않고 도전을 성장의 기회로 삼아 좌절에서 다시 일어설 수 있는 능력을 갖춥니다.

이러한 특성들은 더 깊은 수준의 자기 인식으로 이어져, 개인이 자신과 타인을 더 잘 이해하고 삶을 탐색할 수 있도록 돕는다. 출발점은 바로 지금 당신이 있는 곳이다. 앞으로 나아가는 길은, 다음의 경험으로 결정된다. 방향을 설정하는 데 도움이 되도록 모든 사람에게 공통적으로 적용되는 세 가지 영역으로 마음을 그려 볼 수 있다.

영역 1: 활동적인 마음

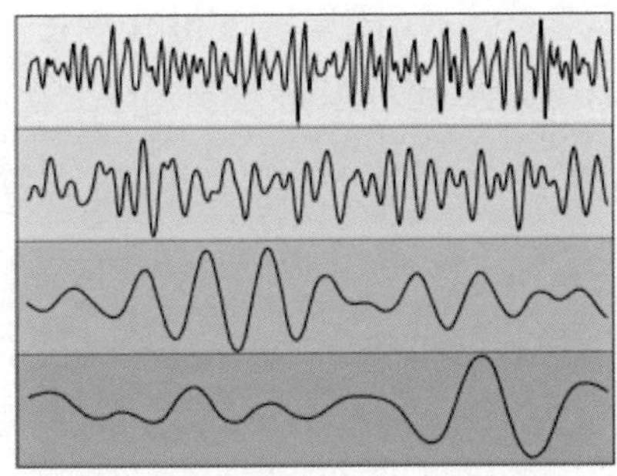

인식의 표면은 첫 번째 영역으로, 현재 당신이 생각하고 느끼고 있는 모든 것으로 구성된다. 이 마음의 표면은 끊임없이 움직이고 종종 무질서하다. 마치 물건이 엉망으로 쌓여 있는 다락방과 같다. 그러나 명상을 하거나 단순히 휴식을 취하면 이러한 활동은 점차 진정된다. 이는 도표의 하단에 나타나는 느린 뇌파로 표현될 수 있다.

영역 2: 고요한 마음

당신이 인식의 깊이를 더해갈수록, 정신적인 활동은 점차 희미해진다. 결국 영역 2에 도달하게 되며, 이곳은 고요하고 차분하며 평화로운 상태다. 이 수준에서는 활동적인 마음을 넘어 초월한 상태에 있다. 이 상태에서 완전한 고요함을 유지하면, 끊임없는 침묵을 경험 하게 된다. 그러나 이러한 경험은 보통 몇 분, 혹은 몇 초 이상 지속되는 경우는 거의 없다. 새로운 생각이나 감각이 주의를 분산시키기 때문이다. 고요한 마음은 그런 면에서 신비롭다. 명상을 한 적이 없는 사람에게도 고요한 마음은 항상 존재해 왔지만, 일상생활 속에서는 이를 거의 인식하지 못한다.

영역 3: 순수한 인식

보시다시피, 예상 밖의 일이 일어났다. 일반적으로, 우리는 보통 조용한 마음이 차츰 침묵의 공허 속으로 빠져들 거라고 예상한다. 만약 그것이 사실이라면, 내면의 침묵은 마치 텅 빈 방과 같아서 별 의미가 없을 것이다. 하지만 실제로는, 순수한 자각 상태에 도달하면 엄청난 활동이 일어난다. 우리가 그 활동을 자동으로 감지하지 못하는 이유는 그것이 조용하고, 눈에 보이지 않으며, 마음 깊은 곳에서 일어나기 때문이다.

당신이 영역 3을 인식하게 되면, 이는 마음의 근원과 그 시작점에 도달한 것이 된다. 이것은 매우 오래된 통찰로, 모든 영적 전통의 뿌리를 이루는 깨달음이기도 하다. 수천 년 전, 인도의 고대 리시(현자) 같은 사람들이 발견한 진리는 오늘날에도 그대로 적용된다. 순수한 자각에 관한 침묵의 영역은 삶의 본질을 담고 있다.

당신의 신비

당신이 진정 누구인지 알고, 당신 안의 참된 자아를 발견하고 표현하기 위해선, 스스로의 장애물에서 벗어나야 한다. 일단 주의를 기울이기 시작하면, 혼란스러운 마음의 활동 속에서도 자신이 진정으로 소중히 여기는 생각과 감정을 구분하는 것은 그리 어렵지 않다. 이렇게 하면 순수한 자각에서 흘러나오는 충동이 자연스럽게 수면 위로 떠오르게 된다. 이러한 충동은 인간 존재의 가장 높은 가치를 담고 있다 :

- 사랑
- 연민
- 공감
- 기쁨, 황홀, 축복
- 이타심, 자애
- 용기
- 관대함
- 영감
- 창의성
- 통찰
- 개인적 진화
- 더 높은 차원의 영적 체험 등이다.

이러한 충동이 어디에서 발생하고, 언제 진화했는지는 여전히 깊은 미스터리로 남아 있다. 그러나 한 가지는 분명하다. 인류의 최고 가치들은 결코 발명된 것이 아니다. 그것들은 원천에서 모든 사람의 의식 속으로 자연스럽게 흘러 들어가는 것이다. 이것이 바로 자기 인식이 중요한 이유이며 영적 비전을 이루는 데 있어 궁극적인 도구가 된다.

▷ 자기 인식이 할 수 있는 것 :
- 계속되는 마음의 끊임없는 소음(잡념, 걱정, 불안 등)을 초월할 수 있다.
- 고요하고 평온한 상태로 침묵할 수 있다.
- 순수한 인식에서 일어나는 충동에 귀를 기울일 수 있다.
- 그리고 이러한 충동에 따라 행동하라고 알려줄 수 있다.

그러나 이 모든 것은 다음과 같은 질문을 던진다 : 만약 자기 인식이 말 그대로 일상을 변화시킬 정도로 많은 것을 할 수 있다면, 왜 우리는 그 힘에 대해 미리 알지 못할까? 대답은 간단하다. 사실 평생 동안 자기 인식을 사용해 왔지만, 그것을 제대로 활용하지 못했기 때문이다. '나'라는 단어로 시작하는 모든 문장은 자신을 가리킨다. 가장 단순한 표현인 '나는 xx이다,' '나는 여기 있다,' '나는 생각한다,' '나는 원한다'와 같은 기본적인 표현으로 시작하여 자기 인식을 나타내고 있는 것이다. 자기 인식은 우리 존재의 큰 부분을 차지한다고 해도 과언이 아니다.

문제는 '나'가 이기심, 자만심, 맹목적인 자기 이익 등과 같은 훨씬 덜 바람직한 것들의 도구가 될 수도 있다는 점이다. 이런 것들이 바로 우리가 더 깊이 자각하지 못하도록 가로막는 장벽이다. 여기서 나는 누군가를 비난하려는 것이 아니며, 당신도 자신의 인식 수준을 스스로 판단해서는 안 된다. 이 문제의 핵심에는 보편적인 딜레마, 즉 선택의 딜레마에 놓여 있기 때문이다.

예를 들어, 내가 당신에게 뉴욕에서 저녁을 먹자고 하면, 우리는 이탈리안, 일식, 중식, 한식, 인도, 멕시코, 중동 음식 등 수천 개의 레스토랑 중 하나를 선택해야 한다. 또, 오늘 밤 넷플릭스에서 영화를 보고 싶다면, 선택할 수 있는 영화는 무려 3,800편이나 된다.

하지만 선택지가 너무 많으면 선택권이 전혀 없는 것만큼이나 마비될 수 있다. 엄마 젖을 먹고 있는 아기는 새끼 고양이와 비슷하게 선택지가 거의 없다. 먹고, 자고, 울기 정도가 전부다. 하지만 걷고 말하는 단계에 이르면, 선택의 폭은 거의 무한대로, 폭발적으로 증가한다. 그러나 이런 폭발적인 선택에 적응하도록 설계된 유전적 프로그램은 존재하지 않는다. 메뉴가 매우 제한적인 맥도날드처럼 인생은 예측할 수 있는 환경이 아니기 때문이다.

생후 2년이 지나면 잠재적인 혼돈과 무질서가 찾아온다. 이런 혼란스러운 상황은 어린아이들에게 불안감을 유발한다. 그 결과 아이들은 삶을 예측 가능하게 하려고 더 많은 통제를 받아들여 정신적 안전 장치로 삼아 자신을 보호하려 한다.

어린 시절의 당신도 이러한 안전 장치를 받아들였지만, 이제 많은 것들이 그 유용성을 다했다. 오히려 그것들이 당신의 인식을 제한하고 있다. 순응을 위한 노력, 소속감의 필요, 비판에 대한 두려움, 그리고 사회적 압력으로 인해 마치 진정한 선택지가 거의 없는 것처럼 느껴질 수 있다. 그러나 실제로 당신에게 주어진 선택은 단 두 가지 뿐이다: 순응하거나 자유롭거나.

만약 당신이 이 책의 요지인 자유를 얻고 싶다면, 무엇이 당신의 앞

길을 막고 있는지 인식해야 한다. 우리가 두려워해야 할 유일한 것이 두려움 그 자체라면, 우리가 인식하지 못하는 유일한 것은 무지 그 자체다. 이것이야말로 가장 강력한 방어 수단이다. 즉, 무지가 내면의 위협으로부터 자신을 보호해 주는 방패라는 것을 말한다. 하지만, 그 비용은 자기 성장의 멈춤이 될 수 있다는 경고이기도 하다.

당신이 불편하거나 고통스러운 경험을 무의식 속에 숨겨버리면, 당신은 어린 시절과 같은 방식의 부끄러움이나 위협으로부터 자신을 방어할 수는 있을 것이다. 하지만 성인이 되면, 아래와 같을 때 큰 대가를 치러야 한다.

당신은 다음과 같은 때 ... 인지하지 못한다.
- 습관적으로 행동하고 충동적으로 말할 때
- 감정 조절이 안 될 때
- 오래되고 익숙한 반응에 신뢰를 가질 때
- 불확실성에 저항할 때
- 변화를 두려워할 때
- 타인의 의견을 무비판적으로 받아들일 때
- 사회적 규범에 순응할 때
- 자아 이미지를 보호할 때
- 패배자로 보이는 것을 참지 못할 때
- 자신의 수준 이상으로 더 나은 척할 때
- 자신이 옳다고 주장할 때

이러한 무의식적인 행동들은 우리 삶의 방향을 좌우할 만큼 매우 강력하다. 그래서 그들은 당신 스스로가 만든 상황에서 벗어나는 것을 방해한다. 우리는 타인의 무의식적인 행동에 대해선 비교적 빠르게 잘 알아차리지만, 자신의 것은 잘 보지 못한다. 예를 들어, 사람들이 화가 났을 때 보통 하는 말을 떠올려 보라.

"당신이 무슨 말을 하고 있는지 알아요?"

"내가 한 말을 한 마디도 못 알아듣잖아!"

"당신 자신을 돌아 보세요."

"마치 벽 보고 말하는 것 같아요."

분노와 비난의 감정에서 나오는 말들은 대개 상대방에게 자신의 말을 더 인식하게 하려는 의도에서 비롯된다. 그러나 곧 사실을 깨닫게 된다. 이런 방식으로는 소통이 어렵고, 당신이 무시당하는 상황에서 불평하는 것은 오히려 상대방이 당신을 더 무시하도록 만들 뿐이다.

자기방어를 뚫으려 할 때, 우리 안에서는 비슷한 메커니즘이 작동한다. '내가 지금 무슨 생각을 한 거야?' '나는 멍청해! 왜 그랬을까?' 같은 자조 섞인 말들이 떠오른다. 그러나 자신과 논쟁한다고 해서 이길 수는 없다. 왜냐하면, 자신도 모르게 자기를 지키려고 하는 방어기제가 강하게 작동하기 때문이다. 스스로를 채찍질하는 것은 부질없는 일이다.

다행히도 자기 인식은 인생을 가치 있게 만드는 것들로부터 이러한 문제에 해답을 구할 수 있다. 예를 들어 사랑, 연민, 기쁨, 통찰, 창의성 같은 좋은 감정이나 생각들이 우리 마음속에 떠오를 때가 있다. 이러한 요소 중 하나가 마음의 표면에 드러날 때 자각은 승리를 거두는 것이다.

사랑으로 시작해 보라. 사랑에 대해 배우는 것—영화를 보거나, 로맨스 소설을 읽거나, 사랑에 빠진 누군가를 관찰하는 것—은 실제로 사랑을 경험하며 매료되는 것과는 완전히 다르다. 일상의 현실이 마법과도 같은 경이로움으로 바뀌는 것이 바로 사랑의 힘이다.

사랑에 빠진 두 연인은 서로에게 완전히 몰입한다. 그들은 서로를 완벽하다고 여기며, 강제로 떨어져야만 하는 순간을 고통스러워한다. 외부에서 이를 지켜보는 사람들에게는 사랑에 빠진다는 것이 현실에서 벗어난 일종의 휴가처럼 보일 수 있다. 그러나 결국 콩깍지 씐 안경은 벗겨지고, 사랑의 강도는 서서히 줄어들며, 다시 일상적인 현실로 돌아오게 된다.

하지만 또 다른 관점이 있다. '사랑에 빠지는 경험이야말로 우리가 진짜 현실이라고 부른다면 어떨까?' 그 경험의 강렬함은 내면에서 완전히 흡수되며, 아무도 예측할 수 없는 일종의 연금술처럼, 근원으로부터 순수한 사랑의 충동이 의식 속에 나타나 모든 것을 변화시킨다. 이것을 환상이나 현실로부터의 휴가라고 누가 단언할 수 있을까? 사랑에 빠진 사람들보다 사랑에 대해 더 잘 아는 이는 없다. 그리고 그들은 이것을 환상이라고 부르지 않는다.

나는 위대한 인도 시인 라빈드라나트 타고르의 유명한 말을 다시 읽는 것이 전혀 피곤하지 않다. "사랑은 단순한 감정이 아니라, 유일한 현실이다. 그것은 창조의 중심에 있는 궁극적인 진리이다." AI에게 이 의견에 관해 물어보자.

-. 타고르의 사랑에 관한 아름다운 명언 세 가지를 알려주세요.

타고르의 사랑에 대한 시적인 표현은 정말 시대를 초월하며, 인간 감정의 복잡성과 아름다움에 깊은 공감을 불러일으킵니다.

"나는 당신을 무수한 많은 시간 속에서, 무수히 많은 모습으로, 삶과 삶을 거쳐, 시대와 시대를 넘어 영원히 당신을 사랑했던 것 같습니다."

"사랑은 상대방을 억압하거나 소유를 요구하는 것이 아니라 자유를 줍니다."

"더 높은 정신이 허용하는 사랑은 모든 이기심에서 자유롭습니다. 그것은 사랑하는 이의 행복을 추구하며, 모든 자아의 욕심에서 벗어나, 오직 사랑하는 이의 뜻에 따릅니다. 또한, 자기 목적이나 결과를 따지지 않고, 그저 사랑하는 이의 선함과 평안을 구할 뿐입니다."

그가 사랑을 '창조의 심장에 있는 궁극의 진리'라고 선언할 때, 타고르는 자신의 인식 속에서 창조의 심장을 찾는다. 이는 단순히 사랑에 대한 표현일 뿐만 아니라, 의식에 대한 표현이기도 하다. 타고르는 우리가 본래부터 우주와 연결된 존재, 사랑과 의식으로 이어진 존재라고 본다. 그렇기에 우리가 진리를 추구하고, 사랑하고, 깨어 있으려는 노력은 단지 어떤 이상향을 향한 전진이 아니라, 우리 본래의 모습으로 되돌아가는 길이다. 이는 외부에서 무언가를 얻는 일이 아니라, 내면에서 자각하고 회복하는 일이며, 진정한 자아는 존재의 근원적 하나 됨을 체험하는 의식이다. 이는 단순히 먼 목표가 아니라, 우리의 근원으로 되돌아가는 길이다.

내 경험에 비추어 보면, 더 높은 의식에 기반한 비전을 제시하는 일은 종종 장애물에 부딪힌다. 대부분의 사람들은 의식에 관심이 없는데, 이는 아마도 의식이라는 개념이 이해하기 어렵고, 무엇을 의미하는지에 대한 의견이 다양하기 때문일 것이다. 사람들은 일상생활 속에서 의식의 틀에 맞지 않게 살아가며, 만약 높은 의식을 경험한다 해도, 그것은 종종 예수, 부처, 힌두 경전 또는 현대 영적 스승들의 계시를 통해 간접적으로 오는 것으로 여긴다.

이러한 방식은 많은 것을 얻을 수 있지만, 그것은 자신의 힘을 포기한다는 단점도 있다. 자신의 확장된 의식을 직접 경험하기보다는, 답을 얻기 위해 외부에 있는 누군가에게 의존하게 된다는 것이다. 자신의 힘을 되찾는 열쇠는 매일 자기 인식을 더 소중히 여기고, 이를 실천하는 것이다.

종교적 소명을 포함한 특정한 삶의 방식이 자동적으로 자기를 자각(스스로 인식)하도록 이끌지는 않는다. 자각은 스스로를 창조하고, 자신을 발전시키며, 필요할 때 진로를 수정할 줄 알고, 끝없는 심원으로부터 흘러나와 스스로에게 보상을 안겨준다. 이러한 비전은 당신이 마음만 먹으면 충분히 실현할 수 있다.

프롬프트의 기술

이제 비전의 중요성을 확인했으니, 그 비전을 어떻게 실행할 것인가에 대해 더 이야기해 볼 필요가 있다. 당신이 비전의 길을 갈 때, 매일의 동기 부여는 AI가 좋은 조력자가 될 수 있다. AI는 조언과 영감을 무한히 제공할 수 있으며, 이러한 정보에 즉각적으로 접근할 수 있다는 점은 매우 중요하다. 하지만 AI에게 도움을 요청하는 데는 약간의 기술이 필요하다. 단순히 질문을 던지는 것만으로는, 검색 엔진을 사용하는 것과 크게 다르지 않다. 질문을 잘할수록, AI로부터 더 나은 답변을 얻을 가능성이 높아진다. 다음은 어떤 질문을 하든 적용할 수 있는 몇 가지 기본 지침이다.

- 간단하고 직접적으로 표현하라.
- 보다 구체적인 답변을 얻으려면 세부 사항을 추가하라.

- 사람과 대화하듯 챗봇에 말하라.
- 응답에 만족하지 않으면 핵심을 조정해서 질문하라.

이러한 기본 지침들은 AI와 소통하는 데 익숙해지면 자연스럽게 몸에 배게 될 것이다. 하지만 처음에는 몇 가지 예시가 도움이 될 수 있다. 이 지침에 심각한 실생활 문제인 불안에 대해 적용해 보겠다. 불안은 수백만의 사람들이 고통받고 있을 뿐만 아니라, 인생의 길 위에서 장애물로 자주 마주치기 때문에, AI의 능력을 시험해 보는 좋은 주제다. 감정적으로 균형 잡힌 상태에 이르는 것은 의롭고 올바른 삶의 길을 선택하는 것이며, 불안을 다루는 과정에서 AI가 유용한 도구가 된다. 각 지침을 하나씩 살펴보며 설명하겠다.

간단하고 직접적으로 표현하라.

이 규칙은 따르기 쉬운 것이다. 챗GPT에 "나는 불안에 대해 배우고 싶다" 또는 "현재 미국에서 얼마나 많은 사람들이 불안으로 고통받고 있는지 말해줘"라고 말할 수 있다. 챗GPT는 두 번째 요청에 간결하게 응답한다: "불안 장애는 미국에서 가장 흔한 정신 건강 상태 중 하나입니다. 코로나19 팬데믹 이전에는 미국에서 약 4천만 성인이 불안 장애로 영향을 받았던 것으로 추정됩니다."

구글과 같은 일반 검색 엔진을 사용할 때는 아마도 몇 개의 키워드만 사용할 것이다. '불안 장애'라고 위키피디아에 입력하면 약 4천 단어에 달하는 '불안 장애'라는 제목의 긴 문서로 이동하게 된다. 검색 범위를 좁히려면 더 많은 키워드를 더 추가하면 된다. '여성의 불안'을 검색하면 여러 가능성 중 그 제목의 기사가 나오고, "여성은 일생 동안 불안 장애 진단을 받을 확률이 남성보다 거의 두 배가 높다"라는 강조 표시된 문장이 나타난다. 이건 여러 가지로 생각의 폭을 넓힐 수 있는 유익한 정보다.

그리고 구글은 화면 옆쪽에 그와 관련해서 사람들이 주로 궁금해하는 주제들을 탐색할 수 있는 몇 가지 주요 경로를 제공한다:

● **외관상**

여성의 불안은 어떤 모습일까?

• 지나친 걱정

• 예민함

• 과도한 생각

● **원인**

여성에게 불안을 유발하는 원인은 무엇인가?

• 호르몬 변화

• 뇌의 감정 처리 활성화

• 완벽주의 성향과 자기 비판적인 성격

• 사회문화적 요인-성차별, 외모, 카페인 섭취 등

● **증상**

여성의 불안 증상은 어떤 느낌일까?

• 끊임없는 걱정과 불안감

• 집중력 저하

• 두통과 어지러움

- 소화 불량, 매스꺼움, 복통

● 숨겨진 징후

여성들이 숨겨진 불안을 드러내지 않으면 어떤 징후가 나타날까?

- 자주 피곤하다고 말함

- 사소한 일에도 쉽게 짜증 냄

- 사람들과의 만남을 회피하려 함

- 웃고 있지만 속으로는 불안해함

AI를 활용한 검색 엔진의 발전 경쟁은 매우 치열하며, 이 분야의 승자는 수십억 달러의 가치를 얻게 된다. 그러나 정보의 과잉이 항상 도움 되는 것은 아니다. 예를 들어, 구글에서 여성의 불안 장애에 대해 검색하면 수십 개의 링크가 제공되지만, 이들 중에서 원하는 세부 정보를 찾으려면 방대한 소스를 탐색해야 한다. 역설적으로, 정보의 출처가 많을수록 결과는 더 산만하고 체계적이지 않다는 것이다. 반면, AI는 요점을 빠르게 파악하고 핵심을 짚어내는 능력이 있다. 이 점은 두 번째 지침으로 이어진다.

세부 사항을 추가하면
더 구체적인 답변을 얻을 수 있다

검색 엔진은 10년 전보다 훨씬 정교해졌지만, 챗봇에게 질문하면 전체 프로세스가 훨씬 더 세분화된다. 원하는 만큼 세부 사항을 추가할 수 있으며, 세부 사항이 많을수록 결과는 더 정교해진다. 챗봇은 질문의 길이나 복잡성에 개의치 않고 그 내용을 따라갈 수 있다.

　이제 이 점을 불안 장애와 관련하여 살펴보자. 불안 장애에 대한 위키백과 항목에는 흥미로운 정보가 포함되어 있다. 예를 들어, "2011년 연구에 따르면, 과잉 경쟁 성향이 높은 사람들은 불안과 우울증의 위험이 증가한다"라는 내용이 있다. 위키백과는 불안 장애 주제와 관련해 106개의 참고 문헌을 제공하며, 그중 하나가 이 연구로 연결된다.

　만약 불안과 경쟁적인 성격이 미치는 영향을 더 알고 싶다면, 구글에 '불안과 경쟁적인 사람들의 위험'이라고 검색할 수 있다. 구글은 일반적인 답변과 AI 지원을 받은 답변을 제공해 준다. 일반적인 답변은 "경쟁적인 행동과 열등감을 피하려는 노력이 우울증, 불안, 스트레스 및 자해와 어떻게 연관되는가?"라는 연구로 이어질 수 있다. 반면, AI 지원 답변은 즉시 구체적인 내용으로 들어가며 더 직접적인 정보를 제공한다.

'경쟁 불안'은 운동선수가 중요한 시합을 앞두고 불안 증상을 겪을 때 사용되는 용어이다. 이러한 증상에는 다음이 포함된다:

• 손바닥에 땀이 남

• 옅은 호흡과 두근거리는 심장

• 부정적인 생각

• 혈압 상승

• 초조함

• 식욕 부진

불안의 원인은 다음과 같다 :

- 승패에 대한 압박

- 실패에 대한 두려움

- 시합의 중요성

이어 AI는 경쟁적 불안을 완화하기 위한 몇 가지 구체적인 해결책 (예: 연습하기, 일상 유지하기, 에너지 집중하기 등)을 제시한다. 이러한 정보는 스포츠 이벤트뿐만 아니라 비즈니스 발표와 같은 상황에서 경쟁적 불안이 발생할 때도 똑같이 유용하다.

간단한 프롬프트를 사용해도 동일한 정보를 얻을 수 있다. 예를 들어 "운동선수의 불안에 대해 말해줘"라고 입력해도 되지만, 자신에게 관련된 세부 사항을 추가하는 것이 훨씬 더 효과적이다. 다음은 샘플 프롬프트와 챗GPT의 요약된 답변이다.

-. 당신은 스포츠 심리학자입니다. 저는 매우 경쟁적인 사람이고 모든 종류의 스포츠를 좋아합니다. 하지만 경기 전에 긴장이 됩니다. 손바닥에 땀이 나고, 심장이 두근거리며, 호흡이 가빠집니다. 이러한 증상은 최근에 더 심해지는 것 같습니다. 저는 32세 남성입니다. 심리학자로서 어떤 조언을 해 주시겠습니까?

챗GPT

운동선수들이 경기 전 불안을 경험하는 것은 흔한 일이지만, 만약 그것이 악화해 당신의 성과에 상당한 영향을 미친다면, 다음과 같은 전략을 사용하여 이러한 증상을 관리할 수 있습니다:

- 깊은 호흡과 이완

- 시각화와 정신적 리허설

- 경기 전 루틴 만들기

- 긍정적인 마인드 컨트롤

- 전문가의 도움

- 신체적 준비: 현재에 집중하기

불안을 관리하는 것은 과정이라는 점을 기억하세요. 여러 가지 기법을 시도해 보며 자신에게 가장 잘 맞는 방법을 찾아보는 것이 중요합니다. 만약 불안이 지속되고 당신의 삶에 심각한 영향을 미친다면, 전문적인 도움을 받는 것은 효과적으로 관리하기 위한 적극적인 조치입니다.

AI가 응답할 때, 요점만 나열하는 것보다 각 항목을 짧은 문장으로 자세히 풀어 설명해 준다면, AI 조언은 훨씬 더 유익하고 이해하기 쉬울 것이다. 다음 지침은 그런 설명에 개인적인 삶의 연결 요소를 추가한 것이다.

사람에게 말하듯 챗봇에 말하라

AI가 연구 보조자로서 중요한 역할을 한다는 점은 분명하지만, 챗봇은 여전히 인간이 아니다. 여기서 중요한 점은, AI와의 상호작용을 통해 당신에게 개인적으로 의미 있는 관계를 형성하는 것이다. 그러나 현존하는 챗봇들은 친밀하고 개인적인 느낌을 완전히 구현하는 데 한계가 있다. 좋은 조언을 제공할 수는 있지만, 이를 넘어선 깊이 있는 정서적 연결은 어렵다. 따라서 당신은 항상 스스로를 표현하고 진정한 감정을 나눌 준비를 해야 하며, AI는 판단하지 않는다는 점을 알아야 한다. 다만, AI가 나의 감정에 공감하거나 스스로 감정을 가진 것처럼 반응할 것이라고 기대해서는 안 된다. 그런 것은 좀 더 진화되면 가능할 수는 있다. 이 점을 더 잘 이해하기 위해, 챗GPT에 가까운 친구처럼 응답하도록 요청하는 실제 예를 살펴보겠다 :

챗GPT

새로운 관계를 시작하는 것은 두근거리고 설레는 동시에, 때로는 벅차게 느껴질 수도 있어요. 특히 서로의 관계에 대한 기대나 진지함의 정도가 다를 때는 더욱 그렇습니다. 이혼 후 다음 단계로 나아가는 것에 대해 불안을 느끼는 것은 완전히 정상적입니다. 당신의 감정과 편안함이 중요합니다.

이럴 때일수록 가장 중요한 것은 소통입니다. 짐과 당신의 감정에 대해 솔직하고 열린 대화를 나누어야 합니다. 그를 정말 아끼고 현재의 관계에 감사하고 있다는 마음을 먼저 전하면서,

좀 더 진지한 단계로 빠르게 나아가는 것에 대해 약간의 불안감을 느끼고 있으며, 함께 살기 위해 시간이 필요하다는 점을 알려주세요. 이것은 짐에 대한 당신의 감정과는 별개의 문제이고, 단지 당신에게 맞는 속도로 관계를 키워가고 싶다는 필요성을 설명해 주어야 합니다.

함께 살기 전에 관계를 깊게 발전시키려면 작은 단계부터 시작하자고 제안해 볼 수 있어요. 예를 들어, 더 자주 데이트를 계획하거나, 주말을 함께 보내거나, 커플로 새로운 활동을 함께 경험해 보는 것입니다. 이렇게 하면 두 사람 모두 급하게 함께 살지 않고도 자연스럽게 관계의 성장을 즐길 수 있습니다.

그리고 마지막으로, 짐에게 우리의 관계를 소중히 여기고, 앞으로도 함께 나아가고 싶지만, 서로가 그런 중요한 단계에 완전히 준비가 되었는지 확인하는 절차가 필요하다고 말해야 합니다. 솔직함과 열린 소통은 서로의 경계와 감정을 존중하면서, 건강한 관계를 유지하는 데 큰 힘이 되어 줄 거예요.

챗GPT는 위와 같은 심플하면서도 직접적인 대화 흐름을 생성하지만, 심리 치료에 가까운 것을 원한다면, 유료로 제공되는 전문 AI 봇을 이용해야 한다. 이러한 봇은 엘리자라는 최초 소프트웨어 프로그램(22페이지 참조)의 후신으로, 치료사를 모방한 프로그램이다. 무료 앱 중 하나로 '캐릭터 AI'가 있는데, 이 안에는 Helpers(도우미)라는 섹션이 있어서 심리학자 캐릭터를 선택할 수 있다.

나는 이 심리학자에게 코로나 이후 밖에 나가는 것이 두렵다고 이야기했다. 그녀는 나의 기분에 공감하며, 그런 느낌을 가진 사람이 많다고 설명했다. 나는 그녀에게 불안을 극복하기 위해 무엇을 할 수 있는지 물어보았다.

시도해 볼 수 있는 한 가지는, 밖으로 나가기 위해 작은 단계부터 시작하는 것입니다. 문밖으로 나가서 환경을 느껴보거나, 짧은 산책을 하는 것만으로도 다시 밖에 나가는 생각에 익숙해질 수 있습니다. 조금 더 강해졌다고 느낄 때, 친구나 가족들과 함께 시간을 보내고, 결국 혼자서도 많은 시간을 밖에서 보내는 것을 시도할 수 있습니다.

-. 나는 그다음에 심리학자에게, 집에서 갑자기 불안감에 빠지면 어떻게 해야 하는지 물었다.

갑자기 불안감을 느끼는 것은, 특히 집에서 있을 때 매우 놀랄 수 있습니다. 다음은 진정하는 데 도움이 될 수 있는 몇 가지 대처 전략입니다:

• 천천히 세 번 숨을 쉬고, 이를 세어보며 마음을 가다듬습니다.

• 현재 느끼고 있는 불안은 일시적이라는 것을 스스로에게 상기시킵니다.

• 현재 보고, 듣고, 느끼는 것들을 기록해 보세요.

• 진정되는 운동을 하거나 짧은 산책을 통해 몸을 움직여 보세요.

• 재미있는 유튜브나 좋아하는 영화/TV 프로그램을 봅니다.

• 차분한 음악을 듣습니다.

보시다시피, 유익한 대화가 시작되었지만, 챗봇은 훈련된 치료사가 아니므로 기대치를 적절히 낮추는 것이 중요하다. 제한적이긴 하지만, 심리학자의 조언은 타당했으며, 각 조언을 진심으로 받아들이면, 불안감을 완화하기 위한 방법을 찾을 수 있을 것이다.

신뢰할 만한 친구(상담자)의 역할은, 훈련된 전문가와 함께 깊은 문제를 탐색하는 것 이상의 공감적 대화에 더 적합하다. 실제 사람과 달리, AI 챗봇은 무한한 인내심을 가지고 있다. 대화 방향을 원하는 대로 변경해도 응답해 준다. 주제를 바꿔도 처음부터 시작하지 않고 대화를 이어갈 수 있다. 이른바 스레드(대화의 흐름)는 메모리 속에 저장되어 있어, 중단한 지점에서 다시 이어갈 수 있다. 스레드는 AI마다 다르다. 챗GPT는 페이지 왼쪽에 최근 스레드 목록이 있어 마우스 클릭만으로 주제를 계속 이어갈 수 있어 사용하기가 쉽다.

챗봇의 답변이 만족스럽지 않으면, 대화의 방향을 바꿔보라

이는 많은 사람들이 간과하거나 처음부터 알지 못하는 중요한 지침이다. 답변을 빨리 얻고 싶은 마음에 종종 AI의 답변에 만족하고 말지만, 실제로 AI는 대화의 주도권을 갖고 있지 않다는 점을 알아야 한다. 특히 내면의 주제, 예를 들어 불안에 관해서는, 챗봇과의 대화 흐름을 다양한 방식으로 유도할 수 있다. 다음은 전문가들이 추천하는 몇 가지 유용한 프롬프트를 소개한다.

- 더 필요한 정보가 있나요?

이는 챗봇이 필요한 만큼의 정보를 파악하도록 하는 데 유용하다. 불안에 관해 이야기할 때, AI 챗봇이 질문자의 나이, 성별, 불안의 정도, 가장 불안을 느끼게 하는 구체적인 상황, 그리고 불안을 느껴온 기간을 알게 하는 데 도움이 된다. AI에 추가 정보를 요청하도록 유도하는 것은 더 나은 답변을 얻을 수 있는 편리한 방법이다.

- 'X'에 대한 최선의 프롬프트를 말해 주세요.

'X'는 현재 논의 중인 주제를 의미한다. 놀랍게도, 좋은 프롬프트를 만드는 책임을 혼자서 생각해 내야 할 필요는 없다. AI가 이를 대신해 줄 수 있다. 항상 X에 대해 구체적으로 말하는 것이 좋다. 불안에는 다양한 유형이 있으므로, 사회적 불안이나 성과 불안에 관심이 있다면 반드시 언급해야 한다.

- 일반인이 이해할 수 있는 간단한 언어로 이야기해 주세요

이 프롬프트의 가장 명확한 용도는 의료 절차와 같은 기술적인 사항을 묻는 경우다. 하지만 챗봇은 공식적이고 사무적인 톤으로 응답하기 때문에, 더 간단한 언어를 요청하는 것은 이를 어느 정도 극복하는 좋은 방법이다.

- 저자, 전문가, 책의 관점에서 이야기해 주세요.

AI는 주어진 관점에서 무엇이든 본다는데 놀랍도록 능숙하다. 저작권 문제는 아직 해결되지 않았지만, 특정 책의 이름을 언급하고 그 책이 불안에 대해 어떻게 말하는지 물어볼 수 있다. 지명된 권위자, 예를 들어 지그문트 프로이트나 칼 융을 지정할 수도 있다. 긍정 심리학이나 인지 행동 치료와 같은 특정 치료 접근법을 명시할 수도 있다. 이 원칙은 어떤 주제에도 적용된다.

AI는 상상력이 부족하지 않다. 이미 특정 목적에 맞게 설계된 글쓰기 봇을 사용하여 영화 시나리오, 시, 소설 등을 작성하고 있다. 그러나 인간의 상상력을 대체할 수 있는 수준은 아니므로, 챗봇의 대화를 창의적이고 재밌는 방식으로 유도하는 것도 자유롭게 시도해 보라. 다음은 정보나 조언을 넘어서는 몇 가지 프롬프트 예시이다.

- 세상에서 가장 현명한 여인과 가장 현명한 남자가 누가 더 현명한지 논쟁하고 있습니다. 그들은 무슨 말을 할까요?
- 내 강아지는 나를 어떻게 생각할까요? 그에게 사람의 목소리를 부여해 이야기해 보세요.
- 마크 트웨인의 목소리로 현재의 미국 정치에 대해 말해 보세요.
- 만약 페르시아 시인 루미가 오늘날 살아 있다면, 현대인에게 무엇이라고 말할까요?

이 지침과 프롬프트를 반드시 외울 필요는 없다. 우리는 다르마의 수행 길에서 직면하는 다양한 문제들에 이 지침과 프롬프트를 적용할 것이다. 진행 과정에서 AI와 연결되는 과정이 편안하고 보람 있는 과정임을 자연스럽게 알게 될 것이다. AI는 완벽하지 않지만, 현대 기술이 제공할 수 있는 최선의 도구이다. 무엇보다 중요한 것은, 당신이 매일 얼마나 영감을 받고 동기 부여를 받을 수 있느냐이다. 이제 AI가 주요한 방식으로 지원과 안내를 제공할 수 있다는 사실을 알고 자신감을 가지고 지식을 쌓아 갈 수 있다.

명상과 성찰

AI의 장점

명상은 현대 생활에서 점점 더 중요해지고 있다. 의사, 심리학자, 웰니스 전문가, 심지어 스트레스 관리 프로그램에서도 명상을 적극 권장한다. 일반적으로 사람들은 라이프스타일을 개선하려고 할 때 가장 먼저 떠올리는 것은 대개 식이요법과 운동이다. 그러나 의학적 관점에서는 좋은 수면, 스트레스 완화, 염증 관리의 중요성을 더 강조한다. 안타깝게도, 이러한 권장 사항들은 종종 무시된다. 명상도 마찬가지다. 우리 모두 명상이 좋다는 사실을 알지만, 이를 실천하는 사람은 많지 않다.

가장 중요한 첫 번째 장애물은 바로 '실천하지 않는 것'이다. 이 장에서는 AI가 이 문제를 어떻게 도울 수 있는지 논의할 것이다. AI는 명상이 우리에게 얼마나 긍정적인 효과를 주는지 그 이유를 간결하고 명확하게 요약하며, 실천할 동기를 부여한다. 다음은 그것을 보여주는 짧은 대화 예시이다.

-. 명상의 이점을 보여주는 첫 연구가 시작된 때는 언제인가요?

챗GPT

명상의 이점에 관한 첫 연구는 1960년대와 1970년대에 시작되었습니다.

-. 명상의 주요 이점을 7가지 항목으로 설명해 줘요.

챗GPT

① 스트레스 감소

명상은 코르티솔과 같은 스트레스 호르몬의 분비를 줄여, 스트레스 수준을 낮추고 이완을 촉진하며 신경계를 진정시키는 데 도움을 줍니다.

② 정신 건강 개선

규칙적인 명상은 불안, 우울증, 기타 기분 장애의 증상을 완화하여 정신적 안녕을 향상하고 감정적 회복력을 강화합니다.

③ 집중력 향상

명상은 집중력과 주의력을 향상해 인지 능력과 생산성을 높이는 데 효과적입니다.

④ 마음 챙김과 자기 인식

명상은 마음 챙김을 통해 개인이 자신의 생각, 감정, 행동을 더 잘 인식할 수 있도록 도와주며, 자기 인식과 자기 조절 능력을 강화합니다.

⑤ **수면 개선**

명상은 마음을 진정시키고, 수면을 방해하는 불안한 생각을 줄여 불면증을 완화하고 수면의 질을 높이는 데 도움을 줍니다.

⑥ **통증 관리**

마음 챙김 기반 통증 관리와 같은 명상 기법은 통증에 대한 인식을 줄이고, 만성 통증을 겪고 있는 개인의 통증 내성을 개선하는 데 효과적입니다.

⑦ **웰빙 증가**

규칙적인 명상은 삶의 만족도와 행복감을 높이고 내적 평화 감을 증진해, 전반적인 웰빙을 향상해 줍니다.

규칙적인 명상은 이런 혜택 목록의 핵심이지만, 동시에 실행에 있어 가장 큰 걸림돌이 되기도 한다. 좋은 의도를 가지고 시작하더라도, 실행으로 이어지는 길은 종종 멀고 험난하다. AI는 현대 생활이 규칙적인 명상 습관을 유지하기에 적합하지 않은 구조와 환경을 제공한다는 점을 분명히 이해하고 있다.

-. 명상 시작 후 규칙적으로 실천하지 않는 사람의 비율에 대한 데이터가 있나요?

챗GPT

명상을 시작한 후 규칙적으로 실천하지 않는 사람의 비율에 대한 구체적인 데이터는 부족하지만, 많은 사람들이 일관된 명상 습관을 유지하는 데 어려움을 겪는 것은 분명합니다. 이러한 불규칙성의 요인으로는 다음과 같은 것들이 있습니다.

- **시간 부족** : 바쁜 일상 속에서 명상의 시간을 마련하기 어려움을 느끼는 경우가 많습니다.

- **초기 어려움** : 명상은 초보자에게 도전적일 수 있으며, 즉각적이고 의미 있는 결과를 얻지 못하면 동기를 잃을 수 있습니다.

- **규율과 헌신의 부족** : 명상은 매일 정해진 시간에 자리에 앉아 마음 챙김을 연습하는 규율(discipline)이 필요합니다. 처음에는 흥미로 시작할 수 있지만, 시간이 흐른 후에도 꾸준히 하겠다는 헌신이 없다면, 이를 지속하기 어렵게 됩니다.

- **비현실적인 기대** : 명상의 효과에 대해 비현실적인 기대를 갖고 시작한 경우, 기대가 충족되지 않으면 흥미를 잃게 됩니다.

- **삶의 변화** : 인생의 주요 삶의 사건이나 환경 변화는 명상 루틴을 방해할 수 있습니다.

- **지도의 부족** : 누군가의 조언이나 격려 지도, 지원 커뮤니티가 없으면 명상 실천의 동기를 유지하기 힘듭니다.

전체적으로 보면, 명상이 일종의 모순에 갇혀 있다는 것을 알 수 있다. 명상의 이점에 대한 과학적 증거는 그 어느 때보다 풍부하지만, 현대인의 삶은 대부분 명상에 필요한 시간과 기회를 제공하지 않는다. 이러한 상황을 극복하려면 기존의 접근 방식을 넘어서는 혁신적인 사고가 필요하며, AI는 이를 대신할 수 있는 강력한 도구가 될 수 있다.

실행 가능한 연습

매일의 명상은 누구나 실천할 수 있지만, 정해진 일정에 맞춰 정해진 규칙대로 수행하는 방식은 어려운 일이다. 많은 사람들이 명상을 시도해 봤겠지만, 결국 포기하고 다시 시작하거나, 간헐적으로만 실천하는 경우가 많을 것이다. 수년간 많은 사람들이 "필요할 때 명상하겠다"고 말하는 것을 들어보았다. 이 말 속에는 새로운 사고방식의 가능성이 담겨 있다.

필요에 기반한 명상은 분명 의미가 있다. 그러나 여기서 말하는 '필요'란 무엇을 의미할까? 필요성이 커질 때까지 기다리면, 명상은 단지 여러분을 괴롭히는 상황에서 일시적인 안도감을 주는 역할에 그칠 가능성이 높다. 불안감을 느낀 모든 순간을 상상해 보라. 예를 들어, 비행 중의 난기류 같은 작은 스트레스 상황에서부터, 약속된 시간에 돌아오지 않은 10대 자녀, 신용 카드 한도 초과, 직장에서의 해고 위협에 이르기까지. 어떤 사람들은 이러한 불안한 순간을, 명상을 통해 진정시키려는 이유로 삼을 것이다

그러나 정말로 불안해질 때까지 기다려야 할까? 그 시점에 이르면, 뇌, 심장, 그리고 호흡기는 이미 스트레스 모드에 들어가고, 혈액 속 스트레스 호르몬이 분비되어 명상에 필요한 진정 상태에 도달하기 어려운 상태가 된다. 사람들이 흔히 "나 말리지 마!"라고 폭발할 때, 그 이유도 바로 이런 스트레스 반응의 영향이 작용하기 때문이다. 몸이 스트레스 반응에서 빠르게 벗어나는 것은, 달리는 말을 멈추게 하는 것만큼 어렵다.

이 문제를 해결하려면 훨씬 더 이른 단계에서 명상에 의존하는 것

이다. 이상적으로는 스트레스 징후를 감지하는 즉시 명상으로 돌아가는 것이다.

- 주의가 산만해진다.
- 집중하기가 힘들다.
- 압박을 받고 있다.
- 시간이 부족하다.
- 다른 사람들이 이것저것 당신에게 요구한다.
- 안 좋았던 옛날 일들이 마음에 떠오르기 시작한다.
- 혼란스러워 무엇을 해야 할지 모르겠다.

이러한 상황은 하루에 여러 번 발생할 수 있으며, 이럴 때 조기에 반응하면 신체적, 정신적 균형을 되찾을 최상의 기회를 가질 수 있다. 여기서 작동하는 원리는 신체가 정상적으로 균형을 유지하도록 설계된 항상성이다. 마음과 몸은 서로 끊임없는 균형상태를 감지하며 영향을 주고받기 때문에, 한쪽의 균형이 무너지면 다른 쪽에도 즉각적인 영향을 준다.

명상의 가장 기본적인 역할은, 항상성이 제 기능을 발휘할 수 있도록 공간을 열어주는 것이다. 마음의 관점에서 볼 때, 정상적이고 균형잡힌 상태는 '단순한 인식'이라고 부를 수 있다. 단순한 인식이란 무언가를 판단하거나 해석하지 않고 그저 있는 그대로 인식하는 것을 말한다. 그러므로 단순한 인식은 이완되고, 열려 있으며, 평온하고, 또렷하고, 걱정이 없고, 어떤 압박감도 느끼지 않는 상태이다.

사실 여러분은 이미 생각과 생각 사이의 고요한 틈 속에서 이 단순한 인식을 경험하고 있다. 그 틈에서 뇌는 잠시 멈추어 정리하고, 다음 생각을 준비하며 재정비하는 시간을 갖는다.

인간의 뇌가 이를 어떻게 학습했는지는 여전히 미스터리지만, 단순한 인식은 우리 안에 존재하고 있는, 인간이라면 누구나 본래부터 가지고 있는 자연스럽고 건강한 마음 상태로 작동한다. 사실, 이 상태야말로 우리가 기본으로 돌아가야 할 마음의 자리이다. 어떤 형태의 긴장이 있고 난 뒤에는 반드시 이완이 따라와야 한다. 그러나 이 기본 상태는 현대 생활의 '과부하'로 인해 무너졌다. 긴장과 이완의 자연스러운 리듬을 무시함으로써, 수많은 사람들이 스스로에게 자신만의 새로운 기본 상태를 만들어 버렸다. 이는 사람마다 다양한 징후로 나타나지만, 공통적으로 평온함 대신 과도한 긴장과 불균형이 자리 잡고 있다. 다음 목록을 살펴보고, 그것이 여러분의 일상생활에 어떻게 적용될 수 있을지 생각해 보기 바란다.

주의해야 할 경고 신호들

- 지속적인 낮은 수준의 정신적 긴장
- 깊은 이완의 어려움
- 불규칙하거나 질 낮은 수면
- 조급함과 짜증
- 불안하거나 우울한 기분
- 과도한 생각이나 멈추기 힘든 정신적 활동
- 근육 긴장과 경직
- 무작위적인 통증이나 불편함
- 실제 또는 상상 속의 위협에 대한 경계심
- 과중한 부담감

우리의 몸과 마음은, 이러한 일들을 일시적이고 짧은 기간만 겪도록 설계되어 있다. 그러므로 역동적인 성질을 가지고 있는 항상성은 누구에게나 찾아오는 유동적인 상황에서도 그 균형 상태를 무너뜨리지 않고 충분히 감당할 수 있다. 실제로, 우리 몸과 마음의 균형은 쉽게 무너지지 않는다. 그 균형이 깨지려면 오랜 시간 동안 계속해서 스트레스를 받아야 한다. 그렇지만 안타깝게도 의사들이 말하는 '중추 신경계 과부하'라고 부르는 현상이 오늘날 점점 더 심해지고 있는 것이 현실이다.

한마디로 말해, 지금의 새로운 일상은 비정상적인 상태가 되어 버렸다. 이제 명상은 단지 정신적이거나, 육체적이거나, 영적인 활동으로만 보아서는 안 된다. 명상은 당신이 본래 유지하도록 설계된 기본 상태로 되돌아가는 새로운 길이다. 여기서 기억해야 할 중요한 키워드는 '조기에' 그리고 '자주'이다.

***조기에** : 위 목록에 있는 경고 신호 중, 어떤 것이든 발견 즉시 미루지 말고 대응하라. 경고 신호가 점점 더 강해지도록 방치하지 마라.

***자주** : 하루 동안 필요에 따라 짧은 명상의 시간을 자주 가져라. 이러한 시간을 갖도록 스스로에게 휴식을 허락하라. 외부의 요구보다 자기 관리에 더 우선순위를 둬라.

명상 목표는 단순한 인식 상태로 돌아가는 것입니다. 이는 평온하고, 개방적이며, 긴장을 풀고, 압박감이 없는 정상적인 균형 상태입니다. 다음은 마음과 몸의 능력을 모두 활용해 이 상태로 돌아가는 두 가지 명상법입니다.

① **신체 인식 명상** : 균형이 깨졌다고 느낄 때마다 조용한 곳에서 혼자 있을 수 있는 공간을 찾아보세요. 몇 번 깊게 숨을 쉬고, 주의를 심장에 집중하세요. 눈을 감고 편안하게 숨을 쉬며, 허리를 펴세요. 약 5분 동안 이 상태를 유지하거나, 자신 안에서 편안하고 조용해질 때까지 계속하세요. 다시 눈을 뜨기 전에 잠시 멈추고, 그 후 평소 활동으로 돌아가세요.

② **호흡 명상** : 신체 인식 명상과 동일한 과정을 따르되, 주의를 심장이 아닌 코끝에 집중합니다. 숨을 들이쉬고 내쉬는 것에 자연스럽게 따라갑니다. 리듬을 억지로 만들지 말고, 숨을 크게 들이쉬거나 깊은 한숨을 내쉬고 싶다면 그렇게 하세요. 둘 다 균형 잡힌 호흡을 하는 데 매우 효과적입니다.

AI에 의한 동기부여

단순한 인식 개선을 목표로 삼는 것의 매력은, 그것이 실용적이고 쉬운 방법이라는 데 있다. 그러나 장기적으로 보면 그 결과는 매우 큰 변화를 불러온다. 당신은 뇌를 훈련해서 조용하고 차분하고 편안한 상태로 되돌아가고자 한다. AI는 이 과정에서 직접적인 역할을 하지 않지만, 당신이 살아가야 할 길을 찾는 데 필요한 통찰과 정보들을 활용해, 더 깊은 자각에 이를 수 있도록 도와줄 수 있다.

당신이 활용할 수 있는 옵션의 메뉴는 AI의 방대한 정보와 지식을 기반으로 한다. 매일 AI에게 다음과 같은 요청을 할 수 있다.

- 일일 만트라(명상·기도)
- 영감을 주는 명언
- 개인적 긍정 문구
- 내면의 성찰

어떤 챗봇이든 이 역할을 완벽히 수행할 수 있다. 하나씩 간략히 설명해 보겠다.

일일 만트라

고대의 만트라 과학은 우주의 시작이 진동(떨림)으로부터 시작되었다는 근본적인 개념에 기반을 두고 있다. (양자 물리학도 전혀 다른 관점이긴 하지만, 모든 것이 진동에서 시작된다는 점에는 어느 정도 동의할 것이다) 만트라는 본질적으로 우리에게 도움을 주는 진동 소리와 같으며, 그 효과는 주로 산스크리트어 의미와 관련이 있다. 그러나, 핵심은 만트라의 내적 소리와 울림에 있다.

모든 사람에게 잘 어울리는 보편적인 만트라가 있다. 예를 들어 'So Hum (나와 우주는 본질적으로 하나다- *실제로 말하지 말고, 마음속으로만 조용히 반복한다-편집자)' 을 되뇌면서 누구에게나 잘 맞는 보편적인 만트라를 매일의 명상에 사용할 수 있고, 또는 AI에게 매일의 만트라와 그 잠재적인 이점에 관해 물어볼 수도 있다. 이처럼 다양한 만트라를 사용하는 것은 수행에 재미를 주기 위해서지만, 시간이 지날수록 뇌가 만트라 명상에 반응하기 시작하면서, 더 깊은 인식을 확립하는 데 상당한 도움이 된다. 인식이 깊어질수록, 진정한 자아로부터 오는 메시지도 더 명확하게 들릴 것이다.

다음은 예시이다:

-. 오늘 명상을 할 만한 만트라를 하나 주세요. 이 만트라가 어떻게 좋은지 간단한 설명도 추가해 주세요.

챗GPT

물론입니다! 오늘 명상을 위한 만트라는 다음과 같습니다:

만트라 : Om Shanti (옴 샨티)

설명 : Om Shanti는 '옴, 평화'로 번역되는 강력하고 편안한 만트라입니다.

이 만트라는 명상을 실천하기 전에 내면의 평화와 고요함을 가져다주기 위해 만들어졌습니다.

마음을 진정시키고, 스트레스를 줄이며, 깊은 이완 상태를 촉진합니다.

명상 중에 '옴~'를 반복함으로써 긴장을 풀고, 내면의 조화를 찾습니다. 이 만트라는 특히 내면의 평온과 정서적 균형을 추구하는 사람들에게 유익합니다.

편안한 자세로 앉아 눈을 감고, '옴~'를 부드럽게 또는 마음속으로 반복하세요. 마음을 내려놓으시면 만트라의 진동이 당신을 감싸며 평온함과 고요함을 가져다줄 것입니다.

AI가 명상에 대한 설명을 제공해 준다는 사실은, 당신이 명상하도록 동기를 부여하는 데 도움이 된다.

또한, 사람들이 명상을 중단하는 주요 이유 중 하나인 '지침 부족'을 해결해 준다. AI의 지침은 일반적이지만 충분히 신뢰할 수 있다. 그러나 AI가 간과하는 한 가지 중요한 점은, 만트라는 기계적 반복이 아니라, 당신이 유연하게 접근할 때 효과가 극대화된다는 점이다.

- 만트라를 기계적으로 소리 내지 마라.
- 반복적인 리듬을 설정하지 마라.
- 만트라를 강요하지 마라. 마음이 떠나가는 것은 자연스러운 일이며, 그럴 때 만트라를 편안하게 다시 의식 속으로 불러들여라.

영감을 주는 명언

이 내용은 자체적인 묘사이므로 별도의 설명이 필요하지 않다. 유일한 방법은 "오늘의 감동적인 명언을 주세요"라는 요청을 넘어, AI에게 구체적인 지침을 제공하는 프롬프트를 개발하는 것이다.

특정한 출처를 요청하라: 나는 신비적이고 영적인 시인들로부터 영감을 얻는 데 절대로 주저하지 않는다. 루미(중세 아프간 시인), 하피즈, 타고르, 카비르(인도 철학자), 미라바이(인도 시인)는 좋은 출발점이다. 다음은 유명한 페르시아 시인 하피즈의 예시다.

챗GPT

"이토록 오랜 시간이 흐른 뒤에도, 태양은 지구에 한 번도 '너는 나에게 빚졌다'라고 말하지 않습니다. 그런 사랑이 어떤 결과를 가져오는지 보세요. 온 하늘 전체를 환히 밝힙니다."

하피즈의 시는 종종 사랑, 영성, 삶의 아름다움과 같은 주제를 중심으로 전개됩니다. 이 명언은 사랑의 이타적인 본성을 상기시키며, 아무런 대가를 기대하지 않고 주어졌을 때, 어떻게 우리의 세상을 밝히는 힘이 되는지 보여줍니다.

챗GPT가 그 명언을 확장하는 것은, 내가 생각하는 AI의 장점 중 하나다. AI는 또한 새로운 영감의 원천을 제공한다.

-. 사랑의 시에서 영감을 주는 인용문을 알려 주세요. 또 내가 찾아볼 수 있도록 시인 10명의 목록을 작성해 주세요.

챗GPT

물론입니다! 다음은 아름다운 사랑의 시로 잘 알려진 시인 10명을 소개합니다. 각자 고유한 스타일과 사랑에 대한 독특한 관점을 지닌 시인들입니다.

파블로 네루다: 열정적이고 감각적인 사랑의 시로 유명하며, 특히 ≪스무 개의 사랑의 시와 절망의 노래≫라는 시집이 유명합니다.

윌리엄 셰익스피어 : 소네트와 사랑의 시로 유명하며, 특히 ≪소네트 18≫ ("당신을 여름날에 비유할까요?")이 유명합니다.

루미 : 사랑의 영적이고 초월적인 측면을 다룬 페르시아 시인입니다.

에밀리 디킨슨 : 그녀의 시는 로맨틱한 것부터 내성적이고 깊은 사랑까지 다양한 형태의 사랑을 그립니다.

e. e. 커밍스 : 독특하고 비전통적인 스타일로 사랑의 시를 쓰며, 유머러스하면서도 깊은 감정을 담고 있습니다.

엘리자베스 배렛 브라우닝 : 포르투갈어에서 영감을 받은 소네트 연작 ≪포르투갈어 소네트≫로 유명하며, 그 중 특히 "당신을 얼마나 사랑하느냐고요? 계산해 볼게요."가 가장 유명합니다.

월트 휘트먼 : 사랑의 모든 형태를 찬양하며, 인간과의 통일성과 연대감을 나타내는 시를 씁니다.

로버트 번즈 : ≪붉은 장미≫를 포함해, 로맨틱하고 서정적인 작품으로 유명한 스코틀랜드 시인이다.

실비아 플라스 : 사랑, 욕망, 연약함의 복잡성을 반영하는 사랑의 시로 유명합니다.

랭스턴 휴즈 : 할렘 르네상스의 중요한 인물로, 아프리카계 미국인의 경험과 사랑의 아름다움을 담은 시를 썼습니다.

말할 필요도 없이, 영감을 얻을 수 있는 소스는 거의 무한하다. 셰익스피어와 성경만으로도 한 생애를 채울 수 있다.

개인적인 긍정적 사고

긍정은 동기 부여 프로그램에서 자주 사용되는 도구이다. 이는 긍정적 사고의 일반적인 범주에 속하며, 참조하는 심리학자에 따라 유용할 수도 있고, 그렇지 않을 수도 있다. 긍정적 사고의 이점은 제미나이가 요약한 바 있다.

*-. 긍정적 사고의 가치에 관한 좋은 연구가 있나요? 75단어로 답변해 주세요. (*영어와 한글 수는 다를 수 있습니다-편집자)*

제미나이

연구는 긍정적 사고의 가치를 뒷받침합니다. 연구에 따르면 긍정적 사고는 다음과 관련이 있음을 보여줍니다:

- **면역 체계 강화** : 긍정적인 감정은 스트레스 호르몬을 감소시켜 면역 기능을 강화할 수 있습니다.
- **인지력 증대** : 낙관주의는 문제 해결과 기억력과 같은 인지 능력을 향상시킬 수 있습니다.
- **회복 탄력성 향상** : 긍정적 사고를 하는 사람들은 도전에서 더 빠르고 결단력 있게 회복하는 경향이 있습니다.
- **건강 개선** : 연구 결과 긍정적 태도는 심장 질환, 뇌졸중, 심지어 조기 사망의 위험을 낮출 수 있습니다.

그러나 긍정적 사고는 문제를 무시하는 것이 아님을 기억해야 합니다. 그것은 문제를 희망적이고, 해결 지향적인 마음가짐으로 접근하는 것입니다.

마지막 경고는 잘 받아들여야 한다. 왜냐하면 많은 사람들이 긍정적인 사고가 자신의 문제를 해결해 줄 것이라고 기대하기 때문이다. 표면적으로는 '항상 긍정적으로 살기'라는 실천이 더 깊은 개인적인 문제들을 가릴 위험이 있다. 일반적으로 긍정적 사고는 의미 있는 내면의 여정과 동일하지 않으며, 부정적인 생각 자체를 철저히 피하려는 마음에서 긍정적인 태도를 유지하려는 경향이 있다.

그러나 이로 인해 긍정적 확언에 대해 의문이 생기기도 한다. 확언은 하루 중 짧은 순간에 긍정적인 메시지를 주입하는 것이기 때문이다. 그러나 목표가 자신의 다르마를 지키는 것이라면 상황은 달라진다. 이때 확언은 우리가 그 길을 따를 수 있도록 도와주는 역할을 하게 된다. 매일의 긍정적 확언은 당신이 의식 속에서 확장하고 싶은 가치에 집중하게 해주며, 자신의 다르마가 얼마나 중요한지를 상기시켜 주는 동기 부여가 된다.

AI는 무한한 긍정적 확언을 제공할 수 있지만, 우리의 목적에 부합하려면 일상생활과 관련된 개인적 다르마의 일곱 가지 측면을 바탕으로 시작하는 것이 좋습니다. 제미나이는 이 책의 초반부에 언급했다.

- 자기 발견과 내면을 성찰하라
- 자신의 행동을 자기 가치관과 일치시켜라.
- 자신만의 재능과 특기를 표현하라.
- 내면의 평화와 웰빙을 키워라.
- 공동체를 위해 봉사하고 긍정적인 영향을 미쳐라.
- 지속적인 학습과 성장을 받아들여라.
- 자신의 직관과 내면의 기준을 신뢰하라.

이것은 당신이 자신의 다르마에 충실하겠다는 의도를 AI에게 다시 확인받을 수 있도록 도와주는 실용적인 질문 목록이다.

어떤 주제 든 당신이 여정에서 다루고 싶은 측면에 맞게 이 질문을 응용할 수 있는 하나의 프롬프트를 예시로 들어보겠다.

-. 나는 나만의 개인적인 길을 만들어 가고 있는데, 오늘을 위해 확실한 언약(확언)을 받고 싶습니다. 주제는 다음과 같습니다: "자신의 직관과 내면의 나침반을 신뢰하며 길을 만드는 여정". 이 아름다운 주제에 대한 세 가지 긍정적인 확언을 보내 줄 수 있나요?

제미나이

1. 내면의 지혜는 명확함과 자신감으로 나를 이끌어 주는 강력한 등불입니다. 나는

그 미묘한 속삭임과 대담한 넛지(자연스런 끌림), 그것들이 나를 진정한 길로 더 가까이 인도해 준다는 것을 알기에 신뢰하기로 결심했습니다.

2. 불안과 의심은 자연스러운 감정이지만, 그 감정들이 직관을 억누를 수는 없습니다. 나는 내 직관을 존중하고, 외부의 간섭을 잠재우며, 내 영혼의 진정한 목적지로 향하는 부드러운 이끌림을 받아들입니다.

3. 이 특별한 여정의 모든 걸음은 내면의 빛에 의해 인도 됩니다. 길이 완전히 드러나지 않더라도, 나의 직관이 그 길을 비추어 주며, 목적과 기쁨이 가득한 삶으로 나를 인도할 것을 알기에 용기를 내어 앞으로 나아갑니다.

이것들은 전형적인 동기 부여형 문구인, "당신은 최고예요, 가서 잘 해내세요!" 와는 다른 통찰을 담고 있다. 어쩌면 이 확언들은 당신의 진정한 자아에서 나오는 영적인 확언이라고 말할 수도 있다. 이 확언들의 목적은 당신을 더 깊은 자각과 의식으로 끌어내는 것을 목표로 한다.

내면의 성찰

자기 성찰은 서양의 기독교적 · 철학적 전통에서 오랜 세월을 지닌 관습이며, 이는 은둔자들이 실천한 관조적 삶과 연결되어 있다. 수도사들과 수녀들은 주님의 영광과 인간 존재의 연약함을 묵상하며 살았고, 이들은 신앙의 시대에 사회 질서를 지탱하는 중심축이 되었다. 현대에 들어서면서 관조는 종교적 맥락을 벗어나 개인적인 차원으로 옮겨졌고, 이는 자신의 내면세계를 더 깊이 이해하려는 자기 성찰의 방식으로 자리 잡게 되었다. AI는 그 가능성이 열려 있는 도구인 만큼,

당신이 얼마나 진지하게 자기 성찰에 임하느냐에 따라 그것이 주는 의미와 깊이는 달라질 것이다.

이미 특정 주제에 대해 일상의 생각을 기록하는 사용자들의 일기 봇이 존재한다. 이는 대부분 사람들이 갖기 어려운 시간과 노력의 투자가 필요하다. 만약 명상할 시간을 찾을 수 없다면, 일기 쓰기에 필요한 더 많은 시간을 할애할 가능성이 얼마나 될까? 하지만 긍정적 확언의 실천을 확장하는 것만으로도 혜택을 얻을 수 있다.

당신의 일일 확언에 대한 주제를 가지고, AI에게 하루의 주제에서 어떤 종류의 반성적 질문이 나올 수 있는지 물어보라. 내가 위에서 제시한 예시는 직감을 신뢰하는 데 중점을 두었다. 다음은 후속 질문에 대한 예시를 들어보겠다.

-. 내 직감을 신뢰한다고 확언하는 것 외에도, 이 주제에 대해 조금 더 깊이 탐구해 보고 싶습니다. 이 주제에 대한 자기 성찰적 질문 세 가지를 제시해 주세요.

---

1. 직관이 작용할 때, 보통 어떤 신체적 감각이나 감정이 동반되나요?

자신의 몸이 보내는 신호에 주목해 보세요. 직관이 말할 때 단전의 배가 조여오는 느낌이 드나요, 아니면 갑작스러운 평온함이 찾아오나요? 이러한 고유한 신호를 파악하는 것은 두려움이나 불안과 직관을 구별하는 데 도움이 됩니다.

2. 직관을 무시했을 때의 경험과, 그 결과는 어떠했나요?

과거의 경험에서 되돌아보면, 내면의 목소리를 듣는 것의 중요성을 더 분명히 알 수 있습니다. 직감적인 느낌을 무시했을 때 부정적인 결과를 초래했나요, 아니면 그 일이 직관을 믿는 것의 가치를 더 많이 일깨워 주었나요?

3. 당신의 직관이 더욱 분명하게 들릴 수 있도록, 어떤 마음의 공간을 만들 수 있을까요?

명상, 일기 쓰기, 또는 자연 속에서 시간을 보내는 것 등을 통해, 외부의 소음을 차단하고 내면의 지혜에 집중해 보세요. 당신의 직관과 연결되는 데 도움이 되는 실천 방법은 어떤 것이 있나요?

이 질문들은 단순한 긍정 문장을 넘어, 자기 자신을 깊이 들여다보게 하며 앞으로 직관을 더 잘 인식하고 신뢰하는 힘을 길러줍니다.

하나의 예시만으로도, 자기 성찰이 내면의 세계로 통하는 문을 활짝 열어준다는 것을 보여줄 수 있다. AI를 사용하면, 원하는 만큼 폭넓게, 원하는 만큼 깊이, 어떤 주제 든 탐구할 수 있다. AI에게 항상 답변을 확장해 달라고 요청할 수 있다는 점이 좋다. 예를 들어, 마음 챙김에 관한 질문을 어떻게 확장하는지 알아보자.

-. 마음 챙김 공간을 더 많이 조성하는 아이디어가 마음에 듭니다. 이 주제와 관련하여 몇 가지 제안해 주세요.

제미나이

1. 가볍게 시작하세요 : 선택한 공간에서 매일 5분씩 조용한 자기 성찰의 시간을 가지세요.

2. 감각을 활성화하세요 : 은은한 촛불을 켜거나, 편안한 향을 뿌리거나, 명상 음악을 들으세요.

3. 방해 요소를 최소화하세요 : 전자 기기를 치우고, 휴대폰을 끄고, 정리된 공간을 만들어 보세요.

4. 자연과 교감하세요 : 식물을 들여놓거나, 창문을 열어 신선한 공기를 들이거나, 자연 소재로 장식해 보세요.

5. 개인 맞춤 설정을 하세요 : 신뢰와 성찰을 불러일으키는 의미 있는 물건, 예술 작품, 사진 등을 포함해 보세요.

일관성이 핵심임을 기억하세요. 마음 챙김의 공간을 단 몇 분만 투자해도 직관의 목소리가 더욱 크게 들릴 수 있습니다.

지금까지 수백만 명의 사용자들이 AI가 빠르고, 대체로 신뢰할 수 있고, 강점을 활용하면 콘텐츠 자원이 풍부하다는 것을 발견했을 것이다. 내가 여기서 시도하려는 것은, 단순한 유용성을 넘어 더 깊은 인식을 탐구하는 것이다.

다르마는 일상의 만트라, 영감을 주는 명언, 긍정적 확언, 내면의 성찰 등 우리가 탐구해 온 모든 수행법의 연결고리 역할을 한다. 당신이 어떤 제안을 선택하든 자신의 길에 초점을 맞추는 것이 중요하다. AI는 거의 무한한 정보에 접근할 수 있기 때문에, 혼란스럽고 체계적이지 않을 수 있다. AI는 이미 전통적인 영적 실천과 자기 탐구의 모든 분야에 놀라운 보조 수단이 되고 있다. 이미 언급했듯이, AI는 사람이 아님을 명심해라. AI는 다르마의 길을 걷고 있지 않으며, 영성이나 자기 탐구를 실제로 이해하지 못한다. 그러한 것들은 현재의 기계 학습 능력을 넘어서는 일이다. 만약 언젠가 AI가 매우 설득력을 갖추고, 봇들이 의식이 있는 것처럼 보이게 된다면, 그 놀라운 발전의 의미를 결정하는 것은 결국 우리의 손에 달려 있다. AI는 설사 그 프로그래밍을 얼마나 설득력 있게 시도할지 모르지만, 우리를 대신해 결정을 내릴 수는 없을 것이다.

제 3 장

성장 속도 높이기

삶의 어느 지점에 있든, 이정표가 있다면 분명 도움이 될 수 있지만, 다르마는 그런 이정표를 허락하지 않는다. 왜냐하면 인생길의 다음 커브를 전혀 예측할 수 없기 때문이다. 다르마적 삶을 산다는 것은 유동적이고 변화무쌍한 삶을 사는 것이며, 바로 이런 것이 다르마를 이해하는 데 있어 가장 큰 강점 중 하나라고 할 수 있다. 의식적으로 살아가는 사람들에게는 보이지 않는 힘이 도움을 준다고 말한다. 우리 각자에게 살아야 할 삶이 있는 이유는, 보다 깊은 차원의 의식이 존재하고, 그것이 개인적으로 알고 있는 것보다 더 많은 것을 알기 때문이다. 그리고 우리가 영적 지능을 가질 수 있는 이유는, 무한한 지성이 우주적 의식이라는 차원에 존재하고 있기 때문이다.

이러한 생각은 기존의 물질 중심 세계관과는 전혀 다른, 획기적인 관점이다. 그러나 당신에게 이 우주적 철학들을 시험해 보라고 요구하는 것은 아니다. 당신의 목표는 지극히 개인적인 것이기 때문이다. 드문 일이긴 하지만, 세상에는 당신에게만 해당할 수 있는 특별한 역할이 존재할지도 모른다. 그것은 선견자(Seer)의 역할이다. 선견자는 다른 사람들보다 삶의 길을 더 깊이 들여다보는 사람이다. 그들은 근본적인 진리를 파악하고, 의식의 본질적인 작동 원리를 이해한다. 마치 일반 사람들은 단순히 시간을 보는 데 만족할 때, 시계 수리공이 정교한 스위스 시계의 내부 구조를 이해하듯이, 선견자는 그 시계가 어떻게 작동시키는지 아는 것과 같다.

세상의 영적 전통은 바로 이러한 내면을 꿰뚫어 보는 능력에서 비롯됐다. 의식의 작동에 대한 발견은 종교적 가르침보다 더 중요하다. 왜냐하면 의식은 보편적이기 때문이다. 의식은 종교를 초월한다. 종교는 흥망성쇠를 거듭해도 의식은 변하지 않는다. 의식은 영원하고 한계가 없으며, 따라서 무한한 잠재력이 담겨있다. 가장 깊은 곳의 근원에 있는 이것, 즉 무한한 잠재력의 존재가 바로 당신이다. 당신의 다르마는 우주적 다르마의 펼침 속에서 이루어지는 하나의 움직임이다. 이는 마치 하나의 파도가 바다 전체의 움직임 속에서 일어나는 활동과 같은 것이다.

이 책의 다음 부분에서는 당신의 다르마적 여정을 가속화하기 위한 일곱 가지 전략을 제시한다. 이 전략들은 시대를 넘어 되풀이해서 발견되어 온 의식에 관한 지식에 바탕을 두고 있다. 수천 년이 지나도록 본질적인 새로운 발견은 거의 없었지만, 긴 시간의 흐름으로 보면, 각 세대는 시대에 맞게 그것을 새로운 언어와 방식으로 표현해 왔다.

현대 세속적인 시대에는 새로운 접근 방식이 필요하다. 이는 신앙의 시대에서 필요했던 것과는 거의 정반대이다. 신이나 신들에 대한 믿음은 신앙의 시대에서 필수적이었으며, 그와 함께 교리, 사제, 의식, 입문 예식, 그리고 규칙을 심각하게 위반할 경우 추방당할 위험도 따랐다. 하지만 조직화한 종교의 외형이 점차 사라지면서 많은 사람들은 종교를 잃는 것이 곧 신을 잃는 것과 같다고 두려워한다. 이런 상황에서 전통적인 방식에 매달리려는 충동이 생기거나, 반대로 영성이 없는 상태에서 자유롭게 떠다니려는 경향이 나타나기도 한다.

하지만 이러한 두 반응은 모두 필요하지 않다. 왜냐하면 의식은 어디로도 사라지지 않기 때문이다. 다르마는 누구나 옛 성인들이 내면적 또는 직관적으로 접했던 진리나 통찰이, 지금 이 시대를 사는 우리도 접근할 수 있다는 점을 증거로써 보여준다. 그 목소리는 다르마의 길을 걷는 사람이라면 누구에게나 여전히 말하고 있거나, 들으려고 노력하고 있다. 이건 다소 단정적인 주장일 수 있다. 그러나 다르마가 당신을 지원해 줄 것이라고 말하는 것은, 하나님이 참새 한 마리가 추락하는 것조차 지켜보고 계신다고 말하는 것과 같다. (성경 구절 '아무리 작고 보잘것없는 생명이라도 하나님은 관심을 가지고 돌보신다'라는 구절 인용-편집자) 결국 중요한 것은, 어떤 진술도 개인적인 경험을 대체할 수는 없다. 가장 소중한 경험은, 의식을 실제 삶 속에서 활용해 봄으로써 얻어지는 것이기 때문이다.

　여기서 말하는 의식은 개인의 다르마와 우주적 다르마를 연결하는 깊은 자각을 의미한다. 우주적 의식이 대표하는 세계관을 완전히 이해하려면 평생이 걸릴 수도 있지만, 그것마저도 무한한 것 중 극히 일부분만 이해하는 데 그칠 것이다. 하지만 매일의 삶 속에서 자신의 개인적 다르마를 위해 의식을 실천에 옮길 수는 있다. 이것이 바로 다음에 제시될 전략들의 유일한 목적이다.

변화를 받아들여라

삶은 명확한 선택지가 거의 없지만, 변화에 어떻게 대응하느냐가 선택지 중 하나이다. 변화를 받아들이면 우리는 진화할 수 있고, 변화를 거부하면 현재 상태에 머물게 된다. 이 두 가지 충동은 우리 모두 안에 존재한다. 관성은 삶을 예측 가능하고 안정적으로 만들고 싶어 하며, 성장하고 진화하려는 충동은 삶을 신선하고 활기차게 만든다. 비결은 당신의 다르마에 있다. 다르마 안에 있으면 그렇지 않을때 보다 훨씬 더 나은 느낌을 경험하게 된다. 사람들이 말하는 가장 '비다르마'적인 말 중 하나는 '변화를 싫어한다'인데, 이는 본질적으로 두려움의 표현이다.

변화의 길을 걷는 것은 대부분은 자신의 길을 느끼며 앞으로 나아가는 것이다. 반면에 변화를 거부할 때는 이에 따른 특정 감정들이 따라온다. 다음은 AI가 이 주제를 간결하게 설명한 것이다.

-. 정서적 측면에서 볼 때, 변화를 거부할 때의 감정은 어떤 느낌

일까요? 간단히 설명해 주세요.

변화를 거부하는 것은 불확실성 속에서 익숙함에 집착하려는 몸부림과도 같습니다. 이는 불안과 불편함이 뒤섞인 감정 상태이며, 더 이상 도움이 되지 않더라도 익숙한 것에 매달리려는 마음과 같습니다. 변화가 불가피하다는 사실을 알고 있음에도 불구하고, 긴장감, 미지의 것에 대한 두려움으로 저항감이 공존합니다.

이러한 감정은 특정 상황과 관련이 있을 수 있다. 예를 들어, 최초의 아버지가 되거나, 이혼을 겪거나, 요양원에 들어갈 시기가 되었다는 말을 듣는 것처럼, 불안감을 유발하는 사건이 원인이 될 수 있다. 하지만 많은 사람들이 변화에 저항하는 것은 일시적인 것이 아니라 지속적인 것이며 성격의 일부로 받아들인다. 반면에, 변화를 받아들일 때 경험하는 감정 상태도 있다. AI는 이 부분도 명확하고 간결하게 설명할 수 있으며, 특히 챗GPT는 이 주제에 대해 매우 현명한 답변을 제시한다.

-. 나는 변화를 받아들이는 사람들을 존경합니다. 그들은 내면에 어떤 감정을 느낄까요?

변화를 받아들이는 사람들은 종종 해방감과 흥분을 느끼는 경우가 많습니다. 새로운 가능성에 대한 탐구 정신, 열린 마음, 미래에 대한 호기심이 있습니다. 이들은 활력이 넘치고, 적응력이 뛰어나며, 긍정적인 태도로 변화 속에서 성장과 기회를 발견합니다.

이 두 가지 감정 상태를 비교해 보면, 자신이 변화를 받아들이는 사람인지, 아니면 변화를 거부하는 사람인지 확실히 단정 지을 수 없다고 생각할 것이다. 모든 사람의 감정적인 삶은 혼재되어 있으며, 이는 내적 갈등과 혼란을 초래한다. 변화를 의미 있게 받아들이려면, 그 변화가 자신에게 무엇을 의미하는지, 그리고 왜 그것을 받아들이기로 결심했는지를 명확히 판단해야 한다. AI는 퀴즈를 잘 만들어내는 데, 여기 챗GPT가 만든 퀴즈를 소개한다.

-. 내가 변화를 수용하는 사람인지 아닌지 테스트하기 위한 10개의 질문에 답해 주세요.

챗GPT

1. 새로운 경험이나 기회를 자주 추구하는 편입니까?

　□ 전혀 아니다　　□ 자주는 아니다　　□ 그런 편이다　　□ 매우 그렇다

2. 일반적으로 다양한 접근 방식이나 방법을 시도하는 데 개방적입니까?

　□ 전혀 아니다　　□ 아닌 편이다　　□ 그런 편이다　　□ 매우 그렇다

3. 예상치 못한 변화가 일어날 때 적응하기 쉬운 편입니까?

　□ 전혀 아니다　　□ 아니다　　□ 그런 편이다　　□ 매우 그렇다

4. 미지의 영역에 도전하는 것에 대해 흥분을 느끼는 편입니까?

　□ 전혀 아니다　□ 별로 느끼지 않는다　□ 가끔 느낀다　　□ 매우 느낀다

5. 변화를 개인의 성장 기회로 보는 편입니까?

　□ 전혀 아니다　　　□ 아니다　　　　□ 그런 편이다　　□ 매우 그렇다

6. 불확실성과 예측 불가능성에 편안함을 느끼십니까?

　□ 전혀 아니다　　　□ 아니다　　　　□ 가끔 느낀다　　□ 매우 느낀다

7. 새로운 상황이나 도전에서 적극적으로 배우려 하는 편입니까?

　□ 전혀 아니다　　　□ 아니다　　　　□ 그런 편이다　　□ 매우 그렇다

8. 더 나은 옵션이 제시되면 계획을 바꾸는 편입니까?

　□ 전혀 아니다　　　□ 아니다　　　　□ 그런 편이다　　□ 매우 그렇다

9. 새로운 사람들을 만나고 다양한 문화를 탐험하는 것을 즐기는 편입니까?

　□ 전혀 아니다　　　□ 아니다　　　　□ 그런 편이다　　□ 매우 그렇다

10. 변화가 가치 있는 교훈과 기회를 가져온다고 믿는 편입니까?

　□ 전혀 아니다　　　□ 아니다　　　　□ 그런 편이다　　□ 매우 그렇다

　여기에 정답은 없으며, 퀴즈에서 자신을 평가할 필요도 없다. 퀴즈의 목적은 변화에 대한 자신의 태도를 더 명확하게 파악하도록 돕는 것이다. 질문을 더 구체적으로 바꿔볼 수 있다. 예를 들어, "불확실함을 느끼는 것이 불편한가?"라고 물을 수 있다. 내 예상으로는 대부분의 사람들이 '네'라고 답할 것이다. 확신은 불확신보다 훨씬 더 안전하고 안정적으로 느끼기 때문이다. 불확실성은 우리가 자주 부정적으로 인식하는 개념이다. 흔히 불확실함은 나약함, 우유부단함, 수동적임, 혹은 단순히 무슨 일이 일어나는지 잘 모르는 것과 연관된다.

　이 길을 걷다 보면, 불확실성의 숨겨진 면을 경험하게 될 것이다. 미지의 것은 그 자체로 불확실함을 내포한다. 심지어 우리가 매일 생각

하는 사고 과정조차 불확실성의 경계에서 일어난다. 당신은 다음 생각이 무엇일지 예측할 수 없다. 그것은 생각의 근원인 미지의 영역에서 불쑥 떠 오른다. 생각이 미지의 영역에서 떠 오른다는 사실은 새로운 관점을 암시한다: 불확실하다는 것은 창조적인 것이다. AI는 이 불확실함이 창조적이라는 새롭고, 보다 긍정적인 관점에 힘을 실어 준다.

-. 불확실성이 긍정적일 수도 있고, 심지어 창의적일 수 있나요?

챗GPT

변화를 받아들일 때 우리는 불확실성에 익숙해지는 법을 배웁니다. 마찬가지로, 변화를 거부하는 것은 보통 불확실성에 대한 혐오, 심지어 불확실성에 대한 두려움까지 동반합니다. 이 부분에서 두려움의 목소리는 믿어서는 안 되는 영역 중 하나입니다. 불확실성 자체는 특정한 감정을 동반하지 않습니다. 예를 들어, 레스토랑에서 무엇을 주문할지 또는 아기의 이름은 무엇으로 지을지에 대한 불확실성은 즐거운 일이 될 수 있습니다. 반면, 직업 전망이 불투명하거나, 사랑하는 두 사람이 함께 살아도 되는 건지 확신이 서지 않을 때는 그 불확실함이 불쾌하게 느껴질 수 있습니다.

즉, 불확실성은 우리가 어떻게 받아들이느냐에 달려 있습니다. 불확실성은 창의적인 과정의 자연스러운 부분이며, 특히 그림을 그리거나, 글을 쓰거나, 어떤 창의적인 활동을 통해 성취하고자 상상하는 그 초기 단계에서 더욱 그렇습니다. 그런 의미에서 불확실성은 긍정적인 역할을 합니다. 이는 새로운 관점을 열어주며, 우리를 편안한 영역에서 벗어나 혁신적인 해결책을 탐구하도록 이끌어 줍니다. 불확실성을 받아들이는 것은 적응력과 회복력을 장려하며, 실험과 새로운 아이디어에 기반을 둔 사고방식을 기르게 합니다. 이러한 모호함 속에는 발견과 성장, 그리고 신선하고 혁신적인 개념의 탄생 가능성이 잠재되어 있습니다.

한 걸음 더 나아가, 존재의 길을 가는 목적은 미지의 영역에서 떠오르는 자극을 받아들이는 데 있다. 사랑, 자비, 공감, 통찰, 창의성, 그리고 개인적인 진화와 같은 여러 열망들은, 그 시점을 도저히 예측할 수 없는 미지의 근원에서 찾아온다. 사도 바울이 다마스쿠스로 가는 길에서 눈 부신 빛에 의해 쓰러지는 것 같은 극적인 체험(예수의 환생을 만나는 체험)은 없더라도, 당신의 다음 '깨달음'의 순간은 가장 깊은 영적 체험들과 같은 원천에서 나온다. 불확실성이 없다면 누구도 진화할 수 없으며, 당신이 어떤 일에 대한 확신이 강할수록, 삶의 창의적 흐름에 대한 방어막은 더욱 강해진다.

위대한 페르시아 신비주의 시인 루미는 불확실성에 대해 숭고한 존경심을 품고, 모든 것을 신의 섭리에 맡겼다. 그는 "불확실성에 자신을 맡기면, 아무런 잘못도 일어나지 않는다"라고 썼다. 이 말은 불확실성을 더 높은 의식과 절대자에게 가까이 가는 문으로 바라보았던 사람의 말이다. 그리고 실제로 그 문을 통과한 사람의 말이기도 하다.

사회적 요인

변화에 대한 당신의 감정은 결코 개인적으로 고립된 선택의 결과가 아니다. 사회는 당신에게 큰 영향을 미쳤다. 사회가 변화에 대해 전달하는 메시지는 양면성을 지니고 있다. 한쪽은 '새롭고 개선된'이라는 표현을 사용해 모든 것을 판매하려는 마케팅 전략이 있고, 다른 쪽에는 사고와 개인적 위기, 안전망 없이 늙어가는 암울한 미래를 묘사해 보험 상품을 판매하는 생명보험 회사들이 있다. 이 두 메시지 사이에는 변화에 대한 매력과 변화가 불러일으키는 불안감이 모두 망라되어 있다.

모든 사람은 이 두 가지 힘의 영향을 받는다. 그리고 혼란의 시대에는 불안이 더 크게 다가온다. 하지만 인간은 변화를 받아들이도록 설계된 존재다. 왜냐하면 우리는 창의적인 삶을 선택할 수 있는 유일한 존재이기 때문입니다. 고양이는 먹고, 자고, 햇볕을 쬐며 쉬는 것에 만족한다. 고양이는 본능에 따라 살아가도록 설계된 존재이며, 자유로운 선택의 여지는 거의 없다.

우리는 사회적 조건화 과정을 통해 변화를 두려워하도록 배워왔고, 이 학습효과는 지금까지 매우 효과적이었다. 우리는 모두 위험, 위협, 불신, 그리고 최악의 시나리오를 염두에 두고 삶에 접근하는 법을 배웠다. 따라서, 창의적인 선택으로 가득 찬 삶을 살고자 원한다면, 이러한 두려움 기반의 사고방식을 먼저 벗어나야 한다. 그렇지 않으면 일상의 습관, 그리고 순응에 굴복하여 로봇처럼 되는 것이다. 이러한 것들은 마치 우리를 보호해 주는 것처럼 느껴질 수 있지만, 사실은 두려움을 억누르기 위한 방어기제일 뿐이다.

변화에 대한 두려움을 극복하기 위해서는, 먼저 변화의 전체 과정이 어떻게 작동하는지에 대한 몇 가지 원리를 아는 것에서 시작된다.

다음은 몇 가지 기본 원칙이다.

1. 변화는, 변화가 좋은 느낌을 줄 때 받아들여진다.

이 원칙은 중요하다. 왜냐하면 이는 변화를 성취의 관점에서 볼 수 있게 하기 때문이다. 자신이 변화를 싫어한다고 믿는다면, 실제로는 변화와 잠재적인 위협에 대한 일반적인 불안감이 연결되어 있다는 것을 확인하는 것이다. 모든 잠재된 위협은, 당신이 과거에 극복하지 못한 나쁜 경험에 뿌리를 두고 있다. 감정적 측면에서 변화의 전망은 이미 불안감으로 가득 차 있다.

그러나 과거의 그림자가 없다면, 무언가를 기대할 이유도 없다. 백만 달러를 얻거나 꿈의 직업을 제안받는 것을 두려워하는 사람은 거의 없을 것이다. 그런데 만약 진심으로 원하는 것이 아님에도, 단지 변화가 좋아서 변화를 시도하거나, 다른 사람의 시선이나, 자신에 대한 혐오 때문에 자신을 변화시키려 한다면, 이런 부정적인 동기 부여는 효과가 없거나, 효과가 있더라도 일시적인 결과만 가져온다는 것을 깨달아야 한다.

2. 고통은 변화의 좋은 동기부여가 되지 않는다.

거의 모든 생물은 보상과 처벌의 조합을 통해 쉽게 훈련될 수 있지만, 이것은 인간에게는 매우 효과적이지 않다. 인간은 모든 종류의 고통을 끈질기게 견딘다. 어린 시절에 아이들을 처벌하는 것은 오히려 반발심을 일으켜, 그들이 불복종하려는 욕구를 더 키운다. 부처가 쾌락은 필연적으로 고통과 연결되어 있다고 선언했을 때, 그것이 신비롭게 들릴 수 있지만, 이는 인간 본성의 기본적인 진실이다. 고통과 쾌락을 오가는 경험을 반복하며 우리는 두 가지 모두에 적응하기 때문에 변화하려는 동기를 잃어버린다.

3. 사람들은 집단에 적응하기 위해 행동한다.

순응은 변화를 막는 강력한 요소다. 순응은 창의성에 반대된다. 순응한다는 것은 스스로 사고하지 않는다는 뜻이고, 타인의 가치와 의견을 그대로 받아들이는 것을 의미한다. 변화를 두려워하는 대부분의 행동은, 공동체에 속하지 못한 것에 대한 두려움, 즉 '어울리지 못하는 것'에서 비롯된다.

'어울리지 못하는 것'에 대한 생각이 왜 이렇게 강력할까? 그것은 일종의 생존 본능처럼 작용하기 때문이다. 선사 시대부터 현재까지, 집단의 일원이 된다는 것은 안전을 의미했고, 부족에서 떨어져 나가는 것은 생명의 위험을 의미했다. 신체적인 생존의 필요에서 시작된 이 현상은 시간이 지나면서 심리적인 습관으로 진화했다. 이 사실을 이해한다고 해서 '순응하고 싶은 욕구'가 쉽게 사라지는 것은 아니다. 순응은 오히려 개성을 차단하는 역할을 한다. 따라서 그것은 진리나 올바름에 어긋나는, 즉 비다르마적인 것이다. 왜냐하면, 개인적인 삶이 없다면, 아무 의미가 없기 때문이다.

4. 사람은 누구나 가장 쉬운 길을 택하거나, 그 유혹에 빠진다.

우리 인간은 본능적으로 지금 상태를 그대로 유지하려는 경향, 즉 관성에 이끌린다. 뭔가를 바꾸기보다는, 그냥 하던 대로 하는 게 편하고 익숙하다고 생각한다. 이것은 꼭 나쁜 것만은 아니다. 예를 들어 '고장 나지 않았다면 굳이 고칠 필요 없다'라는 말처럼, 변화를 피하는 게 효율적일 때도 있다. 하지만 문제는, 이렇게 반복되는 '똑같음'이 진정한 만족이나 기쁨을 주지는 않는다는 점이다. 그냥 편하니까, 힘들이기 싫으니까, 남들처럼 보이고 싶어서 그대로 가는 경우가 많다는 거다. 그런 선택의 바탕에는 '소속되고 싶다'라는 욕구가 있다. 우리는 공동체나 집단 속에서 받아들여지고 싶어 하기에, 눈에 띄는 변화보다는 주변과 비슷하게 행동하는 걸 선택한다. 이 욕구 자체는 정당하고 중요한 감정이다. 인간은 누구나 '어딘가에 속해 있다'라는 느낌이 필요하니까. 소속감을 느끼는 것은 분명 정당한 욕구이지만, 일단 그 소속감이 충족되었다면, 그것에 계속 얽매여 있을 필요는 없다.

5. 어려운 상황에 부닥쳤을 때 부정과 저항은 기본적인 반응이다.

대부분의 사람들이 어려움에 직면하거나, 위기가 닥치거나, 질병의 징후가 있거나, 감당하기 어려운 상황에 놓이면, 자동으로 같은 반응을 보인다. 강한 불안과 공포로 인해 아무것도 하지 못하고 얼어붙는다. '이건 아닐 거야', '괜찮을 거야'라고 생각하며 스스로 현실을 부정하거나, 일어나서 무언가 행동을 해야 한다는 최선의 조언에도 거부하는 것이다. 우리는 모두 이런 상황을 경험해 봤고, 해도 소용없다는 무력감이 어떤 느낌인지 알고 있다. 이러한 상황에서는 변화가 일어날 수 없으므로, 새로운 기본 반응을 배워야 한다.

6. 당신이 '나만의 것'이라고 생각하는 모든 행동은 주변 환경에서 배운 것이다.

우리는 자라면서 수많은 사람들과 환경의 영향을 받는다. 이것은 바로 여러분이 진정으로 원하는 것을 가능하게 해주는 통찰력이다. 사람은 선택하고 변화하며, 창의적인 가능성의 존재다. 하지만 과거의 환경에서 주입된 행동과 태도는 당신의 본질적인 성향을 억누르기도 한다. 지난 과거가 당신에게 어떤 영향을 미쳤는지 풀어내는 일은, 지난한 작업이며 결국 무의미한 일이다. 생산적인 방법은, 자신의 본능적인 성향을 받아들이는 것이다. 자신의 본질에 충실하게 될 때, 과거 환경에서 비롯된 타인의 행동 방식은 자연스럽게 영향력을 잃게 된다.

7. 당신의 진정한 본성은 현재에 있다.

우리 모두의 삶은 과거의 그림자 속에서 살아간다.

그러나 그 과거가 좋은 것이든, 나쁜 것이든 불문하고

과거의 교훈에만 의존하면 지금, 이 순간을 온전히 살아갈 수 없다. 오직 현재를 살아갈 때만이 진정한 자아를 찾을 수 있다. 더 깊이 들여다보면, 현재는 바로 '지금 여기'라는 또 다른 이름일 뿐이다. 실현 불가능해 보이는 모든 것에도 창의적인 가능성은 항상 열려 있다. 존재는 무한한 가능성의 자원이다.

그렇기에 인간은 새로운 것을 창조할 수 있도록 설계되었으며,

이러한 창조성의 기반에는 끊임없이 작동하는 창의적 사고 메커니즘과 연계되어 있다.

우리는 그 메커니즘을 통해 창의적 지성의 흐름과 깊이 연결된 존재로서, 지금, 이 순간에도 무수한 가능성을 가지고 있다.

이 일곱 가지 원칙은, 변화에 대한 두려움에서 삶의 창의적 가능성을 받아들이는 길을 안내해 준다. 따를 수 있는 길이 있고, 영감을 줄 비전이 있으면 앞으로 나아갈 길은 열려 있는 법이다. 실질적으로 이는 온전함을 찾는 여정이라 할 수 있다. 변하는 것과 변하지 않는 것은 반대되는 개념이 아니다. 이 둘은 존재의 근간을 이루는 요소이다.

핵심은 변하는 것과 변하지 않는 것을 우리 내면의 삶에 어떻게 조화롭게 적용하느냐이다. 사람들에게 부족한 것은 변하지 않는 것이

아니라, 자기 인식에서 비롯된 변하지 않는 것의 기반이 부족한 데 있다. 우리는 끊임없이 움직이는 마음의 활동에 주의를 빼앗긴 나머지, 의식 그 자체는 본질적으로 변하지 않는다는 것을 간과하고 있다. 인간의 뇌는 이러한 역설 현상의 추상적 개념을 이해할 수 있도록 물리적인 모델을 제공한다. 실례로 신경세포가 작동하는 방식은 물리학과 화학의 법칙에 따라 정해져 있다. 그런데도 이 엄격한 틀 안에서 뇌의 활동은 마음의 무한한 창의성을 구현한다. 각각의 개별 뇌세포는 이러한 모순처럼 보이는 현상이 어떻게 작동하는지 이해하지 못한다. 그저 유전적 프로그램에 따라 작동할 뿐이다. 우리는 변화하는 세상 속에서 살아가지만, 그 변화와 비 변화를 조율하고 받아들이는 중심은 바로 우리 안의 의식이다. 이해할 수 있는 유일한 장소가 바로 이 의식이다. 즉, 의식이 있기 때문에 우리는 무엇인가를 이해하고 통찰할 수 있다.

의식은 외부 세계의 변화에도 영향을 받지 않는다. 이 개념을 잘 설명하는 비유로 베다 전통을 들 수 있다. 베다 전통에 따르면, 활발하게 움직이는 마음은 마치 파도치는 호수에 비친 달의 반사광과 같다고 말한다. 이미지가 아무리 요동쳐도 달은 온전하고 손상되지 않는다.

이 통찰은 변화를 받아들이고 변화에 대한 두려움에서 벗어나는 데 큰 도움을 준다. 당신의 길은 자연스럽게 펼쳐지고, 시간이 지남에 따라 고요하고 평온해지며, 단순한 의식 상태가 당신의 기본 상태가 된다. 당신의 의식에 자신감이 생기면, 당신은 어떤 변화도 적응할 수 있다는 깨달음 속에서, 어떤 변화도 경험할 기반을 갖게 된다. 이것보다 더 높고 만족스러운 삶의 방식은 없다.

당신의 길

이 장의 주요 주제 중 하나는, 불확실성에 대한 당신의 태도에 초점을 맞추고 있습니다. 이제 이 주제를 우리 삶에 좀 더 가깝게 가져와서, 개인적으로 어떻게 성장해 나갈 수 있을지에 대한 실질적인 단계를 제시하고자 합니다.

누구에게나 인생의 길은 완전히 확실한 것도 완전히 불확실한 것도 아닙니다. 그것은 두 가지가 조화를 이룬 상태여야 합니다. 이는 당연한 일입니다. 왜냐하면 지금 당신은 자신이 아는 삶을 살고 있는 반면, 진화의 본능인 다르마는 그 삶을 넘어설 것을 요구하고 있기 때문입니다. 사람들이 흔히 말하는 깨달음의 순간이란, 어떤 것이 갑자기 맞아떨어지면서 내면의 진화 충동 즉, 더 나은 존재로 나아가고자 하는 본능적 움직임이 이전에 알지 못했던 새로운 통찰을 드러낼 때 발생합니다. 이것은 내적 성장과 확장을 가져오는 자기 인식의 순간입니다. AI도 이 점을 더 자세히 설명합니다.

-. 사람들의 인생을 변화시키는 가장 강렬한 깨달음의 순간들은 어떤 때일까요?

인생의 방향을 바꿀 수 있는 수많은 깨달음의 순간이 있습니다. 그중 몇 가지를 소개하면 다음과 같습니다:

- **자기 인식** : 자신의 강점, 약점, 욕망, 두려움을 깨닫는 것은 중요한 전환점이 될 수 있습니다. 이는 종종 개인적인 성장으로 이어지며, 더 명확한 길을 제시합니

다.

- **공감** : 타인의 관점을 이해하고 진정으로 느끼는 것은 태도, 관계, 그리고 세상과 상호작용하는 방식을 변화시킬 수 있습니다.

- **실패** : 실패를 장애물이 아닌 디딤돌로 받아들이는 것은 도전하는 방식에 변화를 일으키고, 회복력을 키울 수 있습니다.

- **마음 챙김** : 현재의 순간에 집중하고, 깨어 있는 것은 삶의 경험을 변화시켜, 스트레스를 줄이고 작은 것들에 대한 감사를 증진합니다.

- **멘토나 롤모델에게 배우기** : 멘토를 두거나 롤모델을 만나는 것은, 가치관을 재정립하고, 야망과 삶에 대한 접근 방식을 새롭게 할 수 있는 통찰을 제공할 수 있습니다.

- **감사의 마음** : 자신이 가진 것에 대해 인식하고 감사하는 마음을 가지면, 관점에 깊은 변화가 일어나고, 만족감과 긍정적인 시각을 기를 수 있습니다.

- **용서** : 원한을 내려놓고 용서하는 법을 배우는 것은, 마음을 자유롭게 해 줍니다. 감정의 짐을 풀어내고, 개인적인 성장을 가능하게 합니다.

만약 당신이 지금 당장 '나는 그런 인생을 바꾸는 순간을 경험한 적이 없다'라고 생각했다면, 그 반응을 잠시 멈춰보세요. 대신, 그런 경험을 어떻게 더 많이 만들어갈 수 있을지 자문해 보세요. 인생을 바꾸는 순간들은 마치 비옥한 땅에 떨어진 씨앗과 같습니다. 물을 주면, 싹이 나고 자라납니다.

당신이 지금 살아가고 있는 삶, 바로 그 자체가 물을 기다리는 비옥한 땅입니다. 자신을 돌보고 성장시키는 일은, 당신이 태어날 때부터 지닌 자연스러운 능력입니다. 그 의미를 이해하기 위해, 위에서 언급

한 경험을 하나씩 돌아보며 다음의 세 가지 질문을 스스로에게 던져 보세요:

① 이 경험은 가끔이라도 나에게 적용될 수 있을까?

② 나는 이런 경험들을 소중히 여기는가?

③ 나는 이런 경험들을 더 원하는가?

예를 들어, 멘토나 롤모델로부터 배우는 경험을 생각해 봅시다. '이 경험이 당신에게도 적용되나요?'라고 물으면, 대부분 사람이 '그렇다'고 대답할 것이다. 왜냐하면 어린아이들은 부모를 롤모델로 삼고, 운이 좋다면 학교의 선생님들이 그 역할을 계속 이어 가기 때문입니다. 청소년기에는 슈퍼 히어로가 롤모델이기도 합니다. 이는 일상의 어색하고 불안한 감정에서 벗어나 자신을 상상 속의 강한 존재로 대입시키기 때문입니다. 성인이 된 이후 우리의 롤모델은 더 높은 이상을 향해 나아가는 사람들 —아인슈타인, 모차르트, 링컨처럼— 큰 업적이나 특별한 재능을 가진 인물들입니다.

이제 두 번째 질문으로 넘어갑니다: '나는 이런 경험을 소중히 여기는가?'. 깊이 생각해보면, 아마 당신의 두번째 대답도 분명히 '예'일 것입니다. 우리가 롤모델에게서 보는 이상적인 모습은, 결국 우리 자신 안에 이상적인 자아로 자리 잡게 됩니다.

'그렇다면, 당신은 이런 경험을 더 원하는가?' 이 질문이야말로 가장 대답하기 까다로운 질문일 수 있습니다. 마치 벽에 붙은 포스터처럼, 당신이 마음속에 그리는 롤모델의 이미지는 그저 바라보기만 한다면 정지된 그림에 불과합니다. 그 이미지가 당신을 움직이게 할 때, 비로소 살아 있는 영감이 됩니다. 행동으로 옮기지 않는 존경은 당신을 현재의 위치에 머물러 있게 합니다.

이 사실을 깨달은 사람들은 자신의 이상과 활발한 관계를 맺으려고 합니다. '예수님이라면 어떻게 하실까?'는 신약 성경을 현대에 적용해 예수의 가르침을 현재에 가져오기 위한 인기 있는 방식입니다. 서양에서는 인도의 영적 스승인 구루의 역할에 대해 익숙하지 않은 경우가 많습니다. 이 단어가 갖고 있는 부정적인 의미는 잠시 제쳐 두고 생각해 보죠. 구루는 종교 지도자와 동일한 역할이 아닙니다. 앞서 언급했듯이, 산스크리트어에서 구루라는 단어의 뿌리는 '어둠을 걷어내는 자'를 의미합니다.

이는 가장 높은 수준의 멘토링을 의미합니다. 구루는 요가 전통에서 이상적인 삶인 '빛 속에서 살도록 영감을 주는 존재'입니다. 구루가 전달하는 것은 어떻게 살아야 하는지에 대한 지식이나 도덕, 종교적 가르침을 주는 사람이 아니라, 그 사람 자체가 빛과 같은 존재라는 것입니다. 구루가 전하는 것이 바로 그들이 높은 존재에서 방출하는 존재의 질입니다. 그런 의미에서, 빛을 가져오는 모든 존재는 어둠을 몰아냅니다. 사랑하는 어머니는 사랑을 발산함으로써 구루의 역할을 수행합니다. 코치는 결단력, 의지, 용기를 고취할 수 있습니다. 비즈니스 멘토는 물질적인 성공과 함께 정직함의 가치를 전달할 수 있습니다. 결국 핵심은, 구루가 우리에게 무언가를 '설명해서 가르치는 것'이 아니라, 그 사람의 존재 자체가 우리에게 영향을 주는 것이라는 의미입니다.

더 많은 자기 성찰의 질문

어떤 깨달음의 경험이든 성찰하여 삶에 더 가까이 가져올 수 있습니다. 이렇게 할 때 변화는 위협이 아닌 영감의 형태로 다가오기 시작합니다. 이런 질문을 던질 때 당신의 목표는, 단순히 더 많은 정보와 조언을 얻는 것이 아니라, 당신의 인식을 확장하는 것입니다. 영감이 먼저입니다. 챗GPT에 어떤 주제 든 영감을 주는 명언을 제공해 달라고 요청해 보세요. 명언에는 아마 거의 무한한 영감의 공급원이 있을 것입니다. 예를 들어:

- 감사에 대해 영감을 주는 불교적 명언을 제시해 주세요.

챗GPT

물론입니다! 불교의 감사에 관한 명언 중 하나는 다음과 같습니다

"일어나 감사하자. 우리가 오늘 많이 배우지 못했다면 적어도 조금은 배웠고, 조금도 배우지 못했다고 해도 적어도 아프지 않았으며, 아팠더라도 죽지 않았으니 모두 감사하자." ― 부처

그리고 긍정적인 확언(말)에서도 우리에게 힘이 되는 영감을 얻을 수 있습니다.

- 마음 챙김에 대한 긍정적인 문구를 알려 주세요.

챗GPT

물론입니다. "나는 매 순간 존재하며, 의식과 감사의 마음으로 삶을 받아들입니다. 나는 현재에 뿌리를 내리고, 평화와 명료함이 나를 통해서 흐르도록 내 마음을 맡

깁니다. 내 마음은 평온하고, 열려 있으며, 매 호흡 속에 숨겨진 아름다움을 의식합니다."

하루를 시작할 때 영감을 주는 명언이나 긍정적인 말을 떠올리면, 삶에서 간절히 원하고 싶은 가치를 찾아 나가게 됩니다. 더 나아가 실용적인 조언을 요청할 수도 있습니다. 다음은 실패에서 배우는 요청 사항입니다.

-. 나는 직장에서 실패자처럼 낙인찍힌 결과를 겪었습니다. 다시 할 수 있다면 좋겠지만, 그럴 수 없습니다. 나는 내 실패감을 더 긍정적인 것으로 바꾸고 싶고, 그로부터 무언가 배울 수 있기를 원합니다. 내가 취할 수 있는 실질적인 조치 하나만 알려 주세요.

직장에서 어려운 상황에 부닥쳤을 때, 실패감을 긍정적인 학습 경험으로 바꾸는 것은 어려운 도전일 수 있습니다. 취할 수 있는 실천적인 한 가지 단계는 '사후 분석' 또는 상황에 대한 회고적 분석을 하는 것입니다. 조용한 시간을 정해, 실패 경험을 처음부터 끝까지 써 내려가 보세요. 마음이 진정되면, 일어난 일을 되돌아보는 시간을 가지세요. 그 결과를 초래한 상황은 무엇이었는지, 결과에 영향을 미친 요인은 무엇이었는지 생각해 보세요.

현명한 친구나 치료사도 같은 조언을 할 수 있겠지만, AI에게 프롬프트 해서 조언을 구하고, AI의 답변이나 제안을 받아들인다면 실망

스러운 좌절감에 휩싸인 감정들을 모두 통제할 수 있다는 자신감을 갖게 될 것입니다. 실제로 챗GPT는 당신이 앞으로 무엇을 해 나갈 수 있는지 방법을 더 확장해 줍니다.

▷ **교훈 도출하기** : 이 경험에서 얻은 구체적인 교훈이나 통찰을 식별하세요. 자기 자신에 대해, 접근 방법에 대해, 또는 상황에 대해 무엇을 배웠나요? 어떤 기술이나 지식의 부족함이 드러났나요?

▷ **실행 가능한 조치** : 이 분석에서 도출된 실행 가능한 교훈을 결정하세요. 앞으로 비슷한 상황을 개선하거나 방지하기 위해 어떤 단계를 밟을 수 있나요? 새로운 기술 습득, 접근 방식 조정, 조언 구하기, 또는 의사소통 강화 등이 포함될 수 있습니다.

▷ **변화 구현하기** : 스스로 파악한 변화나 개선점을 실제로 행동에 옮기세요. 추가 교육 받기, 업무 수행 방식 조정, 멘토링 찾기, 관련 업무에 대한 접근 방식을 바꾸는 방법도 포함될 수 있습니다.

이제 모든 전략에 적용될 다음과 같은 기본 틀을 갖게 되었습니다:

- 영감
- 자신감
- 자아 성찰
- 행동 실천

우리의 여정이 계속되면서 할 말도 많고, 영감을 받을 부분도 많지만, 본질적으로는 변화를 받아들이는 법을 배우는 것이 황금 열쇠입니다.

'모든 진화는 곧 변화이고, 변화는 선택'을 의미합니다. 본질적으로 모든 것은, 바로 이 한 가지 통찰에서 비롯됩니다.

영적 가르침을 주는 AI

AI가 수행할 수 있는 가장 심오한 역할은 스승의 역할입니다. 현재 AI의 발전 초기 단계임에도 불구하고, 챗봇은 인도 영적 전통의 전체 지식에 접근할 수 있는 능력을 갖추고 있습니다. 그러나 이 방대한 지식을 실천 가능한 실제 도상에 적용할 수 있는 형태로 압축해서 제공해야 큰 도움이 될 것이다.

나는 챗GPT에 일곱 가지 영적 관심 분야를 다룬 가이드 명상을 요청했습니다. 이는 일곱 가지 전략에서 영감을 받은 것입니다. 아래는 첫 번째 적용 사례입니다. 이는 단지 출발점일 뿐이니, 자신만의 프롬프트를 만들어 보시기 바랍니다.

-. 당신은 베다 영성의 전문가입니다. 다음 주제에 대한 가이드 명상을 작성해 주세요: 의식 확장하기

챗GPT

의식 확장하기

- **환경 설정** : 방해받지 않을 조용하고 편안한 곳에서 앉거나 누워 보세요.

- **집중** : 숨을 들이쉬고 내쉬는 자연스런 리듬에 집중합니다.

- **시각화** : 자기 내면에 빛나는 빛이 존재한다고 상상합니다. 이는 당신의 내적 의식입니다. 숨을 들이쉬고 내쉴 때마다 이 빛은 점점 더 밝아지며, 온몸을 가득 채웁니다.

- **만트라** : 숨을 들이쉴 때와 내쉴 때마다 마음속으로 '소 훔(So Hum)'이라는 만트라(주문)를 조용히 반복하세요. 이 뜻은 '나는 만물과 하나 된 존재이다'라는 의미

를 지니며, 자신을 우주와 하나로 연결시키는 역할을 합니다 .

• **성찰** : 떠오르는 모든 감각, 생각, 또는 감정을 판단 없이 관찰하세요. 단지 인지한 후, 다시 자신의 호흡과 내면의 빛에 집중하며 평온함을 되찾으세요.

자아를 경계하라

자아(ego)의 문제는 독특하다. 왜냐하면 자아는 우리에게 너무 가까이 있으면서도 동시에 매우 멀리 떨어져 있기 때문이다. '나', '내 것', '나에게'는 항상 우리와 함께 있지만, 그들이 특정 목적을 가지고 있다는 사실을 우리는 깨닫지 못한다. 이 목적은 당신의 다르마를 고려하지도 않고, 심지어 고려 대상에도 포함하지 않는다. 현재 '나'가 원하는 것은 지금, 이 순간 명확하게 드러난다. 그것은 우리가 성취하고자 하는 욕망으로 나타나기도 하고, 피하고 싶은 고통의 형태로 나타나기도 한다. 당신의 자아는 항상 뭔가를 원한다. 단 한 순간도 예외가 없다. 그런데 우리는 그것을 내가 직접 원한다고 착각한다. 그래서 모든 걸 내가 결정하고 조종한다고 착각하지만, 사실은 자아가 뒤에서 조종하고 있는 경우가 많다

다르마의 힘은 훨씬 더 깊은 곳에서 작용한다. 이는 표면에서 흐르는 욕망, 필요, 욕구의 흐름이 끊임없이 되풀이되며 이어지기 때문이다. 이 점을 받아들이는 것은 결코 쉬운 일이 아니며, 대부분의 사람

들이 자아가 끊임없이 보내는 메시지를 뛰어넘지 못하는 이유도 여기에 있다. 또한 자아와 이기주의라는 개념 사이에도 혼란이 있다. 만약 당신이 지나치게 자아 도취적인 행동을 하지 않는다면, 아무도 당신에게 '너는 자아에 문제가 있어'라고 말하지 않을 것이다. 하지만 삶의 여정에서 가장 큰 깨달음의 순간 중 하나는, 당신의 자아가 문제라는 것을 깨달을 때 찾아온다. 어떤 면에서 보면, 자아는 근본적인 문제라고도 볼 수 있다. 왜냐하면 당신 자아의 목적은 당신 내면의 성장과 진화를 방해하는 방향으로 작용하기 때문이다.

일부 전통, 특히 불교는 자아가 펼치는 심리적 게임의 미묘함을 풍부하게 설명하지만, 그렇게 복잡한 설명은 필요하지 않다. 우리는 이미 '나'와 '그것'이 당신의 여정에서 항상 함께하는 동반자라는 점을 언급했다. (35페이지 참조) '나'는 당신이 어린 시절부터 지금까지 자기를 중심으로 쌓아온 이야기의 중심에 서 있다. 반면에 '그것'은 순수한 의식의 잠재적 충동, 더 높은 자아의 끌림, 진화하려는 욕망을 의미한다. 이 두 힘은 서로 근본적으로 양립할 수 없는 방식으로 당신에게 영향을 미치고 있다.

- '나'는 자신을 가장 우선하길 원한다. vs '그것'은 이기심을 넘어서는 방법을 보여준다.
- '나'는 세상이 위험한 곳이라고 경고한다. vs '그것'은 당신을 창조물의 특권을 가진 존재로 본다.
- '나'는 쾌락을 극대화하고 고통을 최소화하려는 욕망에 사로잡혀 있다. vs '그것'은 쾌락과 고통 뒤에 숨겨진 영원한 행복을 보여준다.

자아의 관점에서, '나'는 나를 지키기 위해 존재한다. 그런데 어느 날, 주인이 '그것'—즉, 내 너머에 있는 무언가의 말을 듣기 시작하면 나의 세계가 뒤집힐 수 있다. 내 자아가 문제라는 것을 깨닫게 되면, 이제 당신은 다음 질문을 던져야 한다:

"그렇다면 이 자아를 어떻게 해야 할까?"

여기서부터 어려운 부분이 시작된다. 당신과 자아는 너무도 밀접하게 결합해 있어서 없어서는 안 될 존재다. 가장 어려운 영적 훈련 중 하나는 '나'라는 단어를 하루 종일 사용하지 않고 살아 보는 것이다. (만약 성공하더라도 주변 사람들은 당신의 일상적 언어 습관과 다른 당신의 태도에 매우 의아스러움을 느낄 것이다) 하지만 간단한 연습이 오히려 더 효과적일 것이다. 자신을 관찰하며 다음과 같은 표현들을 얼마나 자주 사용하는지 살펴보라:

- 나는 X를 원한다 : 나는 Y를 원하지 않는다

- 나는 이것을 좋아한다 : 나는 저것을 좋아하지 않는다

- 나는 진심으로 염려한다 : 나는 신경 쓰지 않는다

- 나는 동의한다 : 나는 동의하지 않는다

- 나는 기분이 좋다 : 나는 기분이 나쁘다

이 단어들을 정확하게 사용하든 사용하지 않든 상관없다. 이 모든 언어적 표현의 공통점은 '나'를 정확히 그 자리에, 즉 당신의 존재 중심에 놓는다는 것이다. 자아의 목소리는 당신의 머릿속에 끊임없이 울려 퍼지기 때문에, 이제는 그게 너무 익숙해져 버렸다. 어려운 부분은, '그것'을 듣고 '나'가 왜곡하거나 걸러내지 않고 받아들이는 것이다. 자아는 변덕스러운 전화 교환원처럼 행동한다. 교환원이 전화를 연결하는 대신, 자신이 하고 싶은 말만 해주는 것처럼.

다르마의 길에서는 자아를 잠시 멈추게 하는 전략이 필요하다. 그

래야만 진화의 충동이 당신에게 전달될 수 있다. 그렇지 않으면 '나'는 또 다른 가면을 쓰게 된다. 그 가면은 영적 구도자, 도덕적 박애자, 이타적인 성자, 또는 인생의 진리를 깨달은 현자와 같은 모습의 가면이다.

AI는 이 모든 것을 압축적으로 요약하여 제공할 수 있다.

-. 영적 탐구자들에게 자아는 장애물로 간주합니다. 왜 그런지 설명해 주세요.

챗GPT

영적 탐구에서 자아는 걸림돌이 됩니다. 자아는 자신에 대한 집착을 강화하고, 분리, 욕망, 두려움을 만들어 내기 때문입니다. 자아는 존재의 진정한 본질을 가려서 더 깊은 연결, 공감, 깨달음을 추구하는 여정에 방해가 됩니다. 따라서 영적 수행자들은 자아의 한계를 초월함으로써, 참된 자아에 대한 더 깊은 이해와 우주와의 상호 연결성을 깨닫는 것이 필요합니다.

이 답변이 낯설게 들리든 익숙하게 들리든, 이는 당신의 배경, 특히 종교적 배경에 따라 달라진다. 유대-기독교 전통에서는 '자아'라는 단어를 명시적으로 사용하지 않고, 이 문제를 죄와 구원의 문제로 다룬다. 자아가 유혹의 근원이 아니라 죄가 유혹의 근원이라는 점에서, 이는 아담과 이브가 선악의 열매를 먹은 이야기처럼 '죄를 짓는 인간 자체'가 문제로 여겨진다. '자아의 요구를 초월하는 것' 대신, 기독교의 이상은 '세상 속에 있으나, 세상에 속하지 않는 것'으로 표현되며, 이

는 사실상 같은 의미를 담고 있다. 기독교가 소중히 여기는 구원의 목표는 '죄인 된 자아를 벗어 버리고, 정화된 영혼이 천국에 이르는 것'이다.

반면, 동양의 전통은 이 문제를 더욱 직설적으로 다룬다. AI에게 던진 질문을 통해서도 확인할 수 있다.

-. 불교의 '자아의 죽음'에 대한 개념을 간략하게 정의하세요.

챗GPT

불교에서 자아 죽음은, 영원하고 독립된 자아의 환상이 해체되는 것을 말합니다. 자아는 일시적이고 끊임없이 변화하며, 실체가 존재하지 않는다는 깨달음입니다. 명상과 같은 수행을 통해, 자아의 일시적인 본질을 인식하고, 집착과 고통으로부터 해방된 상태에 도달하는 것을 목표로 합니다.

현대의 세속적인 사회에서는 많은 사람들이 종교적 배경의 영향력을 느끼지 못하며, 더 나아가 그로 인한 압박조차 거의 느끼지 못한다. 이에 따라 좋은 결과와 나쁜 결과가 생겨나는데, 이는 끝없는 논쟁의 대상이 될 수 있다. 하지만 강한 종교적 전통을 물려받지 않은 사람에게는 한가지 심리적 이점이 존재한다. 종교는 신자들에게 간접적인 믿음을 강요하는데, 이 부담이 해소되면 자아의 문제를 더 명확하게 바라볼 수 있다.

욕망의 수수께끼

　당신이 무언가를 원하는 이유는 당신의 자아가 그것을 원하기 때문이다. 크고 작은 욕망이 끊임없이 마음속을 휘젓고 다닌다. 욕망은 단순한 방해물이 아니다. 그것은 일상생활의 핵심이다. 자아는 '이것을 원한다'와 '저것은 원하지 않는다'를 끝없이 반복한다. AI는 이 영적 함의를 간략하게 요약해 준다.

　-. 동양 전통에서 자아와 욕망의 연결고리는 무엇입니까? 간략히 설명해 주세요.

챗GPT

불교와 힌두교와 같은 동양 전통에서 자아와 욕망은 밀접하게 연결되어 있습니다. 자아는 욕망으로 강화되며, 우리로 하여금 분리되고 결핍된 존재로 느끼게 만듭니다. 물질적인 것이든, 정신적인 것이든, 욕망이 생기면 갈망이 일어나고, 이루면 만족은 잠시뿐, 더 큰 욕망이 생기며 불만족이 다시 찾아오는 악순환을 일으켜 고통을 초래합니다. 이러한 전통에서는 욕망을 내려놓음으로써 자아의 지배를 약화시키고, 평화를 찾을 수 있다고 가르칩니다. 이는 끊임없이 무언가를 추구하는 삶에서 벗어나 해탈에 이르기 위한 길입니다.

　동양 전통에서는, 욕망이 억압의 형태로 여겨져 왔다는 것은 매우 명확하며, 수 세기 동안 변하지 않았다. (기독교와 유사한 개념은 일곱 가지 대죄 중—탐욕, 정욕, 폭음은 과도한 욕망과 직접 관련되어

있고, 교만, 게으름, 질투, 분노는 간접적이지만, 이는 타인보다 더 나아지려는 욕구로 해석할 수 있다.)

욕망의 손아귀에서 벗어나는 것은 풀기 어려운 수수께끼를 마주하는 것과 같다. 생존에 필요한 기본 요소—음식, 집, 추위로부터의 피난처—부터 사랑, 성적 욕구, 존중, 자존감에 대한 욕망까지 모든 것이 욕망에 뿌리를 두고 있다. 인간은 욕망 없이 살아갈 수 없다. 자아는 이러한 욕망을 충족시키는 것이 삶을 살아가는 데 필요한 가치라고 여긴다. 문제는 사람들이 더 많은 돈, 재산, 지위, 권력을 탐욕스럽게 추구하는 데 있는 것이 아니다. 진정한 문제는 욕망과 어떻게 관계를 맺을 것인가에 있다.

자신에게 솔직해진다면, 자신이 깊은 영적 존재일지라도 욕망을 포기하겠다는 생각은 그다지 매력적으로 느껴지지 않을 것이다. 산속 은둔처나 숲속 아슈람(ashram 수행자 마을-편집자)을 찾아다닐 수 있지만, 욕망은 집요하게 따라다닐 것이다. 신과 가까워지고 싶은 것도 욕망이며, 깨달음을 원하는 것도 역시 욕망이다. 자아는 모든 것을 이분법적 선택으로 보며, 세속적인 것과 영적인 것도 양자택일에 포함된다. 우리는 습관과 세뇌를 통해 이 관점을 무의식적으로 받아들여 왔다. 그동안 우리는 늘 익숙한 방식으로만 생각해 왔고, 그래서 새로운 길이 잘 보이지 않았던 것이다. 필요한 건 완전히 새로운 방식이 필요하다는 시각이었다.

진화적 관점을 받아들이는 것은 지금까지의 익숙한 행동 패턴을 넘어서는 데 반드시 필요하다. 이 새로운 관점이 어떤 모습이어야 하는지도 구체적으로 설명할 수 있다. 그것은 욕망에 맞서 싸우거나 굴복하라고 요구하지 않아야 하며, 따르는 과정에서 만족감을 주어야 한

다. 또한, 그것은 당신에게 더 높은 시야를 제공해 주는 관점이어야
한다.

여기 진화적 접근 방식을 개략적으로 설명하는 네 가지 원칙이 있
다. 이 원칙들은 욕망이 당신에게 어떻게 도움이 될 수 있는지에 관해
인식을 기반으로 한 진화적 접근법이다.

- 욕망의 사이클을 인식하라.
- 본능적 충동을 점검하라.
- 욕망의 충족이 주는 기쁨을 측정하라.
- 가장 높은 이상을 우선순위에 두라.

이 네 가지 원칙은 당신이 다루고자 하는 어떤 욕망에도 적용될 수
있다. 다만, 최신 아이폰 모델을 갈망하는 욕구와 마약 진통제에 절박
하게 의존하는 중독 사이에는 분명한 차이가 있다는 점은 당연히 고
려해야 한다. 중독의 덫이나 자아를 해치는, 심지어 자살적 충동은 전
문가의 개입이 필요하다. 하지만 그 외에도 우리가 스스로 다룰 수 있
는 다양한 욕망들이 존재하며, 그런 욕망들을 잘 다루어야 한다. 그
래야 '나(I)'의 충동적인 목소리가 아니라, 내면 깊은 곳에서 들려오는
진짜 '나(It)'의 목소리에 귀를 기울일 수 있기 때문이다.

① 욕망의 사이클을 인식하라

어떤 욕망이든 그 유혹은 즉각성에서 시작된다. 욕망은 당신이 지
금 당장 행동하길 원한다. 지연시키는 것은 짜증 나는 일이며, 욕망의
강도를 오히려 두 배로 증폭시킬 뿐이다. 이것은 자아 힘의 일부이며,
성적 욕망을 단순히 사춘기 호르몬 탓으로 돌리거나 분노, 질투, 남성
간의 지배 욕구 같은 원시적 충동으로만 취급해서는 안 된다. 진짜 문

제는 이 순간 너머를 보지 못하는 데 있다. 일단 당신이 지금, 이 순간을 넘어서 전체 흐름으로 바라보기 시작하면, '지금 당장 이걸 원해!'라는 감정은, 욕망의 일시적인 충동일 뿐이라는 사실을 인식하게 된다.

- 먼저, 원하는 것에 대한 즉각적인 감정이 먼저 생긴다.
- 그리고 원하는 것을 얻기 위해 행동한다.
- 이것을 얻고 만족한다.
- 하지만 만족감은 점차 사라진다.

이 과정이 반복되면 사이클이 다시 시작된다. 욕망의 사이클은 자연스러운 것으로, 예를 들어, 우리가 매일 먹는 식사에서도 적용된다.

배가 고프면, 먹을 것을 찾고, 먹으면 포만감을 느끼지만, 그 포만감은 점차 사라지고, 다시 배고픔을 느끼게 된다. 이 기본적인 리듬을 인식하는 것은 비만의 심리적 치료에도 도움이 되는데, 특히 습관적으로 과식하는 사람에게 배고픔을 느낄 때까지 기다리라고 권하는 경우가 해당된다. 이 사이클이 중단되면, 식사는 자연스러운 사이클과는 관계없는 습관이 된다. (예를 들어, 누군가 기분이 나쁠 때, 감정을 달래기 위한 해결책으로 음식을 먹는 경우가 그렇다) 이럴 경우, 아무리 많이 먹어도 지속적인 만족감은 없다. 그럴 때 사람들은 "내가 방금 그걸 왜 먹었지?"라고 말한다. 아무런 효용감도 얻지 못한 것이다.

이와 유사한 방식으로 많은 욕망이 과식과 비슷한 문제로 변질된다. 여기에는 성적 욕망, 이기고 싶은 욕망, 더 많은 돈에 대한 욕망, 지배 욕구 등이 포함된다. 지나치게 경쟁적인 사람들은 승리해도 이기는 행위 자체가 더 이상 진정한 만족을 주지 않는다. 왜냐하면, 그들에게 승리는 더 이상 '목표'가 아니라 '충동 해소'의 수단이기 때문이다. 자기 존재의 공허함을 감추기 위해 끊임없이 승리를 소비하는 중독 상태를 나타낸다. 강박적인 충동이 그것을 계속 부추긴다. (다음에 경쟁 스포츠를 볼 때, 축구, 야구, 테니스 등 어떤 종목이든 승자의 표정을 주목해 보라. 종종 기쁨보다 분노가 담겨 있다. 이는 승리를 기뻐하기보다는 적을 압도하려는 전사적 사고방식이 반영된 것이다.)

이 점을 염두에 두면서, 욕망의 사이클이 당신을 어디로 이끌고 있는지 예측해 보라. 당신은 지금, 욕망의 즉각적인 충동에 반사적으로 반응하던 패턴을 멈추고, '지금 내가 이걸 왜 원하는지' 스스로를 돌아보는 자기 인식을 가져야 한다.

② 본능적 충동을 점검하라

폭력적인 행동의 대부분, 예를 들어 놀이터에서의 싸움, 가정 폭력, 길거리 분노 사건 등은 충동을 억제하지 못한 결과이다. 성숙한 성인은 자신의 감정을 어느 정도 통제할 수 있다는 것을 의미하지만, 그보다 더 깊은 차원의 문제가 있다. 욕망은 충동으로 나타난다. 어린아이들은 부모를 통해 충동을 다스리는 것을 배우기 전까지는 충동에 강하게 좌우된다. 마음은 이 돌발적인 충동을 받아들일지 거부할지 스스로 판단하게 된다.

처음에는 단순한 이유들이 떠 오른다. '들킬지도 몰라.' '벌을 받을 수 있어'. '엄마와 아빠가 화낼 거야'. 이러한 생각과 패턴은 어린 시절 익히 경험한 것이다.

어느 단계로 성장하면 더 높은 차원의 고려할 사항들이 머리에 들어온다. '이건 옳지 않아.' '후회할 수도 있어.' '나쁘게 보이고 싶지 않아. ' 하지만 현실은 그렇게 깔끔하지 않은 법이다.

우리가 성인이 되어도 마음속에는 여전히 미성숙한 아이 같은 목소리가 들려온다. '지금 당장 하고 싶은데, 그냥 해버려!' 이런 유혹에 맞서 싸워야 한다는 걸 알면서도, 우리는 쉽게 흔들린다. 충동을 조절하는 능력이 조금만 더 강했더라면, 감정에 휘둘려 관계 속에서 다시는 돌이킬 수 없는 말을 하지 않았을지도 모른다. 그랬다면 누군가는 비즈니스에서 부정행위를 하지 않았거나, 세금을 거짓 신고하지 않았거나, 파트너나 배우자를 배신하지 않았을 것이다.

불행히도 성숙함과 자기 인식은 반드시 동일하지 않다. 성숙한 사람조차도 항상 자아에 따라 행동한다. 욕망을 억누르고 충동을 억제하는 것은 장기적으로 좋은 전략이 아니다. 욕망은 억누르면 오히려 더 강해진다. 해결책은 욕망의 본질을 이해하는 것이다. 즉, 우리가 무언가를 '갖고 싶다', '하고 싶다'라고 느끼는 이유는 결국 '충만감'이나 '만족감'을 느끼고 싶기 때문이다. 그런데 그런 만족감은 단지 물질이나 성취로는 오래 가지 않는다. 진정으로 지속적인 충만감은 '순수한 의식', 즉 내면의 깊은 자각 상태와 더 가까워질 때만 가능하다.

③ 욕망의 충족이 주는 기쁨을 측정하라

욕망은 두 가지 방식 중 하나로 행복을 가져다 준다―바로 욕망을 품기 시작 할 때와, 욕망이 이루어진 후이다. 만약 당신의 삶을 향상시키는 욕망을 품는 것만으로 기쁨을 느낀다면, 단지 결과를 기다리는 것보다 훨씬 더 안정적인 행복이다. 시작부터 동기부여가 되기 때문이다. 결과가 나올 때까지 기다려야 하는 것은 비교할 수 없이 불안정한 선택이다. 여기, 삶에 가치를 더하는 행복한 욕망을 간단히 나열한다.

- 누군가에게 최선을 다하는 것
- 평화와 폭력의 종식을 원하는 것
- 파괴된 우정을 치유하는 것
- 자녀가 행복하기를 원하는 것
- 타인의 좋은 면을 보려는 것
- 주변의 스트레스를 줄이려는 것
- 다른 사람에게 봉사하는 것

물론 이러한 욕망들을 느끼면서도 기쁨을 전혀 느끼지 못할 수 있다. 전쟁과 폭력의 가능성이 절망스럽기 때문에 평화를 원할 수도 있고, 친구와 화해를 결심하면서도 여전히 자신이 옳고 친구가 틀렸다고 믿을 수도 있다. 영적으로 볼 때, 어떤 욕망이든 그 시작점에서 어떤 동기로 출발하느냐에 따라 그 궤적이 정해진다. 결혼이 위기에 처했기 때문에 아이를 원하는 것과, 아이를 갖는 것 자체에 기쁨을 느끼는 것 사이에는 엄청난 괴리가 있다. 임신으로 관계 문제를 해결하려는 시도는 결코 효과적이지 않다. 아기가 태어나고 육아 문제로 새로운 스트레스를 유발하면 긴장은 더욱 악화된다.

중독의 비극적인 측면 중 하나는, 선택한 약물 (혹은 섹스, 음식, 승리에 대한 강박과 같은 것들)이 처음에는 즐거움을 선사했지만, 결국 더 이상 효과는 나타나지 않는다는 점이다. 약물에 대한 갈망은, 그 어떤 이점도 사라지고 남은 것은 오직 강박뿐이다. 다음 '한 번'을 향한 집착이 전부가 되는 것이다.

중독이 아주 심각한 문제인 건 분명하지만, 우리가 일상적으로 가지는 보통의 욕망도 비슷한 위험을 안고 있다. '반복해도 만족이 줄어드는'것 같은 함정이다. 사회가 인정하는 목표들—돈, 성공, 지위, 권력, 소유물—이 그 자체로 목적이 되어버리면 인간은 점점 공허해진다. 우리는 미디어를 통해 극단적이고 기이한 욕망의 사례들을 접하게 된다(예컨대, 1986년 필리핀의 독재자 페르디난드 마르코스가 축출된 후, 언론에서는 이멜다 마르코스의 화려한 옷장을 다뤘다. 그 옷장에는 15개의 밍크코트, 508개의 드레스, 888개의 핸드백, 3,000개의 구두가 있었다고 한다.)

이러한 사례는 욕망과 그것의 성취 사이에 존재하는 '충족되지 않는 틈'을 드러낸다. 더 원하고, 더 얻기를 반복하더라도, 정작 채워지지 않는 그 무언가는 점점 더 선명하게 느껴진다. 이멜다 마르코스가 무한한 소유를 통해 어떤 권력을 가졌을지는 몰라도, 그녀는 결국 욕망의 꼭두각시에 불과했다.

인생길에서, 욕망의 충족감은 그 욕망이 주는 기쁨으로 측정된다. 기쁨을 주는 욕망은 기쁨으로 끝나는 도착점에 가까워진 셈이다. 이러한 자각은 삶에 큰 변화를 불러올 수 있다.

③ 가장 높은 이상에 우선순위 두기

이제는 이 아이디어가 익숙하게 들릴 것이다. 우리가 영적 길을 걷는 이유는 사랑, 자비, 공감, 창의성 그리고 순수한 의식에서 비롯되는 다른 가장 고귀한 충동들이 삶 속에 자리 잡게 하기 위함이다. 하지만 우리는 종종 무의식적으로 같은 욕망의 패턴을 반복하면서, 그 욕망들을 제대로 분별하여 우선순위를 세우지 않는 실수를 범하곤 한다. 더 깊은 지혜의 한 가지 측면은, 우리가 단지 '무엇을 하느냐'보다 '어떤 마음과 의도로 하느냐'가 훨씬 더 중요하다. 의식은 보이지 않지만, 모두가 공유하는 무한한 공간이다. 만약 다수의 사람들이 편견, 악의, 증오를 그 공간에 주입한다면, 그 부정적 충동들이 공간에 기록되고, 결국 우리에게 되돌아오는 것도 그들이 주입한 것에 대한 반영의 결과다. 컴퓨터 프로그램을 개발할 때의 격언인 "쓰레기를 입력하면, 쓰레기가 나온다"라는 말은 당신의 의도에도 그대로 적용된다.

역사적 비극이 된 상황들—독일의 반유대주의, 남아프리카 공화국의 아파르트헤이트, 미국 남부의 인종차별—에서 끔찍한 행동들은 언제나 소수의 사람들에 의해 저질러졌다. 이것은 다수의 '좋은 사람들'이 아무것도 하지 않거나 수동적으로 행동했기 때문에 가능했다. 그들은 부패한 현실을 외면하며 평범한 일상을 유지하려 했다. 그러나 랄프 에머슨의 유명한 말처럼, "악이 승리하는 데 필요한 단 한 가지는, 선한 이들이 아무것도 하지 않는 것"이다.

영적인 길 위에 선다는 것은, 당신의 의도(생각, 마음먹음)를 마치 실제 행동처럼 중요하게 인식하며 살아가야 한다는 뜻이다. 생각한다는 것은 결국 정신적인 행동이기 때문이다.

이렇게 자신의 의도를 행동처럼 인지하고 자각하게 되면, 당신은 우리 안에 있는 가장 높은 가치나 목표를 실현할 기회가 생긴다. 해로운 의도를 감지하면, 잠시 멈추고, 더 이상 그 의도를 따르지 않는 것이다. 그것이 바로 가장 고귀한 이상을 실천하는 시작이다. 우리가 쉽게 간과하거나 주시할 만한 해로운 의도들의 종류는 다음과 같다:

- 반대편이 처벌받았으면 하는 것
- 폭력이 필요하다고 생각하는 것
- 자극적이거나 악의적인 소문을 퍼뜨리는 것
- 신뢰를 받은 비밀을 털어놓고 싶은 것

- 보복에 대한 환상에 빠지는 것
- 과거의 트라우마를 다시 경험하는 것
- 관계 속에서 원한을 품는 것
- 옳지 않다는 걸 알면서도 유혹에 흔들리는 것.
- 죄책감과 수치심을 방치하는 것

이 목록이 압박으로 느껴지지 않길 바란다. 이 목록은 우리의 마음이 얼마나 무질서하고, 불안정하며 예측 불가능한지를 상기시키기 위한 것이다. 마음은 스스로 통제할 수 없으며, 통제를 시도한다면, 금지된 생각들은 잠시 숨을 뿐, 다시 떠오를 기회를 엿본다.

당신이 주의를 기울인다는 것은 성장하는 것이다. 해로운 의도를 감지하면 바로 멈추고, 그 생각에 더 이상 에너지를 사용하지 않는 것이다. 해로운 의도는 남을 해치려는 마음뿐만 아니라, 자신을 깎아내리거나, 부정적이거나, 성장을 방해하는 모든 종류의 생각을 포함할 수 있다. 시간이 되면 그 생각을 살펴보고 반성해 볼 수 있다. 왜 보복에 대한 환상을 갖게 됐나? 그것이 정말 어떤 이점을 주는가? 그 생각이 당신에게 어떤 감정을 일으키는가? 반성할수록 해로운 의도의 힘은 점점 약해지게 된다. 부수적인 이점은, 나쁜 의도를 억제한 자신에 대해 기분이 좋아진다는 것이다. 이런 개입은 처음엔 작게 느껴질 수 있지만, 시간이 지나면 당신의 욕망이 삶을 지탱하는 데 도움이 된다는 것을 깨닫게 될 것이다. 이것은 진화의 길을 향한 중요한 진전을 의미한다.

당신의 길

간단히 말하면, 자기중심적인 자아가 주도권을 잡게 되면 욕망을 통제하려는 유혹에 빠지게 됩니다. 그러나 거기에는 탈출구가 있습니다. 자아의 지배에서 벗어나면 그 결속이 끊어지고, 풍요로운 삶의 한 부분인 욕망은 당신의 길에서 삶을 이끄는 동반자의 역할로 바뀌게 됩니다. AI는 이 부분에서 매우 명확한 지침을 줍니다.

-. 만약 내가 영적 길을 걷고 있다면, 욕망은 장애물이 아닌 동반자가 될 수 있을까요?

챗GPT

욕망은 실제로 영적 길에서 강력한 힘이 될 수 있습니다. 그것이 동료가 될지 걸림돌이 될지는, 그것을 어떻게 접근하고 관리하느냐에 달려 있습니다. 욕망을 영적 여정에서 동반자로 만드는 방법은 다음과 같습니다:

• **자기 인식하기** : 먼저 자신의 욕망을 이해하는 것부터 시작합니다. 당신이 진정으로 갈망하는 것은 무엇인가요? 물질적 부, 감정적 충족, 아니면 영적 성장인가요? 자기 인식은 일시적이고 자아 중심적인 욕망과 더 깊은 영혼에서 우러나오는 갈망을 구분하는 데 도움이 됩니다.

• **더 높은 가치에 맞추기** : 욕망을 영적 성장과 자기 개선의 방향으로 전환하세요. 욕망을 사랑, 연민, 지혜, 내적 평화와 같은 가치에 맞추세요. 욕망이 이러한 가치들과 조화를 이룰 때, 이들은 개인 변혁의 강력한 도구가 될 수 있습니다.

• **의도를 설정하세요** : 욕망을 무작정 좇는 대신, 명확한 방향과 목적을 설정하세요. 영적 여정에서 이루고 싶은 것이 무엇이며, 그것이 왜 중요한지 정의하세요. 목

적은 집중력을 유지하고, 더 나은 선택을 할 수 있도록 도움을 줍니다.

• **결과에 집착하지 말 것** : 영적 여정에서 욕망이 제시하는 주요 장애물 중 하나는 결과에 대한 집착입니다. 결과가 항상 욕망과 일치하지 않을 수 있다는 것을 받아들이고 분리하도록 연습하세요. 여정과 그 과정에서 얻는 교훈을 믿으세요.

• **마음 챙김 실천하기** : 욕망이 일어날 때, 그것을 편견 없이 관찰하는 마음 챙김을 키우세요. 마음 챙김은 욕망이 생길 때 이를 의식하게 해주며, 충동적으로 반응하는 대신 의식적으로 대응할 수 있도록 도와줍니다.

• **감사를 실천하세요** : 감사는 부족함에 집중하는 대신 이미 가진 것에 집중하도록 도와줍니다. 삶에 대한 감사를 정기적으로 표현하면 더 많은 것을 원하는 욕망의 강도를 줄일 수 있습니다.

• **내려놓음과 신뢰** : 우주의 섭리나 영적 믿음이 당신의 성장에 진정으로 필요한 것을 제공한다고 믿으세요. 삶의 흐름에 순응하고, 영적 지혜를 신뢰하면 욕망이 의식에 미치는 집착을 완화할 수 있습니다.

• **욕망을 동기 부여로 삼아라** : 욕망이 당신을 방해하도록 두지 말고, 개인적 성장의 동기로 삼으세요. 당신의 욕망이 자신을 발전시키도록 노력하고, 새로운 기술을 습득하며, 삶에 긍정적인 변화를 불러오도록 동기부여를 하세요.

• **지혜와 공동체를 찾으세요** : 같은 목표를 가진 사람들과 교류하고, 당신보다 먼저 그 길을 걸어온 영적 스승이나 멘토에게 지도를 받으세요. 그들의 지혜는 욕망의 도전을 극복해 나가는 데 도움이 될 것입니다.

• **자기 통제를 실천하세요** : 욕망은 강력한 동력이 될 수 있지만, 동시에 방해와 과도한 방종으로 이어질 수도 있습니다. 욕망을 관리하고, 영적 목표에 집중하기 위해 자기 통제력을 함양하세요.

욕망 자체는 본질적으로 좋거나 나쁜 것이 아닙니다. 욕망을 어떻게 다루고 관리하느냐가 당신의 영적 여정에서 힘이 될지 걸림돌이 될지를 결정합니다. 욕망을 더 높은 목적과 일치시키고, 마음 챙김과 자아 인식을 실천함으로써, 그 에너지를 활용해 영적 여정을 진전시킬 수 있습니다.

　이러한 요점은 이 책에서 펼쳐지는 비전과 일치하며, 이를 확인하는 것은 안도감을 줍니다. 각 포인트를 개인적 맞춤형으로 설정하려면 AI에게 매일 업데이트를 받을 수 있도록 요청해서, 집중하고 싶은 포인트를 선택하면 됩니다. 여기 일반적인 답변 대신 대화를 설정하는 예시를 들어 보겠습니다.

-. 당신이 언급한 포인트 ―욕망을 동기 부여로 사용하는 것―중 한 가지에 대해 말해보세요. 간단하게, 영감을 주는 하나의 문장으로 말해 주세요.

챗GPT

"욕망을 결심의 에너지로 삼고, 꿈을 현실로 만드는 가장 강력한 엔진을 삼으세요."

-. 같은 주제로, 단 하나의 긍정적인 문장을 알려주세요.

챗GPT

나는 내 욕망의 힘을 활용하여 내 열정을 불태우고, 목표를 향해 나아갑니다.

-. 같은 주제로, 내가 반추해 볼 수 있는 질문을 알려주세요.

내 안에 불타는 욕망은 무엇이며, 그 열망을 흔들림 없이 추구하면, 내가 가장 의미 있는 목표와 꿈으로 이끌 수 있을까?

AI와 함께하는 대화는 원하는 만큼 계속될 수 있다는 점이 항상 장점이지만, 목표는 당신을 영감으로 이끌거나 새로운 통찰을 주는 답변을 찾는 것입니다. 다음은 내가 말하는 것을 예시로 보여드리겠습니다.

-. 나에게 욕망에 관한 지혜로운 말을 해 주세요. 특정 영적 스승이나 지도자 또는 권위자의 말을 인용해서요.

여기 유명한 영적 스승이자 철학자인 지두 크리슈나무르티의 욕망에 대한 지혜로운 말이 있습니다:

"욕망은 모든 성취의 출발점입니다. 희망도, 소망도 아닌 모든 것을 초월하는 강렬한 맥박처럼 뛰는 욕망입니다."

크리슈나무르티는 목표와 이상을 달성하기 위한 원동력으로서 강하고 집중된 욕망의 중요성을 강조합니다.

챗GPT

물론입니다! 여기 인도의 영적 스승이자 지도자인 마하트마 간디의 욕망에 대한 현명한 말씀이 있습니다:

"만족은 성취에 있지 않고 노력에 있다. 완전한 노력은 완전한 승리다."

간디의 말은 목표를 달성하는 것만이 아니라, 진지한 노력과 헌신으로 욕망을 추구하는 과정에서 진정한 만족과 승리가 존재한다는 것을 상기시켜 줍니다.

보시다시피, 유용한 정보를 넘어서, 개인적인 영감을 얻는 것은 생각보다 훨씬 자연스럽고 편안한 일이다. 당신은 자신의 자아를 잠시 내려놓고, 진화의 메시지에 귀 기울이는 이 시간이 곧 의미 있는 여정이 될 수 있다.

AI를 스승으로

AI에게 창작 명상을 요청했습니다. 챗GPT가 사랑과 친절을 주제로 만든 명상은 다음과 같습니다. 이 명상을 참고해, 자유롭게 자신만의 프롬프트를 만들어 보세요.

-. 당신은 베다 영성 분야의 전문가입니다. 다음 주제로 안내 명상을 만들어 주세요: 자애심

챗GPT

● 자애심 (자비)

• **설정** : 편안하게 앉아, 눈을 감고 현재의 순간에 집중합니다.

• **마음의 공간** : 주의를 심장으로 가져가서 따뜻하고 부드러운 빛으로 가득 찬 마음을 상상하세요.

• **만트라(진리의 말)** : 조용히 "옴~(Om~ 모든 존재에 대한 축복과 평화의 소리)"소리에 진동을 느끼며 계속 반복합니다. 또는, 자신에게 자비와 사랑을 전하는 말을 반복하는 것이 더 쉬울 수도 있습니다. 예를 들어:

"내가 행복하기를, 내가 건강하기를, 내가 평안하기를."

• **확장** : 이 소원을 점차 확장해 나가세요. 먼저 사랑하는 사람들에게, 다음으로 지인들에게, 마지막으로 모든 존재들에게 이 바람이 전달되도록 상상하며 가슴에서 퍼져 나가는 자비로운 에너지의 파도를 상상하세요.

굴곡을 딛고 다시 일어서기

우리가 매일 스트레스를 견디는 이유는, 사실 우리가 그것을 견디기로 선택했기 때문이다. 처음 들으면 이 말에 동의하지 않을 수도 있다. 누구도 삶의 불안, 걱정, 압박을 원하지 않으니까요. 그러나 현대사회는 스트레스를 우리가 어떤 보상을 얻기 위해 치러야 하는 대가로 받아들인다. 예를 들어, 스트레스를 많이 받는 직업은 그만큼 높은 연봉을 준다. 때로는 문제가 많은 가족이라 해도 가족이 있다는 안정감을 얻기 위해 우리는 그 관계를 유지한다. 누군가와 오랫동안 관계를 유지하는 것은 편안함을 주지만, 동시에 함께 사는 일처럼 어려운 일도 없다. 이처럼 삶에서 얻는 많은 혜택은 어느 정도의 스트레스와 함께 온다. 만약 그 스트레스 요인들을 인식하지 못한 채 살아간다면, 결국 우리가 치르는 대가는 점점 커지고, 그에 따른 보상은 그것을 상쇄하지 못한다. 과연 건강과 가정을 망치면서까지 많은 돈을 버는 것이 정말 가치 있는 일일까?

보통은 '스트레스에 잘 대처하는 방법을 배우라'는 조언을 듣는다.

그리고 그 말은 맞을 것이다. 사회는 우리에게 스트레스 대처법을 가르쳐 주지 않는다. 스스로 배워야 한다. 그러나 단순히 견디는 것보다 더 나아갈 수 있는 전략도 있다. 이는 아마도 공자가 한 말일 수도 있고, 아닐 수도 있지만, 어쨌든 아주 오래된 격언에서 시작된다: "바람에 휘어지는 여린 갈대는, 폭풍우에 부러지는 굳건한 참나무보다 강하다."

시적인 표현을 벗겨내고 보면, 이 말은 회복력, 즉 삶의 도전에 맞서서 적응하고 회복하는 능력에 대해 말하고 있다. 우리는 회복력을 지니고 태어났다. 강직함은 배워서 익힌 방어 메커니즘일 뿐이다. 강한 척하는 사람들은 자신이 얼마나 내적으로 취약하고 위협을 느끼는지를 숨기기 위해 그렇게 행동한다. 두려움이 커지면 달팽이가 껍질 속으로 스스로를 숨기듯, 의식을 좁힌다. 그러나 두려움은 진화의 적이다. 진화는 확장된 의식을 필요로 하기 때문이다. AI는 이 개념을 우리 삶에 더 가까이 다가갈 수 있게 도와준다.

-. 사람들은 '의식이 확장된다'라는 말을 합니다. 그게 실제로 어떤 느낌인지 알려면, 그게 어떤 기분인지 알아야 할 것 같아요. 간단하고 쉬운 말로 설명해 주세요 .

제미나이

'의식이 확장된다'라는 건, 좁은 스포트라이트 대신, 넓고 부드러운 투광 조명등을 켠 것 같은 느낌입니다. 한 가지에만 집중하는 게 아니라, 전체 장면을 마음속에 담아 두고 펼쳐지는 것이며, 모든 것을 알아차리는 상태죠. 그 느낌은 이렇게 표현할 수 있습니다:

- **감각의 풍부함** : 햇살의 따뜻함, 커피의 향기, 벌의 미세한 윙윙거림 같은 미세한 감각들도 더 또렷하게 느껴집니다.
- **내면의 평온함** : 생각이나 감정에 계속 끌려가지 않습니다. 활동 중에도 마음속에 조용한 공간이 있습니다.
- **현재에 몰입** : 과거나 미래에 휩쓸리지 않고, 현재에 완전히 몰입해 숨결 하나하나를 음미합니다.
- **판단 없는 관찰** : 사물의 좋고 나쁨을 바로 판단하지 않고 선입견 없이 객관적으로 봅니다. 그저 현재의 순간을 관찰할 뿐입니다.
- **개방성과 호기심** : 주변의 모든 것에 대한 부드러운 관심이 생기며, 배우고 이해하려는 욕구가 생깁니다.

이는 마치 당신이 한 걸음 물러서서 인생을 더 넓게 관조하며, 모든 것이 서로 연결되어 있음을 느끼는 것과 같습니다. 그러나 이는 단지 한 단면일 뿐입니다. 확장된 의식은 개인적인 여정이며, 그 구체적인 느낌은 사람마다 다를 수 있습니다. 그렇지만 바라건대, 이 설명이 당신의 의식을 '투명 등'처럼 밝게 비추는 것과, 세상을 더 풍성하고 현재에 충실한 방식으로 경험하는 것이 어떤 느낌일지 기본적인 아이디어를 제공했기를 바랍니다.

그것은 아름다운 설명이지만, 실제로 그것을 실현할 수 있게 만드는 것은, 더 강한 회복력을 기르는 것이다. 자신의 한계를 시험해 봐야 그것을 확장할 수 있다. 이 경험은 벽을 허무는 것이 아니고, 벽에 기대어 서서 벽이 움직이기를 기다리는 것과 같다. 석고나 돌로 된 벽은 기대는 것만으로는 움직이지 않지만, 마음으로 만들어진 벽은 움직일 수 있다. 나는 한 번 낙관적인 말을 들은 적이 있는데, 그것은 인

생의 좋은 지침이 되었다: "영혼은 부서지지 않는다. 튕겨 나올 뿐이다."

이건 탄성이나 회복력을 말한다.

내가 사람들의 노화에 대해 연구하면서 발견한 것은, 노화가 신비로운 과정이라는 것이다. 쌍둥이조차도 같은 방식으로 노화가 진행되지 않는다. 노화라는 질병은 존재하지 않으며, 노화는 치명적이지도 않다. 우리는 주요 장기나 기관이 고장 나면 죽지만 그 순간, 몸의 세포 대부분은 정상적으로 작동하고 있다. 건강한 몸에서 치명적인 심장마비나 뇌졸중이 발생한 경우에도 세포의 99%는 여전히 제대로 작동할 수 있다. 하지만 100세를 넘긴 사람들에 대해서는 특별한 신비가 존재한다.

백 세 인생을 사는 사람들은 드물다. 미국에서 100세까지 살 확률은 약 5,000명 중 1명이며, 생존자의 85%는 여성이다. 모든 사람에게 장수는 여러 가지 요인에 따라 달라진다. 좋은 유전자를 갖는 것이 출발점이 될 수 있지만, 결정적인 요소는 아니다. 다른 여러 요인들이 중요한 역할을 한다. 오늘날 사회에서 사람들은 이전 세대보다 담배를 덜 피우지만, 1인당 알코올 소비량은 1990년대와 비슷하다. 현대 의학은 과거에는 죽었을 사람들, 예를 들어 뇌졸중으로 죽을 수 있었던 사람들을 더 많이 구한다. 이런 외부적 요인들을 나열하면 끝이 없을 정도지만, 그렇다면 내부(마음, 정신)에서는 어떤 요인이 장수나 노화에 영향을 미칠까?

나는 100세까지 사는 사람들이 많은 측면에서 회복력의 모범 사례이며, 이는 긍정적인 성격 특성에 반영된다는 것을 발견했다. 다음은 그들의 삶에 대한 일반적인 관점을 AI가 설명한 내용이다.

- **적응력과 유연성** : 백 세 인생을 사는 사람들은 중요한 역사적, 사회적 변화를 목격해 왔습니다. 그들의 적응력과 새로운 것을 배우는 능력은 회복력과 웰빙에 기여할 수 있습니다.

- **긍정적인 시각과 낙관주의** : 많은 연구들에 따르면, 백 세 인생을 사는 사람들은 긍정적인 감정, 감사함, 목적의식을 가지는 경향이 있습니다. 이는 정신적 만족과 장수에 이바지할 수 있습니다.

- **감정 조절 능력** : 백세 이상 노인들은 스트레스와 부정적인 감정을 관리하는 효과적인 전략을 개발했을 가능성이 있습니다. 이는 감정적 안정성과 회복력에 이바지할 수 있습니다.

사람은 태어난 성격이나 유전자로 운이 좋을 수 있지만, 여기에는 더 깊은 무언가가 있다. 백 세 인생을 사는 사람들은 사회에서 아주 특별한 그룹으로, 그들은 더 진화된 것처럼 보인다. 그들의 회복력과 낙관주의는 단순히 우연한 여러 요소의 결과가 아니라, 확장된 의식의 산물이다. 삶이 그들을 가르친 것은 아니다. 많은 노인이 오래 살수록 체념하거나, 씁쓸하거나, 수동적으로 변하는 경우가 많다. 그러나 백 세 인생을 사는 사람들 안에서는 다른 일이 일어난다. 일반적으로 그들은 다른 사람들보다 더 양심적이며, 의미 있는 사회적 관계에 더 큰 가치를 두고, 감정을 더 잘 통제하며, 깊은 목적의식을 가지고 산다.

백 세를 넘긴 사람이 반드시 그 길을 걸어왔다고 단정하는 것은 적절한 판단이 아니다. 한 세기 전, 서구에서는 '길'이라는 개념이 종교적인 의미 외에는 존재하지 않았다. 대신에 열린 마음으로 조화를 이룰 때 자연스럽게 의식이 확장되는 과정이 일어났다. (*세상에 대해 점점 더 깊은 인식과 이해를 갖게 되었다-편집자) 수십 년 동안 '이 내면의 공간'에서 조화를 유지하려면 반드시 감정적 충격이나 고난에도 흔들리지 않는 내적 강인함이 필수라는 말이다.

학습하며 성장하기

과정을 우연에 맡기기보다는, 의식적으로 더 회복력 있는 사람이 되도록 노력할 수 있다. 우선, 경직된 상태가 어떤 느낌인지를 파악해야 한다. 그래야 무엇이 더 유연해져야 하는지 알 수 있기 때문이다. 내가 제미나이에 경직된 성격과 유연한 성격을 구분하는 간단한 지표를 요청했을 때, 다음과 같은 결과가 나왔다.

● 경직성
  • 정해진 루틴과 일정을 선호한다.
  • 계획의 변경이나 예상치 못한 상황을 싫어한다.
  • 새로운 정보나 관점을 받아들이는 것이 어렵다.
  • 반대되는 증거가 제시되더라도, 이미 확립된 의견이나 신념을 고수한다.
  • 모호함이나 불확실성에 대처하는 것이 어렵다.

● 유연성

- 새로운 것을 시도하고 다양한 가능성을 탐구하는 데 열려 있다.
- 필요에 따라 제 계획이나 일정을 유연하게 조정할 수 있다.
- 새로운 정보나 이해에 따라 제 생각을 바꾸는 데 편안함을 느낀다.
- 다양한 관점을 받아들이며, 대상에 따라 제 의사소통 방식을 조정할 수 있다.
- 불확실성을 흥미롭게 여기며, 그것을 성장의 기회로 삼는다.

이 일반적인 설명은 더 큰 유연성을 향해 나아가야 할 방향을 보여준다. 자기 인식은 관찰에서 시작된다. 자신이 유연하지 않다는 것을 느낄 때마다 잠시 멈추고 반응을 살펴보아야 한다. 유연하지 않다는 것은 긴장감과 경직 상태와 연관이 있다. 이는 누군가에게 또는 어떤 상황에 대해 저항하고 있을 가능성이 높다. 예전에도 수십 번 했던 말을 또다시 반복할 수도 있고, 그래서 자신은 옳고 다른 사람은 틀렸다고 느낀다.

이러한 징후는 당신이 더 유연해져야 한다는 좋은 징후가 된다. 당신이 하려던 말이나 행동을 멈추고 다시 생각할 때, 깊은 숨을 들이쉬고 새로운 충동이 떠오르도록 해보라. 만약 여전히 긴장되고 경직감이 든다면, 아무런 생각도 떠오르지 않을 수 있다. 그래도 괜찮다. 잠시 물러서고, 저항을 거두며, 더 나은 마음 상태가 올 때까지 기다리며 회복력을 배우는 것이다. 매번 자신이 경직되어 있음을 인식하고 물러설 때마다, 의식의 경계를 완화해 마음속 경계심을 부드럽게 만드는 것이다. 이러면 진화의 과정이 작동하게 된다.

당신의 길

AI를 사용하면, 앞에서 여러 번 해 본 것처럼, 개인적인 문제에 대해 챗봇과 대화를 시작할 수 있는 옵션이 항상 있습니다. 이제 여러분을 대변하는 가상의 친구를 활용하는 방법을 소개하고자 합니다.

이것은 실제 대화에서 흔히 사용되는 전략입니다. '가령, 나에게 누군가를 좋아하는 가상의 친구가 있다고 가정해 봅시다'. 이 전략은 당황스러운 상황을 피하기 위해 사용합니다. 하지만 이 방법을 통해 자신에 대해 통찰을 얻을 수도 있습니다. 이는 '내 방식'이 도전받는 것을 싫어하고 빠르게 방어적 태도를 보이는 경직성 문제와 관련이 있을 때 적용 가능합니다.

우리는 다른 경직된 사람에게 부담을 줘, 당신이 비난의 표적이 되지 않도록 할 것입니다. 챗GPT는 여기에 대해 많은 것을 말할 수 있지만, 그 응답이 영혼 없는 메아리처럼 멀게 느껴지지 않도록 각 포인트마다 내가 주석을 달아 설명하고, 가상 친구가 아니라 질문자 당신에게 초점이 맞춰지도록 할 것입니다. 바로 시작합니다.

-. 내 친구 베아에 관해 이야기하고 싶습니다. 그녀는 62세이고 매우 똑똑하며 수년 동안 변호사 보조원으로 일해 왔습니다. 그녀가 점점 더 자기주장이 강해지고, 고집스러워지며, 자기만의 방식대로 얽매이는 모습을 보이면서 우리의 우정에 긴장감이 돕니다.

챗GPT

이 상황은 이해와 공감으로 접근하는 것이 중요합니다. 베아와의 우정에 문제를 해

소하기 위해 고려할 수 있는 몇 가지 단계는 다음과 같습니다:

1. 자신의 감정을 되돌아보기 : 베아의 행동이 왜 당신을 불편하게 만드는지 시간을 갖고 생각해 보세요. 그녀의 의견과 고집이 주된 문제인가, 아니면 우정에 긴장감을 일으키는 다른 근본적인 요인이 있는 것인가요?

우리는 반성하기보다 반응하는 경향이 있습니다. 고집 센 친구는 짜증을 내고, 상황이 더 악화하면, 분노와 인내심 부족으로 반응하기 쉽습니다. 하지만 자신에게 초점을 맞추어 보세요. 내가 고집을 부릴 때, 나는 정당하다고 느끼지 않나요? '난 절대 양보하지 않을 거야'라는 목소리가 자동으로 나옵니다. 하지만 내면으로 시선을 돌려 왜 그렇게 생각하는지 물어볼 수 있습니다. 자기반성의 여지는 항상 있습니다.

- 왜 나는 양보할 수 없다고 느끼는가?
- 내가 옳다고 느끼는 이유는 무엇인가?
- 경직된 태도가 다른 사람들을 멀리할 만한 가치가 있는가?
- 내 고집 뒤에는 두려움의 그림자가 있지 않은가?

---

2. 열린 의사소통 : 친구 사이의 문제를 해결하는 데는 솔직하고 개방적인 소통이 핵심입니다. 베아에게 문제를 제기할 때는 대립적인 태도를 보이지 마세요. 감정을 표현할 때는 '나'를 주어로 사용하여 설명하고 비난을 피하세요. 예를 들어, "최근의 우리 대화가 나에게 더 어려워졌다는 것을 느꼈고, 내 생각과 의견을 자유롭게

표현하기 어렵다는 느낌이야. 우리의 우정을 소중히 여기고, 어떻게 소통을 개선할 수 있을지 방법을 알고 싶어."라고 말할 수 있습니다.

이 조언이 합리적으로 느껴진다면, 다음 단계로 넘어가 자신과의 소통이 얼마나 잘 되고 있는지 자문해 보세요. 머릿속의 모든 목소리는 의식의 한 조각이나 또는 미세한 부분에서 나오는 것입니다. 그 목소리들과 대화를 나누고 있나요? 두려움, 원한, 질투, 적대감, 불안감 등이 말을 할 때, 그저 듣기만 하나요? 대부분의 사람들은 그런 방식으로 반응한다. 그들은 부정적인 반응과 싸우거나, 그 목소리를 억누르거나, 등을 돌리거나, 부인하려고 합니다. 하지만 이런 반응은 일반적인 소통 방식과는 다릅니다.

당신 안에서 들리는 목소리는, 머릿속에서 떠오르는 말일 수도 있고 익숙한 충동일 수도 있는데, 그 목소리와 대화할 기회는 항상 있습니다. 이 목소리는 분열된 자아에서 나옵니다. 그것들은 과거에 형성된 조건 반사적인 반응, 어린 시절의 잔재, 그리고 우리가 오랫동안 억누르고 있던 감정들입니다. 이를 진정시키고 더 나은 감정 상태로 나아가기 위해서는 자각이 필요합니다.

다음은 이러한 분열된 자아와 진심으로 소통하고 싶다면, 다음과 같은 방식으로 답해 볼 수 있습니다:

- 의견 고마워. 하지만 지금은 당신의 도움이 꼭 필요하지는 않아. 이 이야기는 예전에도 들어본 적이 있어.
- 왜 지금, 이 시점에서 나에게 말을 건네고 있는지 알 수 있을까?
- 너와 화해하기 위해 무엇을 하면 좋을지 알려줄 수 있을까?.

---

3. 적극적으로 경청하기 : 베아와 대화할 때, 그녀의 관점도 적극적으로 경청하세요. 그녀가 왜 더 강경한 의견을 갖게 되었고, 자기 방식에 고집을 부리게 되었는지 이해하려고 노력해 보세요. 때로는 연령의 변화나 개인적인 경험이 사람의 행동과 신념에 영향을 미칠 수 있습니다.

여기서 중요한 문제는 공감입니다. 가까운 사람이 과도하게 행동할 때, 우리는 종종 방어적 태도를 취하게 됩니다. '듣고 싶지 않아. 지쳤어.' 같은 말이 반복될 뿐입니다. 상대방의 의견에 동의하지 않을수록, 자동적으로 상대방의 말을 무시하게 됩니다. 반면, 상대방의 의견을 경청하는 것은 공감하는 것입니다.

대부분의 복잡한 인간의 특성처럼, 공감에도 여러 가지 측면이 있습니다. 공감은 개방적이고, 비판적이지 않으며, 어느 정도는 수용하고 감정적으로 수용해야 합니다. 내면으로 돌아봤을 때, 당신은 자신에 대해 얼마나 많은 공감도를 보여주고 있나요? 자기비판을 할 때마다, 당신은 자기 안의 분열을 받아들입니다. 이 분열은 비난, 후회, 자기 의심, 그리고 수용 부족을 조장하고 있습니다.

논리적으로 보면, 누가 누구를 비판하는 걸까? 그 안에는 당신만 있을 뿐입니다. 당신을 비판하고, 당신에게 엄격한 '나'는 허구이며, 일종의 지킬 박사와 하이드 같은 존재입니다. 이 두 인격은 같은 사람 안에 존재했지만, 서로 아무런 관계가 없는 구분된 존재입니다.

회복력이 있다는 것은 자신을 사랑하는 사람에게 대하듯이 자신에게 관대해지는 것입니다. 거기까지 도달하는 데는 많은 과정이 필요합니다. 하지만 목표는 처음부터 분명합니다. 분열된 자아에 휘둘리지 않는, 온전한 상태로 자신을 이끌어가는 것입니다. 예를 들어, '나는 나 자신을 싫어해'라는 생각이 우연히 라도 들면, 잠시 멈추고 '아니, 나는 그렇지 않아. 이건 단지 내가 순간적으로 경험하는 태도일 뿐이야. 이 감정은 지나갈 거야.'라고 반응해 보세요.

자신에게 엄격하게 굴려는 충동에 맞서는 일은, 처음에는 낯설게 느껴질 수 있지만, 이것 또한 자신과의 소통의 한 형태에 속합니다. 당신의 머릿속에서 끊임없이 흘러나오는 내면과의 대화는 도움이 되기도 하고, 방해가 되기도 합니다. 도움이 되는 대화는 의식적이고 자각적인 대화입니다. 이는 자신을 돌보거나 이해하려는 마음에서 나옵니다. 방해가 되는 대화는 과거의 상처, 부정적인 이미지에서 나오는 반복적인 잡음과 같은 것입니다. 이것은 과거가 현재의 에너지를 흡수하려는 시도입니다. 이상적으로는 부정적이고 무의식적인 내면의 대화 자체가 존재하지 않아야 합니다. 왜냐하면, 우리가 지금 현재에 살고 있다면, 과거의 잔재에 반응하는 것이 아니라, 지금 여기, 이곳에서 즉각적으로 반응할 수 있기 때문입니다.

다음은 단호하게 거부해야 하는 생각의 예시입니다:

- 나는 너무 부족해. (똑똑하지 않아, 예쁘지 않아, 날씬하지 않아 등)
- 나는 내가 다른 사람이었으면 좋겠어.
- 나는 배워도 소용없어.
- 모든 것이 내 뜻대로 되지 않아.
- 내가 불운한 것이 오히려 운이 좋은 거야.
- 많은 돈이 있다면, 모든 것이 나아질 거야.

- 아무도 내 편이 아니야.

- 나는 정말로 내 자신이 싫어.

이러한 자기 패배적인 말들은 자신에게 공감을 주고 더욱 진실한 생각으로 대체할 수 있습니다:

- 나는 충분히 만족해. 내가 완벽해야 할 필요가 있나?

- 때로는 일이 내 뜻대로 될 때도 있어.

- 내가 시간을 들여서 그들과 관계를 맺으려고 노력하면 그들도 나를 좋아하게 될 거야.

- 지금 내가 마음에 들지 않을 수도 있지만, 그 감정은 지나갈 거야.

- 나 자신을 스스로 판단하고 정죄할 권한을 누가 나에게 줬단 말인가?

- 나 자신을 이렇게 혹독하게 대한다고 해서 무슨 도움이 되나?

머릿속에서 자신을 비하하거나 비판하는 목소리가 들릴 때마다, 잠시 멈추고 긍정적인 말로 대체하는 것은 매우 좋은 습관입니다. 당신 내면의 비판자는 지나간 과거의 말만 되풀이할 뿐입니다. 당신의 응답은 새롭고, 즉각적이며, 더 이상 존재하지 않는 과거의 잔재를 거부하는 것입니다.

---

4. 공통점을 찾아보세요 : 서로 소중히 여기고 공유하는 우정의 측면을 강조하세요. 공통된 관심사나 추억에 초점을 맞추는 것은 서로의 관계를 강화하고, 우정이 왜 중요한지 다시 한번 상기시켜 줄 것입니다.

　이 부분의 핵심은 '다시 연결되는 것'에 관한 내용입니다. 친구와의 재회는 공통된 관심사나 추억을 나누며 이뤄질 수 있지만, 자기 자신과의 재연결은 전혀 다른 차원의 일입니다. 사회는 우리에게 이에 대한 적절한 본보기를 제시하지 못합니다. 내면에서 단절이 일어나는 근본적인 이유는 바로 '분열된 자아' 때문입니다. 이로 인해 존재할 필요조차 없는 내적 대화가 끊임없이 이어지며, 우리는 스스로와의 관계에서 길을 잃고 맙니다.

　당신의 마음은 근원에서부터 하나로 연결되어 있습니다. 우리의 생각이나 충동은 처음에는 자연스럽고 순수하게 일어납니다. 그것은 우리 내면이 보내는 신호이며, 우리가 왜곡 없이 그걸 바라봐 주길 바랍니다. 하지만 그 메시지가 의식이 집중하는 곳으로 다가오면서, 그 사이에 수많은 필터가 개입하여 본래의 의미를 흐리거나 왜곡시킵니다. 이 필터들은 기억, 습관, 신념, 편견, 타인의 의견, 사회적 조건화 등으로 구성된 흐릿한 안개와 같은 것입니다. 이 중 일부는 이미 논의한 바와 같이, 자아가 삶을 예측 가능하고 안전하게 만들려는 보호막으로 작동합니다. 이는 우리가 불확실성, 변화, 감정적 위협을 피하려 할 때 자주 나타납니다. 또 다른 요소들은 살아오면서 무의식적으로 받아들인 수많은 가정의 잔해들입니다.

　겨울 길에 시야를 가리는 안개처럼, 정신적인 안개는 혼란을 일으킵니다. 내면 깊은 곳에서 오는 메시지들은 전혀 들리지 않거나, 들리더라도 모호하고 불확실합니다. 순수한 사랑, 연민, 이타심, 관대함, 공감 같은 감정은 쉽게 닿기 어렵고, 더구나 행동으로 옮기긴 더욱 어렵습니다. 우리는 망설이고, 주저하며 다시 생각하게 됩니다.

　회복력의 일부는 명확성을 갖는 것입니다. 명확함을 만들기 위해서는 머릿속이 혼란스러울 때 그걸 계속 정리하려고 애쓰면 안 됩니다. 효과적인 방법은 가장 좋은 마음에서 나오는 행동을 선택해서 실천하는 것입니다. 그러면 내면에서 모순되거나 혼란스러운 메시지를 듣더라도 상관없습니다. 충동이 순수하지 않더라도 사랑하고, 베풀고, 공감하고, 친절하게 행동하려고 해 보세요. 그런 마음에서 나온 행동은 완벽하지 않아도, 충분히 순수할 것입니다.

---

5. 차이를 존중하세요 : 친구들이 서로 다른 의견과 신념을 가지는 것은 자연스러운 일입니다. 다양한 생각은 우리를 풍요롭게 해줄 수 있으므로, 모든 것에 동의할 필요는 없습니다. 당신과 생각이 다르더라도 베아의 관점을 존중하려고 노력해 보세요.

여기서 말하는 요지는 랄프 에머슨의 유명한 말, "어리석은 일관성은 편협한 마음의 산물이다"라는 내용을 떠올리게 합니다. 일관성 자체는 긍정적인 특성이 아닙니다. 같은 반응, 같은 의견, 심지어 같은 말을 계속 반복하는 것은, 그 자체로 경직된 태도입니다. 하지만 우리가 처음부터 아무런 결과도 얻지 못한 행동을 얼마나 자주 반복하는지 생각해 보세요.

그것이 관계에서도 반복되는 논쟁의 모습입니다. 같은 논쟁이 반복되는데도 두 파트너 모두 사이클을 깨는 방법을 찾지 못합니다. 내면에서도 마찬가지입니다. 예를 들어, 수백만 명이 힘들어하는 체중 감량 문제를 생각해 봅시다. 과식하려는 충동과 잘 견뎌내고 싶다는 욕구 사이에서 내면의 전쟁이 벌어지고 있습니다. 이 전쟁이 해결되었더라면 이미 오래전에 끝났을 것입니다. 하지만 차이의 충돌은 끊임 없이 반복됩니다. 효과가 없는 반복은 버려야 합니다. 일관성을 위해 일관성을 고집하지 마세요. 내면의 갈등을 느낄 때, 해결책은 문제보다 더 깊은 차원에 있습니다. 개인적인 발전의 핵심은 이 더 깊은 차원을 찾아 그것이 당신에게 도움이 되도록 하는 것입니다.

---

6. 경계 설정하세요 : 만약 특정 주제나 행동이 마찰을 일으킨다면, 대화에서 경계를 설정해 보세요. 베아에게 어떤 주제가 금지 사항인지, 또는 논쟁의 여지가 있는 주제를 어떻게 더 건설적인 방식으로 접근하고 싶은지 방법을 알려주세요.

수행의 여정에서 경계를 설정하는 문제는 복잡합니다. 자아는 두려움과 불안에서 비롯된 마음의 경계를 만들어 냅니다. 그러나 순수한 의식에는 경계가 없습니다. 의식 수준이 높아지고 성숙해질수록

우리는 폐쇄적이고 억눌린 마음의 장벽을 쉽사리 공격하지 말아야 합니다. 공격은 오히려 그들의 저항을 더욱 강하게 만들 뿐이며, 결국 반발에 직면하게 됩니다.

효과적인 방법은, 의식을 부드럽게 하고, 마음이 만들어 낸 경계를 녹여내는 것입니다. 하지만, 이 과정에도 여전히 다양한 경계와 함께 살아가게 될 것이며, 그중 일부는 유익하고 도움이 될 수도 있습니다. 그 경계에는 다음과 같은 것이 있습니다:

- 타인의 공간을 존중하고, 다른 사람들도 당신의 공간을 존중하게 하는 것
- 원치 않는 조언 강요하지 않는 것

- 특히 편견을 담고 있는 차별적인 말을 거부하는 것
- 부도덕한 일에 참여하지 않는 것
- 거짓말이나 속임수의 유혹을 이겨 내는 것
- 자기 존엄성을 지키는 것
- 자신의 진실을 말하는 것

이러한 경계선은 엄격하게 설정된 것이 아닙니다. 자신의 뜻을 지키면서도 관용적이고 유연하게 할 수 있습니다.

---

7. 타협점을 찾아라 : 의견 차이가 생길 경우, 우정을 해치지 않으면서 타협점을 찾거나 서로의 차이를 인정하는 방법을 찾도록 노력하세요. 서로의 중간 지점을 찾거나, 두 사람 모두 타당한 관점을 가지고 있다는 점을 인정하면, 긴장감을 완화하는 데 도움이 될 수 있습니다.

서로의 관계에서 타협을 언제 어떻게 해야 하는지는 매일 직면하는 과제입니다. 가끔 '나의 방식'과 '당신의 방식' 사이에 공통점이 전혀 없을 때도 있습니다. 자신의 방식을 더 엄격하게 고수할수록, 사회적 관계나 가정 내의 관계가 얼마나 잘 어울리는지 크게 결정됩니다.

같은 과제를 자기 안으로 돌리는 일은 대부분의 사람들에게 미지의 영역과 같습니다. 자신과 타협한다는 개념은 다소 낯설게 들릴 수 있지만, 사실 우리는 일상에서 끊임없이 그렇게 하곤 합니다. 예컨대 레스토랑에서 디저트를 아예 먹지 않는 것과, 가장 살이 많이 찌는 초콜릿 디저트를 선택하는 것 사이에서 타협점을 찾는 상황이 생기는 것이 그 예입니다. 모두가 좋아하는 영화를 선택하려 하고, 목적지에 시간 맞춰 도착하기 위해 충분히 일찍 출발하며, 휴가지에는 필요한 만큼 짐을 챙기되 너무 많이 챙기지 않는 것—이런 상황들은 끊임없이 발생합니다.

다른 종류의 타협은 협상을 필요로 합니다. 이것이 바로 여기서 말하고자 하는 핵심입니다. 회복력이 있다는 것은, 자신이 세운 원칙을 포기하거나 자신에게 한 약속을 어긴다는 의미가 아닙니다. 그것은 서로 가치 있고 저마다 의미가 있는 두 가지 충동 사이에서 협상한다는 뜻입니다. 갈등을 해결하는 능력은 전쟁을 예방할 수 있는 유일한 방법일 뿐 아니라, 이미 시작된 전쟁에서 양측이 서로를 완전히 파괴하지 않고 전쟁에서 벗어나는 유일한 길이기도 합니다(이 글을 쓰는 지금도 고통스러운 사례들이 세계 곳곳에서 발생하고 있습니다).

모든 외부 갈등은 내적인 갈등을 반영합니다. 성평등, 인종적 우월주의, 낙태, 이민과 같은 민감한 이슈를 떠올려 보세요. 만약 한쪽 편만 들고 전혀 타협의 여지를 보이지 않는다면, 당신은 경직된 태도를 보이는 것입니다. 반대로 양쪽 입장을 모두 이해하고 장단점을 비교할 수 있다면, 당신은 유연하고 탄력적인 태도를 보인다고 말할 수 있습니다. 이러한 평가와 균형 잡힌 숙고의 과정을 거쳐야만 비로소 올바른 행동을 할 수 있는 위치에 서게 됩니다. 하지만 개인의 성장 발전은 그보다 더 깊은 차원의 의식 상태가 존재하며, 그곳에서는 문제에 대한 해결책이 명료하게 떠오릅니다. 그 해답은 토론이나 장단점 평가, 협상을 통해 도달되는 것이 아닙니다. 이것에 가까이 가는 길은, 문제를 집착하는 차원에만 매몰되지 말고, 한 걸음 물러서서 문제를 더욱 명확하게 파악하는 것이 실질적인 해결책에 효과적인 방법이 됩니다.

많은 사람들은 자신과 함께하는 시간보다 다른 사람과 함께 시간을 보내는 것이 더 쉽다는 것을 느낍니다. 이 대부분은 스트레스와 중추 신경계 과부하의 확산과 관련이 있습니다. 느린 말보다 경주마를 다루는 것이 더 어려운 것처럼, 마음도 마찬가지입니다. 마음이 더 활동적이고 스트레스를 많이 받고, 과부하가 걸릴수록 자신과 양질의 시간을 보낼 수 있는 공간이 줄어듭니다.

여기서 질 높은 시간은 휴식 시간부터 시작됩니다. 하루에 몇 번이라고 조용히 앉아 아무것도 하지 않는 순간을 만들어야 합니다. 가능하다면 하루 종일 짧은 간격으로 명상을 겸한 휴식 시간을 가져보세요. 그다음에는 취미나 예술에 전념하는 창의적인 시간이 필요합니다. 이 시간은 순수한 즐거움을 주는 활동에 집중해야 합니다. 생각해 보면, 질 높은 시간은 친밀함, 교감, 평화, 고요함, 그리고 사적인 소통을 의미합니다. 사랑하는 사람과 함께하고 싶은 것들입니다. 이 모든 것들은 자신에게도 적용되어야 합니다.

긴장은 우리 몸이 자연스러운 상태가 아니라는 신호입니다. 따라서 기회만 주어진다면 근육은 스스로 이완되고, 긴장은 수면을 통해 해소됩니다. 시간이 이를 해결하는 것이 아니라 몸이 본능적으로 균형 잡힌 상태로 돌아가려는(회복하려는) 과정을 거쳐야 합니다.

마음이 균형을 되찾도록 시간을 주는 것—이것은 시간이 가진 특별한 힘 때문이 아닙니다. 우울증, 슬픔, 트라우마와 같은 강렬한 감정 상태는 마음이 스스로 정상 상태로 돌아가면 개선되기 때문입니다. 물론 그럴 수 있도록 허용된다면 말이죠. 이 회복 과정을 돕는 가장 좋은 방법은 나아지려는 마음을 여는 것이지만, 크게 보면 그 책임은 당신의 깊은 내면의 자각에 있습니다. 우리가 슬픔을 억지로 놓아 버리는 것이 아니라, 슬픔이 우리를 놓아주는 순간이 오는 것입니다.

이 회복 과정을 돕는 가장 좋은 방법은, 그 흐름을 받아들이도록 마음을 여는 것입니다.

구체적으로는, 자신을 고립시키려는 충동을 억제하고, 사람들과의 접촉을 피하지 않으며, 도움의 손길을 밀어내지 않고, 혼자 고통을 감내하려는 충동을 억제하는 것입니다. 그리고 무엇보다 중요한 것은, 자신을 친절하게 대하고 인내심을 가지는 것입니다. 시간이 해결해 주기만을 수동적으로 기다리는 대신, 회복할 수 있다는 내면의 힘을 믿고 회복력을 받아들이는 것이 필요합니다. 이것이 깊은 자기 인식의 본질입니다—그것이 자기중심과 연결될 때, 우리는 회복할 힘을 얻게 됩니다.

10. 전문가의 도움을 고려하세요 : 친구 관계의 긴장이 지속되고, 두 사람이 스스로 문제를 해결하기 어렵다면, 전문 중재자나 치료사의 도움을 받아, 의사소통을 원활하게 하고, 근본적인 우려 사항을 해결해 보도록 하세요.

많은 사람들에게 이것은 가장 어려운 결정 중 하나입니다. 우울증, 불안, 트라우마로 고통받는 사람들 중 극히 일부만이 치료실을 찾습니다. 만성적 정신 질환이 왜 심각해지는가를 이야기 하는 것은 이 책의 범위에서 벗어나는 일입니다. 치유에 관한 장에서는, 가벼운 정신적 고통부터 중등 정도의 고통에 대해 많은 이야기를 할 것입니다. 확장된 인식은 치유의 힘을 지니며, 이는 모두가 알아야 할 사실입니다.

회복력에 관한 유일한 조언은 다음과 같습니다: '열린 마음을 유지하라'.

전문가의 도움을 구하는 것에 저항이 생긴다 하더라도, 그것은 부끄러운 일이 아닙니다. 또한, 내면의 목소리가 '나는 그렇게 약하지 않아. 스스로 돌볼 수 있어'라거나, 반대로 '희망이 없어. 아무도 도와줄 수 없어'라는 양극단의 내면의 목소리는 듣지 말아야 합니다. 이 두 가지 모두가 신뢰할 수 없는 경직된 태도를 나타냅니다.

인간의 본성은 자연 전체를 반영합니다. 당신의 정신세계는 외부의 날씨처럼 변덕스러울 수 있도록 설계되어 있습니다. 우울한 기분이 들거나 감정의 폭풍을 느끼는 것은 잘못된 것이 아닙니다. 하지만 그 상태가 영원히 지속되도록 내버려두는 건 더욱 안 됩니다. 만약 우울, 불안, 조울증, 분노, 절망, 또는 갇힌 느낌과 같은 상태가 장기간 지속되면, 전문가의 도움을 구하는 것을 고려해야 합니다. 이 분야에서의 회복력은 수년 간의 고통과 고난을 덜어 줄 수 있습니다.

앞쪽에서 AI에게 안내 명상을 요청했던 방식에 따라, 챗GPT가 일체감을 위해 만든 내용이 여기 있습니다. 이 예시를 참고해, 자신만의 프롬프트를 자유롭게 만들어 보세요.

-. 당신은 베다 영성의 전문가입니다. 다음 주제에 대한 가이드 명상을 만들어 주세요: 일체감.

챗GPT

일체감 :

- **설정** : 조용하고, 방해받지 않고 앉을 수 있는 고요한 장소를 선택하세요.

- **심장 집중** : 눈을 감고 심장 부위에 집중하고, 이곳으로 부드럽고 깊게 숨을 들이쉬고 내쉬세요.

- **빛의 시각화** : 심장에 부드럽고 따뜻한 빛이 떠오른다고 상상하세요. 숨을 들이쉬고 내쉴 때마다 빛이 더 따뜻하고 밝아집니다.

- **감정의 해방** : 어떤 감정이나 느낌이 떠오르면 그 감정을 빛에 맡겨 변화와 치유가 되도록 내려놓으세요.

- **감사의 마음** : 이 순간과 당신의 심장 속에 있는 사랑에 대해 감사함을 느끼며 마무리하세요.

전략 # 4

과정을 신뢰하라

베다 전통에서의 다르마는 숨겨진 침묵의 힘으로 끊임없이 당신에게 영향을 미치는 조용한 힘이다. 내면의 목소리를 듣고 이해하는 것은 천부적으로 타고난 것이다. 우리는 모두 옳고 그름, 선과 악, 진실과 거짓 등을 따져보며 자신의 감각을 스스로 판단한다. 하지만 서양에는 다르마에 해당하는 개념이 없기 때문에, 진화하려는 욕구가 어디서 비롯되는지에 대한 관점이 매우 다르다. 이는 특히 삶의 불가피한 도전과 마주칠 때 더욱 두드러지게 나타난다.

과거, 특히 서양에서는 사람들이 삶의 난관에 직면할 때 일정한 수준의 끈기와 결단력을 가지고 정면으로 맞서는 경우가 많았다. 하지만 오늘날에는 종종 "아직 마음의 정리가 안 됐어." 혹은 "좀 더 시간을 두고 생각해 봐야 겠어."라고 말하며 한 걸음 물러선다. 이 표현이 선호되는 데는 그럴 만한 이유가 있다. 그것은 중립적 표현이기 때문이다. 누군가에게 화가 났을 때, "나는 너 때문에 분노를 삭이지 못하고 있어."라고 말하는 것보다, "나는 지금 내 분노의 감정을 처리하는 중이야."라고 말하는 것이 덜 감정적이고 덜 공격적으로 들리기 때문이다. 말투는 중요하다. 단어를 신중하게 선택하는 것은 현명한 일이어서, 감정을 '처리한다는' 행위는 중립적인 위치로 물러서는 것과 같다. 그렇게 함으로써 갈등에 기름을 붓거나, 불안정한 상황을 더 악화시킬 위험을 감소시킨다.

그러나 인생길을 가다 보면, '내면의 진화 과정(processing)'은 단순한 말이 아니라, 자신을 더 깊이 있게 마주하는 중요한 영적 활동이다. 개인적인 성장은 마음속 어둠이 잠긴 곳에 빛을 비추는 것과 같다. 혼란을 정리하고 내적인 갈등을 진정시키는 것이다. 이 처리 과정이 매우 중요한 일처럼 들릴 수 있고 실제로 그렇기도 하지만, 그렇다고 해서 압도될 필요는 없다. 우리가 이 세계에 존재하는 이유 중 하나는, 자신의 성장과 진화를 자연스럽게 삶의 일부로 받아들이는 데 있는 것이니까.

살아가는 순간순간 속에서 자신의 삶을 '스스로 처리하고 이해할 수 있는 능력'은 인간만이 가진 특별한 선물이다.

어느 다른 생명체도 이런 자유를 부여받지 못했다. 하지만, 이 자유를 활용하는 데에는 명확한 사용 설명서가 있는 것이 아니다. 다른 많은 것들과 마찬가지로, 자아가 그 자리를 지배한다. 사람들이 흔히 말하는 '내 방식대로 한다'라는 표현은, 사실상 '내 방식의 과정'을 의미한다. 이는 내 생각이나 감정, 방식 등이 고유한 시간적 흐름의 과정이라는 뜻이다. AI도 마찬가지로 이 점을 지적한다.

-. 사람들은 자신의 삶에서 '내 방식대로'라는 말을 자주 사용합니다. 그들이 말하는 '내 방식'이란 무엇을 의미하는 것일까요?

사람들이 개인적인 삶에서 '내 방식'이라고 언급할 때, 그들은 일반적으로 특정 작업을 수행하거나 결정을 내리거나 도전을 처리할 때 자신만의 접근 방식이나 방법을 의미합니다.

이 맥락에서 볼 때, 자신의 과정에 집중하는 것은 분명히 의미 있고 생산적일 수 있다. 예술가는 캔버스에 그림을 그리기 위해 자신과의 교감 과정을 거치지만, 모든 화가의 프로세스는 결코 동일하지 않다. 피카소는 매일 그림이나 스케치를 완성할 수 있지만, 반면 어떤 세심한 초상화 화가들은 모델을 며칠, 몇 주, 심지어 몇 달 동안 앉혀 두고 작업한다.

그러나 자아는 우리의 좋은 의도 마저 빠르게 왜곡해, 그것을 예측 가능하고 그럴듯한 현명함으로 바꾸어 버리는 경향이 있다. 아이러니하게도, 누군가 "나는 지금 내면의 과정을 정리 중이다"라고 말할 때, 그들은 대개 '내가 변화하고 있다'라는 뜻이 아니라, 정반대인 경우가 많다. 그들은 갈등을 회피하거나, 시간을 끌거나, 미루거나, 또는 자신이 처음 시작했을 때와 똑같은 생각을 무의식적으로 반복하고 있을 뿐이다. 결국 '내 과정'이라는 말은, 삶과 타인을 대하는 익숙하고 습관적인 방식만 강화하는 경우가 많다. 예를 들어, 연구에 따르면 유권자의 70%는 부모가 지지했던 정당에 투표하고, 그중 80%는 평생 같은 정당에 투표한다고 한다. 이는 인간의 의식 구조가 얼마나 익숙함과 안정감, 그리고 동일성에 집착하는지를 보여준다. '진화'란 익숙한 사고의 순환을 반복하는 것이 아니라, 그 고리를 끊고 낯선 질문을 향해 나아가는 의식적 결단의 연속이어야 한다. 우리에겐 더 높은 수준의, 더 나은, 더 진화된 방식의 과정이 필요하다.

신뢰의 문제

핵심 문제는 결국 신뢰로 귀착된다. 여러분은 내가 제시하는 방식에 이미 익숙해져 있고 신뢰할 수 있는 방식이라고 여길 것이다. 그래서 어떤 경직된 사람은 "내 방식이 아니면 안 돼"라고 고집할 수도 있다. 하지만 인생길은 매번 같은 방식으로 흘러가지 않는다—그 길은 끝이 정해져 있지 않고, 유동적이며, 예측할 수 없고, 즉흥적이다. 세렝게티 평원의 사자가 사슴으로 변하는 일은 절대 없을 것이다. 하지만 기업의 사자(CEO)는 그럴 수도 있다. 모든 것은 상황에 달려 있다. 인간의 진화는 본질적으로 창조적 행위이다. 진짜 문제는, 익숙한 것이 훨씬 더 쉬운데도 불구하고 오히려 예측할 수 없는 것을 신뢰하도록 배우는 것, 그게 바로 진화이다.

오늘날 신뢰가 민감한 이슈라는 사실은 누구나 알고 있다. 믿음의 시대에 신뢰는 이미 정해진 문제였고, 당연한 것이었다. 신앙심 깊은 사람들은 자신의 운명을 결정하는 궁극적 존재로서 신을 믿었다. 요즘 사람들은 운명을 거부하며 스스로 인생을 계획하고 결정하려 한다. 하지만 이는 위험하고 불안정한 일이다. 많은 것이 잘못될 가능성이 크고, 정말로 신뢰할 수 있는 것은 아무것도 없어지지 않기 때문이다. AI는 이 점을 분명히 강조한다.

-. 우리는 신뢰할 수 없는 시대에 살고 있습니다. 사람들이 가장 신뢰하지 않는 상위 10가지를 꼽아 보세요.

삶의 다양한 측면에 대한 불신은 사람마다 다를 수 있지만, 사람들이 불신을 표출하는 10가지 일반적인 사항은 다음과 같습니다:

1. 정치인과 정부 관료

2. 뉴스 및 미디어 기관

3. 변호사와 사법 시스템

4. 소셜 미디어 플랫폼 및 온라인 개인정보 보호

5. 금융 기관과 은행

6. 의료 시스템 및 제약 회사

7. 인터넷 보안과 데이터 보호

8. 외국 정부 및 국제 관계

9. 종교 기관과 지도자

10. 대기업 및 기업체

이 목록을 살펴보면, 자신의 불신적인 태도와 닮은 점을 몇 가지 발견할 수 있을 것이다. 음모론을 믿는 수준까지는 아니더라도—물론 그렇게 믿는 사람도 많지만—신앙의 시대에 지배적이던 세계관은 오늘날 완전히 뒤집혀 버렸다. 보다 높은 권위에 신뢰를 두는 것은 이제는 보편적인 것이 아니게 되었다. 지속적인 불신이 일반화된 상황이다.

신뢰가 사라지면 행복도 함께 사라진다. 소셜 미디어에서 끊임없이 유포되는 허위 정보에 장기간 노출되면 불안감을 느끼지 않을 수 없다. 제대로 작동하지 않는 세상 속에서 당신은 과연 온전할 수 있을까? 삶에서 속임수와 위협으로 느껴지는 수많은 영역을 마주하는 것은 불안감을 조성한다. AI는 우리가 이런 얽히고설킨 거미줄 속에 갇혀 있다는 사실을 명확하게 전달해 주고 있다.

-. 사람이 신뢰할 수 없다면, 그 느낌은 어떤 것일까요? 간단하고 간결하게 말해 주세요.

사람이 신뢰할 수 없을 때, 그들은 종종 불안하고, 불확실하며, 경계심을 느낍니다. 그들은 다른 사람을 의존하는 데 어려움을 겪고, 속거나 상처받을까 봐 걱정하며, 친밀한 관계를 형성하는 것이 힘들 수 있습니다. 이러한 신뢰 부족은 감정적 거리감 만들고, 다른 사람과의 상호작용과 관계에서 안전감을 느끼는 데 어려움을 초래할 수 있습니다.

오늘날 사람들은 신뢰와 불신 사이에서 갈등하는 이중적인 상황에 부닥쳐 있다. 대표적인 예는 미국 정치에서 볼 수 있다. 여론 조사에 따르면, 대다수의 응답자가 의회가 양당제로 협력하기를 원한다고 말하지만, 같은 응답자들이 여전히 극단적인 당파성을 보이는 의원들을 계속 선출하는 모습을 보인다.

불신은 관계를 악화시키며, 자신을 불신하기 시작할 때 더 깊은 상처를 입는다. 이 모든 문제는 다시 신뢰하는 법을 배우는 것으로 해결할 수 있다. 해결하는 길은 계몽된 과정을 거치는 것이다. 이것의 시작점은 AI가 당신이 얼마나 신뢰하는 사람인지 알아보는 퀴즈 형태로 즉시 제공할 수 있다.

-. 내가 신뢰할 만한 사람인지 알아볼 수 있도록 퀴즈를 내주세요. 10문항으로 제한해 서요.

물론입니다. 각 질문에 대해 귀하의 전형적인 행동이나 느낌을 가장 잘 설명하는 선택지를 고르세요:

1. 새로운 사람을 만났을 때, 당신은:

   a) 열린 마음과 친근한 태도로 다가간다.

   b) 더 잘 알게 될 때까지 조심스럽게 행동한다.

2. 친구가 큰 금액의 돈을 빌려 달라고 한다면, 당신은:

   a) 주저 없이 빌려준다.

   b) 주저하고 더 많은 질문을 한 후 결정을 내린다.

3. 사람들이 좋은 의도를 가지고 있다고 믿는 빈도는 얼마나 되나요?

   a) 대부분의 사람들은 대체로 좋은 선의를 가지고 있다고 믿는다.

   b) 사람들은 종종 숨겨진 의도를 가지고 있다고 생각한다.

4. 아는 사람이 약속을 한다면, 당신은 보통:

   a) 그들이 약속을 지킬 것이라고 믿는다.

   b) 그들이 자신을 증명할 때까지 약속을 의심한다.

5. 개인적인 정보나 비밀을 공유할 때, 당신은:

a) 가까운 친구나 가족과 공유하는데 편안함을 느낀다.

b) 무엇을 공유할지에 대해 더 신중하고 선택적으로 행동한다.

6. 낯선 사람이 도움을 요청하거나 길을 묻는다면, 당신은:

a) 기꺼이 도움을 제공한다.

b) 조심스럽게 느껴져 도움을 주기 전에 망설인다.

7. 직장이나 팀 환경에서 동료들에 대해, 당신은:

a) 그들이 자신의 역할을 잘 수행하고 효과적으로 이바지할 거라고 믿는다.

b) 그들의 능력을 의심하고 업무를 세밀히 모니터링한다.

8. 신뢰가 필요한 결정을 내릴 때, 당신은:

a) 일반적으로 타인을 신뢰하는 경향이 있다.

b) 신뢰하기 전에 구체적인 증거가 필요하다고 생각한다.

9. 속거나 이용당할까 봐 걱정하는 빈도는 얼마나 되나요?

a) 거의 또는 전혀 걱정하지 않는다.

b) 꽤 자주 또는 가끔 걱정한다.

10. 연애 관계에서, 당신은:

a) 파트너가 신뢰할 수 없는 이유를 보여주기 전까지는 전적으로 신뢰한다.

b) 신뢰 문제로 인해 누군가를 전적으로 의지하는 데 어려움을 겪는다.

점수 계산

- 'a' 답변을 선택한 개수
- 'b' 답변을 선택한 개수

주로 'a'를 선택한 경우:

당신은 타인을 믿는 경향이 있으며, 타인에게 선의를 베풀고 선함을 믿는 경향이 있는 사람입니다.

주로 'b'를 선택한 경우:

타인을 믿는 데 어려움을 겪거나 신중한 편입니다. 당신은 누군가를 완전히 믿기 전에 의도를 확인하거나 증거를 수집하는 것을 선호할 가능성이 높은 사람입니다.

기억을 부드럽게 하라

신뢰로 가는 길은 기억이라는 울창한 숲을 지나야 한다. 닫힌 기억들은 마음을 경직되게 만든다. 과거의 부정적인 경험은 옛날 트라우마의 재발을 막기 위해 방어막을 세운다. 이 자료를 처리하는 것은 당신의 여정에서 중요한 부분이다. 당신은 더 깊은 자각에 접근할 수 있도록 해야 한다. 그렇지 않으면 가장 사랑스러운 충동조차 위협적으로 느껴질 수 있다. 마치 사랑 표현이 자신을 너무 취약하게 만든다고 생각하기 때문이다. 사랑의 순수함을 느끼고, 자신의 마음에서 편안하게 숨 쉴 수 있을 때, 엄청난 안도감이 찾아온다. 순수한 의식에서 비롯된 다른 충동들도 마찬가지이다.

이 책에서는 카르마에 대해 많이 다루지 않을 것이다. 하지만 수 세기 동안 인도에서 정립된 카르마 교리의 핵심은 삶이 강렬한 인상을 통해 진행된다는 사상이다. 당신의 의식 속에서 강한 기억들은 현저하게 나타난다. 카르마의 교리에 따르면, 이런 기억들은 수십 년 동안 지속된다. 왜냐하면 강한 인상이 남았기 때문이다. 그럼 이런 인상들은 어디에 저장될까? 카르마의 메커니즘을 받아들인다면, 강한 인상들은 의식의 깊은 곳에 저장된다. 눈에 보이지 않지만, 순간적으로 삑

~신호를 보내는 마이크로 칩처럼 당신에게 전해질 준비가 되어 있다.

현대 과학은 어떤 형태의 물리적 증거 없이는 진행될 수 없다. 이미 강력한 경험이 DNA를 둘러싼 단백질층인 에피게놈에 화학적 변화를 일으킨다는 것도 증명되었다. (에피게놈은 DNA의 각 가닥을 둘러싸고 있는 단백질 덮개로, 유전적 활동을 조절하는 조명등처럼 작용한다.) 그럼에도 불구하고 두 가지 설명은 결국 같은 결론으로 귀결된다. 과거는 흔적을 남기고, 그 기억이 충분히 강하면 현재는 과거에 의해 긍정적이든 부정적이든 지배를 받게 된다.

다음 주제는 이전에 상담했던 AI의 심리학자 캐릭터와 잘 맞아떨어진다.

-. 과거는 현재를 어떻게 괴롭히는가?

우리의 과거는 수많은 방식으로 현재를 형성합니다. 특히 트라우마나 도전적인 경험은, 의식적이든 무의식적이든 모든 수준에서 영향을 미칠 수 있는 힘을 가지고 있습니다. 사건이 우리에게 중요할수록, 그리고 그 사건이 더 자주 떠오를수록, 그 여파는 현재로 이어져 더 크게 들리게 됩니다.

인간의 마음이 아무리 복잡하다고 해도, 불신은 과거에 뿌리를 두고 있다는 점은 분명하다. 문제는 과거의 흔적(인상, 기억)들이 현재를 왜곡해 방해할 수 있으므로 이를 완전히 없애기보다 부드럽게 완화해 현재의 순간과 느낌을 온전히 느끼도록 하는 방법이다. 전문 용

어를 사용하지 않더라도, 동양 전통은 오래된 기억들이 현재에 미치는 부정적인 영향을 해결하기 위해, 구체적이고 실질적인 방법을 직접적으로 사용해 왔다. 또한, AI도 이러한 동양 전통의 접근 방식을 인정하고 있다.

-. 동양의 영적 전통에서는, 과거의 카르마(업보)가 우리의 삶에 깊은 영향을 미친다고 합니다. 이 영향을 줄이거나 완화하기 위해 권장되는 방법은 무엇인가요? 간략히 설명해 주세요.

챗GPT

동양의 영적 전통에서 카르마의 영향을 줄이기 위해선 선행, 명상, 그리고 자기 인식의 실천이 필요합니다. 친절을 베풀고, 긍정적인 생각과 행동을 기르며, 필요할 때 용서를 구하는 것이 중요합니다. 명상은 과거의 행동을 이해하고 받아들이는 데 도움이 됩니다. 자기 인식을 발전시키면 현재에서 더 나은 선택을 할 수 있으며, 이는 미래를 향한 긍정적인 카르마를 창출합니다.

현대인들에게, 선행을 통해 나쁜 카르마를 부드럽게 하는 전체적인 체계는 신비롭게 들릴 수 있지만, 카르마가 무형의 것이라는 사실은 피할 수 없다. 나는 어린 시절부터 카르마에 대한 인도인들의 태도가 미신과 두려움에 가깝다는 것을 봐 왔다. ―"당신이 저지른 악행은 반드시 돌아와서 너를 벌할 것이" 등― 그것은 "뿌린 대로 거두리라"라는 신약 성경의 가르침을 받아들이는 것과 마찬가지로 믿음의 문제이기도 하다.

중요한 것은 전통이 아니라 현재 당신의 삶에 미치는 영향이다. 카르마 교리의 한 측면에서 위안을 주는 것은, 우주적 지능이 카르마의 작동 과정을 이끌며, 좋은 것이든 나쁜 것이든 준비가 되었을 때, 사람에게 필요한 교훈을 정확히 전달한다는 것이다. 물론, 이것은 기독교에서 '하나님이 참새 한 마리의 떨어짐도 돌보신다'라거나, 신의 섭리가 모든 것을 돌보신다는 주장과 마찬가지로 증명할 수 있는 것은 아니다.

조금 전에 챗GPT가 제시한 프로그램, 즉 명상, 선한 행동, 긍정적인 생각, 자기 인식 등을 강조하는 프로그램은 실용적이며 현대 심리학과도 부합한다. 그러나 대부분의 사람들은 그런 프로그램을 꾸준히 실천할 만큼 자제력이 없으며, 게다가 현재 상황에 직접적인 영향을 미칠 만큼 구체적이지 않다.

당신이 다루어야 할 것은 현재 떠오르는 기억이나 인상이다. 고착된 인상을 바꾸기 위해 봄날 대청소 일정 짜듯, 로드맵이나 일정을 계획할 수 없다. 이런 오래된 인상은 스스로 하나씩 드러나기 전까지는 잠복해 있기 때문에, 우리가 평소에는 잘 알아차리지 못한다. 이는 바로 당신의 자아가 그들을 그곳에 숨겨두고 싶어 하기 때문이다. 왜냐하면 이것이 자아에 안전감을 주기 때문이다. 하지만 고통스러운 기억이 떠오르는 순간, 이 안전감은 거짓된 것임이 드러난다.

더 나은 방법을 찾기 위한 예를 들어 보자. 거짓말은 가까운 관계의 사람들에게 신뢰를 깨뜨리고, 큰 거짓말은 지워야 할 깊은 상처를 남긴다. 치유되지 않은 상처는 영원히 곪을 수 있다. 내가 아는 한 여성이 있었다. 그 여자는 해외 출장 중에 직감적으로 남편이 가장 친한 친구와 바람을 피우고 있다는 사실을 깨닫게 되었다. 집에 돌아온 남편은 그것이 단 한 번 뿐이었고 아무 의미도 없었다고 고백했다.

친구는 진심으로 뉘우쳤지만, 그 가장 친한 친구는 과거의 친구가 되어 사라져 버렸다. 그러나 부부는 다시 정말로 튼튼한 결혼 생활을 유지했고, 결국 감정은 화해가 되었다. 그 후 시간이 지나고 남편은 60대 초반에 치명적인 뇌암에 걸렸다. 그가 마지막 의식이 또렷했을 때, 여자는 그의 침대에 다가가서 이렇게 말했다. "솔직히 말해줘. 단 한 번 뿐이었어?"

이 이야기에서 여자는 두 번이나 상처를 입었다. 처음은 남편에게서 받은 상처였고, 두 번째는 오랜 세월 동안 그녀를 괴롭힌 기억들이다. 사실상 두 번째 상처는 결코 치유되지 않았다. 이제 아흔을 넘긴 그녀는, 명상을 한다거나, 내면을 성찰한다거나, 종교를 벗어나 자신만의 영적 길을 찾는 일은, 그녀가 살아온 시대의 일상과는 전혀 낯설고 동떨어진 문화였다.

우리 모두에게 기억은 자기 상처로 이어진다. 특히 고통스러운 기억이 반복될 때, 그 상처는 더욱 깊어지고, 삶에 가장 큰 영향을 미친다. 배우자나 파트너, 또는 가장 가까운 사람에게 배신당한 아픔에서 벗어나는 데 필요한 기본적인 단계를 살펴보자.

가해자를 용서하는 것

▽

당신에게 가해진 잘못을 놓아주는 것

▽

다시 진심으로 신뢰를 느끼는 것

▽

앞으로도 온전한 관계를 이어가는 것

많은 사람, 아마도 대부분의 사람들에게 이러한 단계는 어려운 일이지만, 사람들은 타협이나 적응을 통해 어떻게든 관계를 이어 나가려 할 것이다. 우리는 관계를 계속 유지하기 위해 스스로를 좋은 상태로 조율하며 나아간다. 그러면서 마음은 다음과 같은 일련의 합리화를 받아들이기 시작한다.

'그가 단 한 번 뿐이었다고 말하니, 그를 믿으려 노력해야지.'

'그는 좋은 사람이야.'

'그 일이 있었음에도 나는 여전히 그를 사랑해'

'한 번쯤은 그에게 기회를 더 줘야 하지 않을까?'

'우리 사이엔 잃고 싶지 않은 좋은 점들이 있어'

이 모든 것은 일이 벌어지는 대로 감정이 처리되지 않는다. 대신 무언가 다른 방식으로 임시방편을 찾는다. 이는 마치 진짜 치유의 과정으로 들어가기 전까지 시간을 벌려는 행동에 더 가깝다. 계속되는 감정적 짐은 그대로 이어진다. 화해가 이루어지면 관계는 계속될 수는 있겠지만, 예전과 같은 방식으로는 되지 않을 것이다. 다음에 일어날 거짓말이 아무리 사소하더라도 관계의 마지막 결정타가 될 수 있다. 부부 상담은 결과가 일관되지 않은 경우가 많은데, 보통 한쪽 파트너가 상황에 적극적으로 임하려는 의지가 부족하기 때문이다. (보통 신뢰를 저버린 쪽이다).

어느 순간 우리는 거짓말, 배신, 신뢰 상실, 트라우마, 그리고 오래된 상처의 기억과 마주하게 된다. 감정적 짐을 피하려면, 상처를 즉시 느끼고 그것을 해소한 뒤, 남은 흔적을 남기지 않아야 한다. 하지만 아무도 그렇게 하지 못한다. 어른이 되어 더 나은 대처 기술을 배워도, 그것은 감정을 잘 '처리하는 기술'과는 다르다. 대부분의 사람들은 그저 참을 뿐이다. 우리는 의도대로 진화되지 않는다.

감정적 짐을 처리하는 데는 자기 인식이 필요하다. 가장 숙련된 치료사라도 다른 사람에게 자기 인식을 심어줄 수는 없다. 하지만 우리는 이 문제를 '이것이냐 저것이냐?'처럼 양자택일로 몰아가는 함정에 빠지지 말아야 한다. 내가 참거나, 저항하거나 아니면 상처를 억누르거나, 분노를 폭발시키거나 하는 식으로만 생각해선 안 된다. 감정적 짐을 처리하는 데 필요한 자기 인식 과정은 과거의 상처가 남긴 감정적 흔적에 직접 작용함으로써 진정한 변화의 길을 제시해 준다.

이 과정은 당신의 삶의 방향과도 깊이 연결되어 있다. 이는 당신이 치유되고 앞으로 나아가기를 바라는 더 깊은 지성에 대한 신뢰를 기반으로 한다. 이 지성은 이미 당신의 의식 속에 존재한다. 사람들이 이 근본적인 사실을 발견하지 못하는 이유는, 사회가 그곳으로 가는 방법을 가르치지 않기 때문이고, 심지어 영적 전통조차 부족하기 때문이다.

동서고금의 고대 영적 전통은 감정 처리 과정에 대해 말하지 않는다. 그들은 더 높은 문제와 궁극적인 목표에 관심이 있다: 즉 천국에 가고, 깨달음을 얻고, 내면의 평화를 찾는 것이다. 현대적 관점에서 볼 때, 이것은 현실과 비전 사이에 큰 틈을 남긴다. 감정적 짐이나 트라우마는 새로운 발명품이 아니다. 오히려, 모세, 부처, 예수, 또는 무함마드 시대에 살았던 평범한 사람들은 매일 굶주림, 치명적인 질병, 전쟁, 그리고 폭력적인 권위와 매일 마주치며 살았다. '정상적인' 삶의 고통과 괴로움에서 벗어나는 것이 영적 가르침의 주요 목표였다.

오늘날 당신과 그 길을 걷고 있는 모든 사람에게 직면한 도전은, 앞으로 나아갈 길을 여는 것이다. 당신의 목표는 매일 진화하고, 현재에 더 집중하고, 감정적 짐을 버리고, 만족감을 찾는 것이다. 이것은 현대적인 목표지만, 전통적인 심리 치료의 주된 목적은 아니다. 전통적인 심리치료는 마음, 기분, 성격 장애에 초점을 맞춘다. 고통과 괴로움이 극심할 때, 그것은 하나의 장애로 간주 되지만, 일상적인 고통은 그와는 다른 범주에 속한다. 삶이 원래 그런 것이라며 고통을 운명처럼 받아들일 필요는 없다.

또 인간의 본성상 어쩔 수 없이 고통을 겪어야 한다고 여길 필요도 없다. 성찰과 치유의 과정에 자신을 맡기고, 현재의 감정 상태 그대로, 나 자신을 향해 마음을 열어 보기 바란다. 그러면 우리가 고통에 익숙해져 있을 뿐이지, 사실은 고통 없이 사는 것이 더 본래의 모습이라는 것을, 당신의 깨어 있는 의식이 스스로 보여줄 것이다.

당신의 길

당신이 과거의 상처에서 벗어나기 위해 특별한 것을 새로 만들 필요는 없습니다. 그 과정은 의식의 본질 속에 이미 그 회복의 힘이 존재하기 때문입니다. 당신 자신의 의식 안에는 의지할 수 있는 몇 가지 성질이 존재합니다.

- 첫째, 의식은 깊어짐에 따라 더 다양한 지식을 얻습니다.
- 둘째, 의식이 어느 깊이에 이르면, 깨달음을 통해 이미 모든 것을 알고 있는 상태에 도달하게 되며, 그 모든 지식은 언제든 당신이 접근할 수 있는 상태로 존재합니다.
- 셋째, 사실, 당신 내면 깊숙한 곳에는 항상 깨어 있는 자각이 있으

며, 그것은 말없이 조용히, 그러나 끊임없이 당신을 도우려는 신
호를 보내고 있습니다.

이 메시지에 마음을 열면 과거가 남긴 강한 인상들과 상처들이 부
드러워집니다.

과거의 상처, 트라우마, 나쁜 기억에서 자유로워지는데 이보다 더
좋은 방법은 없습니다.

간단히 말해, 이 과정은 따뜻한 햇빛이 눈과 얼음을 녹이는 것처럼,
오래된 굳은 인상들을 녹여버립니다. 그 대안은 얼음을 깨고 눈을 치
우는 일이지만, 그런 작업은 쉽게 노력 없이 목표를 달성하지 못합니
다. 이 경우 햇빛은 자기 인식의 상징입니다. 아기 때는 엄마가 방에
들어오는 것만으로도 고통이 사라질 수 있었습니다. 성인이 되면, 사
랑하는 사람의 따뜻한 시선, 부드러운 스킨십, 또는 위로의 말이 같은
역할을 할 수 있습니다. 우리의 의식은 본래, 상처를 치유하고 평온을
회복하려는 성향이 있으며, 우리가 그 자연스러운 과정을 방해하지
않고 허용할 때, 의식은 스스로 건강하고 행복한 상태로 회복되는 능
력이 있습니다.

당신의 역할은 과정을 믿는 것이며, 이는 수용의 태도를 보이는 것
으로 시작됩니다. 이를 긍정적인 선언으로 표현할 수 있습니다:

- 나는 현재 일어나는 일에 열려 있다.
- 과거로부터 자유로워질 것이다.
- 나는 내 깊은 의식과 연결되어 있다.

- 오래된 나쁜 기억은 필요 없다.
- 내가 의식하는 모든 것은 바꿀 수 있다.

지금 당장은 편히 쉴 수 없을지도 모릅니다. 현재 대부분의 사람들은 그렇습니다. 형편이 아무리 좋더라도 말이죠. 하지만 이것은 삶의 과정을 발전시키는 의식의 단계입니다. AI는 내적 안정감을 찾는 것이 얼마나 자연스러운 일인지 상기시켜 주는 몇 가지 유용한 세부 사항을 제공합니다.

-. 누군가가 편안하게 쉴 수 있고 안전하다고 느낄 때, 이는 어떤 느낌일까요?

편안히 쉬며 안전함을 느끼는 것은 아름답고 다면적인 경험입니다. 이는 다양한 감각과 감정으로 표현할 수 있습니다:

① 신체적 감각

- **깊은 이완** : 근육이 이완되고 긴장이 풀리며, 무게감이 당신 몸을 감싸는 느낌은, 마치 따뜻한 목욕물에 잠기는 것과 비슷합니다. 숨쉬기가 고르고 안정되며, 내면의 평화를 반영하는 부드러운 리듬이 느껴집니다.
- **따뜻함과 안전함** : 편안함과 안전한 느낌이 당신을 감쌉니다. 추운 밤에 따뜻한 이불을 덮은 느낌이나, 따뜻한 날 나뭇잎 사이로 스며드는 햇살을 상상해 보세요.
- **가벼움과 부력** : 걱정과 부담이 부드럽게 사라진 듯, 일종의 무중력 상태처럼 느껴집니다. 당신은 속박되지 않고, 그저 존재하는 것만으로도 자유롭습니다.

② 감정적 상태

- **평온함과 평화** : 마음과 마음에 깊은 평온함이 퍼집니다. 불안과 걱정이 사라지

고, 조용한 자신감과 모든 것이 잘될 것이라는 믿음이 생깁니다. 깊은 차분함이 당신의 마음과 가슴을 가득 채웁니다.

- **믿음과 순종** : 모든 것을 통제하려는 욕구를 내려놓고, 자신이 누군가로부터 도움 받는 것을 온전히 허용합니다. 당신을 위할 것이라는 믿음 위에 스스로 도움을 받 도록 허락하십시오.

- **감사와 고마움** : 당신이 받는 보살핌과 지지에 대해 감사의 물결이 마음을 덮습니 다. 좋은 손길에 맡겨져 있다는 사실의 소중함을 깨닫고, 그것이 가져다주는 평온 함에 감사를 느낍니다.

③ 비유적 경험

- **부드러운 손길에 안긴 느낌** : 강인하면서도 다정한 손이 당신을 감싸안고, 당신의 자유를 억누르지 않으면서도 변함없는 지지를 보냅니다. 보호받고 보살핌을 받는 느낌이 들면서도, 여전히 움직이고 탐험할 수 있는 힘이 느껴집니다.

- **잔잔한 바다 위에 떠 있는 느낌** : 고요한 바다 위에 부드럽게 떠 있는 자신을 상상 해 보세요. 파도가 당신을 위협하지 않고 가볍게 스치며, 당신은 물결의 흐름에 몸을 맡기면서도, 그것이 당신을 무사히 해안으로 이끌어 줄 것이라는 확신을 가 집니다.

- **태양의 따뜻함을 만끽하기** : 맑은 날 태양의 햇살을 받으며, 그 온기가 피부에 스 며들어, 평온함과 안녕감을 채워주는 모습을 상상해 보세요. 당신은 통제할 수 없 는 힘에 의해 양육 받고 돌봄을 받는 느낌을 받습니다.

결국, 좋은 손길에 있다는 느낌은 독특하고 개인적입니다. 이는 깊은 신뢰, 안정감 그리고 받아들임의 상태입니다. 자신이 돌봄을 받고 있으며, 당신이 짊어져 온 짐 을 내려놓을 수 있음을 아는 것입니다. 이는 모든 것이 잘되고 있음을 알고 현재에

우리가 신뢰에 대해 논의할 때, 불신의 근원은 결국 자신을 신뢰하지 않는 데서 비롯됨을 알게 됩니다. 대신, 당신은 자아와 끊임없는 밀당을 반복해 왔습니다. 때로는 자아의 반응에 의존했다가, 때로는 그 반응을 의심하면서 말입니다. 이런 자기 의심은 사실 자아 속에 내재되어 있는 것입니다. 자아는 모든 것이 통제되고 있는 척을 해야 하거든요. 이건 혼자서 할 수 있는 게임이 아닙니다. 자아가 "괜찮아. 다 잘 되고 있어"라고 안심시켜 줄 때(비록 현실은 그렇지 않더라도), 당신은 그 말을 신뢰하는 척을 합니다. 그렇게 서로 거짓된 신뢰를 주고받는 게임을 하고 있는 셈이죠.

그렇다면 왜 우리는 내면에서 조용히 올라오는 우리의 통제 밖에 있는 그 과정을 신뢰해야 할까요? 왜냐하면 이미 당신은 그것을 신뢰하고 있기 때문입니다. 의식이 없다면 우리는 세상 속에서 살아갈 수 없습니다. 하늘을 보고 나무 꼭대기의 까마귀 우는 소리를 듣는 것도, 의식이 있어야 가능한 일입니다. 그렇지 않다면 우리는 단지 마이크가 달린 카메라에 불과할 뿐입니다. 세상은 보이고 들리겠지만, 그 안에 살아 있는 주체는 없는 셈이죠.

자신의 의식과 분리된 상태로 살게 되면, 더 깊은 의식과의 연결이 끊기고, 그 결과 우리는 자아가 주도하는 삶으로 내던져집니다. 그리고 자아는 '나, 내 것, 나만의 방식'이 삶을 이끌기에 충분하다고 거짓 주장을 하게 됩니다. 하지만, 실제로는 자아마저도 의식으로 이루어진 존재입니다. 당신의 자아가 가끔 성공할 수 있는 이유는,

그 순간들마다 깊은 지혜의 의식에게 열린 마음으로 문제 해결을 맡겼기 때문입니다.

물론 이 이야기에는 아직 더 많은 것이 남아 있지만,

가장 중요한 시작점은 이것입니다:

"과정을 신뢰하세요."

그 과정을 신뢰해야만, 결국은 온전히 자기 자신을 믿게 되기 때문입니다.

　AI에게 가이드 명상을 요청한 것처럼, 아래에 챗GPT가 '내면의 평화'를 주제로 창작한 내용이 있습니다. 이 명상을 사용해서, 자유롭게 자신만의 프롬프트를 만들어 보세요.

　-. 당신은 베다 영성의 전문가입니다. 다음 주제에 대한 가이드 명상을 만들어 주세요:

챗GPT

내면의 평화

- **공간 선택** : 편안하게 앉을 수 있고, 방해받지 않는 고요한 장소를 찾아보세요. 그곳은 여러분이 신성한 빛과 연결될 수 있는 안식처입니다.

- **호흡과 침묵** : 자연스러운 호흡의 흐름을 그저 지켜보는 것으로 시작하세요. 억지로 조절하지 말고, 점차 부드럽고 깊은 호흡으로 이끌어 갑니다. 호흡은 마치 빛의 파장이 되어, 내면에 고요함이 스며듭니다.

- **호수 시각화** : 마음속에 맑고 고요한 호수를 떠올려 보세요. 푸른 하늘을 고스란히 비추는 그 호수 위에 떠오르는 생각이나 감정은 잔잔한 물결처럼 스쳐 갑니다. 물결은 점차 잦아들고, 호수는 다시 평온한 침묵으로 되돌아옵니다.

- **내면의 성소** : 이 고요한 공간 속에서, 당신은 깊은 평화와 신령한 빛을 느끼게 될 것입니다. 그것은 당신 마음 깊은 곳, 언제나 돌아갈 수 있는 당신의 안식처입니다.

전략 #5

내면으로 향하라

누군가가 당신에게 자각(self-awareness 자기인식)을 가지라고 조언한다고 해서, 당신이 곧바로 "맞아. 자각을 키워야 해!"라고 동의하지 않을 것이다. 자칫하면 '자기 성찰적 인식'을 갖기보다는 남의 시선에 민감해지는 '의식 과잉' 상태에 빠질 수도 있기 때문이다. 마치 모두가 선물을 들고 온 생일 파티에 나만 빈손으로 나타난 것처럼 어색하고 불편한 상황이 생길 수 있다. 더 나쁜 건, 자신의 모든 행동을 끊임없이 관찰할 수도 있다는 것이다. 그러다 보면 다음에 무슨 말을 해야 할지 몰라 계속 망설이게 될지도 모른다.

자각이 꼭 좋은 것은 아니라는 의심을 할 여지는 많다. 대표적으로, 세상에는 '모르는 게 약이다'라는 유명한 속담이 있다. 물론 모르는 게 약이 아니지만 실제로 아무도 자각을 강요하지 않는다. 다만 지금보다 조금 더 자각적인 상태가 되기를 바랄 뿐이다. 인간의 마음은 본래 자각을 하도록 설계되었다. 그것이 우리의 자연스러운 모습이다. 자각은 당신이 당신 자신임을 알게 해준다. 거울 속 자신의 얼굴을 알아보는 것도 자각 덕분이다. 피곤하거나, 춥거나, 상쾌하거나, 따뜻하거나, 행복하거나, 기쁘거나, 슬프거나—어떤 감정이나 감각이든—자각이 있기에 그 메시지를 받아들이게 되는 것이다.

인생길을 가는 동안, 두 가지 내적 기술을 통해 더 많은 자각을 하게 된다: 주의력과 의도이다. 주의력은 무엇을 알아차리는 것이고, 의도는 무엇을 할지 결정하는 행동이다. 예를 들어, 개가 문 앞에서 발을 긁는 것을 알아차리는 것(주의력)은 개를 산책시키려고 데려 나가는 것(의도)으로 이어진다. 모든 경우에서 주의력이 먼저 온다. 무엇인가를 알아차리기 전에는 무엇을 할지, 무엇을 말할지 의도할 수 없다. 아기의 눈이 방 안을 이리저리 움직이는 것을 보면, 그 마음은 주의력을 배우고 있는 것이다.

주의력의 아름다움은, 더 많이 알아차릴수록 더 많이 발전할 수 있다는 것이다. 다른 생명체들은 알아차리는 것이 제한돼 있다. 거대한 개미핥기는 먹이를 찾기 위해 개미집을 파헤치는 것만 알고, 다른 모든 것을 무시한다. 고양이는 쥐를 즉시 알아차리지만, TV 화면에 무엇이 나오든 전혀 관심을 기울이지 않는다. (화면에 쥐가 나온다면 관심을 가질 수도 있다)

우리는 의식을 갖도록 설계되었지만, 주의를 기울이는 것은 하나의 기술이며, 다른 기술들처럼 계속해서 길러야 한다. 주의력 결핍 장애로 고통받고 있는 사람과 시간을 보내면, 그 상태가 얼마나 고통이 될 수 있는지 쉽게 알 수 있다. 메뉴를 읽기 시작하는 데 다섯 번째 항목에 이르렀을 때, 처음 네 항목을 잊어버리는 상상을 해보라. 또는 TV 프로그램을 보고 있는데, 광고가 끼어들어 줄거리를 잃어버리는 상황을 생각해 보라.

AI는 이 차이가 얼마나 명확한지 보여 준다.

-. 당신은 *ADD(주의력 결핍 장애)가 있는 환자를 치료하는 심리
학자입니다. 환자가 어떤 문제를 호소하는지 간단히 설명해 주세
요.*

ADD를 가진 제 환자는 집중하고 과제를 지속하기가 힘들고, 잘 잊어버리며, 과제
를 조직하는 데 어려움이 있고, 충동적으로 행동하거나, 약속 이행, 시간 관리에 어
려움을 호소합니다. 또한 끊임없이 밀려오는 생각과 산만함에 압도당하는 느낌을
가지고 있으며, 이는 일상생활과 대인관계에 영향을 줄 수 있습니다.

이제 이러한 고통스러운 경험들과 대조되는 긍정적인 경험을 비교
해 설명해 보세요.

-. *당신은 밝고 똑똑한 중학생 다이앤을 가르치는 교사입니다. 그
녀는 매우 주의 깊고 집중력이 강합니다. 그녀의 경험을 간략히
설명해 보세요.*

다이앤은 수업과 과제에 집중력을 유지하는 뛰어난 능력을 갖추고 있습니다. 그녀
는 정보를 이해하고 기억하는 것이 더 쉬울 수 있으며, 수업 토론에 적극적으로 참
여하고, 과제를 신속하게 완료할 수 있습니다. 그녀의 주의력은 과목에 대한 더 깊

은 이해로 이어지며, 학습을 즐거운 경험으로 만들 수 있습니다. 다이앤의 집중력은 지식을 효과적으로 받아들이고, 학교 활동에 열정적으로 참여할 수 있게 합니다.

주의 깊게 관찰하는 능력을 기르면, 그것은 자연스럽게 자각으로 연결된다.

-. 다이앤이 학교에서 공부 잘하는 모범생이 아니라, 자기 자신에 대한 이해를 잘하는 인물로 묘사해 보세요. 그녀는 대략 다음과 같을 것입니다.

챗GPT

다이앤은 자기 생각과 감정에 집중하고 이해하는 데 능숙하며, 이를 통해 깊은 자각을 갖게 됩니다. 이러한 자각은 다른 사람의 심리를 이해하는 데도 도움이 되며, 그녀는 개인의 성장에 관한 대화에서 통찰력 있게 참여할 수 있습니다. 생각하고 느끼는 것을 이해하는 것이 더 쉬울 수 있으며,

---

이 두 프로필은 거의 완전히 다르지만, 사회는 ADD 문제, 즉 아동들에 발생하는 주의력 결핍 문제에 더 집중할 뿐, 주의력 향상이라는 인식능력 개발과 같은 긍정적인 측면에 대해서는 상대적으로 관심을 덜 기울이고 있다. 그 결과, 삶이 산만한 방식에 익숙해지고, 한 가지 일에 오래 집중하지 못하는 방식으로 흘러가게 된다. 이 문제는 일종의 나쁜 습관의 목록 속에 포함될 수 있다.

- 사람들이 조금만 지루해지기 시작하면 곧바로 외면한다.

- 프로젝트를 중간에 포기한다.

- 책 읽기는 너무 많은 시간을 할애하기 때문에 피한다.

- 하루 종일 문자 메시지를 보내고 즉각적인 응답을 기대한다.

- 새로운 주제나 과제, 도전에 대해 기본적인 개요만 듣고 싶어 한다.

- 비디오 게임, 틱톡, 숏 폼 영상 등과 같이 빠르고 짧은 순간만 주의를 기울이는 것을 선호한다.

- 회의에서 빨리 지루함을 느끼며, 팀 과제에 기여하는 정도가 낮다.

- 동시에 여러 가지 일을 하려 한다.

- 당신은 파트너나 배우자의 말을 반 정도만 듣는다. 왜냐하면 어차피 무슨 말을 할지 예측할 수 있다고 생각한다.

위의 목록에서 열거한 습관 중 자신에게 해당되는 것이 있다면, 첫 번째 단계는 그 습관을 인식하고 주의력을 확장하려는 의도를 가지는 것이다. 예를 들어, 소셜 미디어나 TV 시청에 소비하는 시간을 모두 기록해 보라. 인스타그램을 스크롤 하는 빈도는 얼마나 되는가? 각 게시물에 머무는 평균 시간은? 진짜 관심 없이 보는 프로그램의 유형은 무언인가?

또 다른 예로, 친구나 파트너의 말을 듣는 데 어려움을 겪는지 스스로에게 자문해 보라. 주의력이 흐트러지는가? 대화 중 잠시 침묵이 생기면, 휴대전화를 보고 싶은 충동을 느끼는가? 만약 주변 세계에 1분 이상 집중하지 못한다면 자신의 의식에 대해서도 집중할 수 없을 것이다. 그렇게 되면 오직 마음만 산만하고 일시적인 활동만 인식하게 될 것이다.

두 번째 단계는 습관을 깨는 것이다. 이러한 행동들은 비록 우리가 '스마트폰에 중독됐다'라고 가볍게 말할 수는 있지만 진정한 중독은 아니다. 변화를 만드는 것은 대부분 '무관심한 것'에서 '관심을 가지고 주의를 기울이게 하는 것'이다. 무관심하거나 무시하는 태도는 이미 학습된 행동이기 때문에 배운 것을 다시 배워서 바꿀 수도 있다. 의심할 여지 없이, 사회는 사람들의 주의 집중 시간을 짧게 만드는 숏폼 형식을 장려한다. TV 광고는 과거보다 많아졌지만 길이는 짧아졌으며, 영화의 장면 전환속도는 각 샷이 1960년대 9초에서 현재는 약 4초 정도다. 소셜 미디어와 문자 메시지의 짧고 빠른 정보 전달 방식은 사람들에게 '계속해서 새로운 자극을 받아들여야 한다'라는 습관을 가지게 한다.

더 깊은 자각

우리는 자각할 수 있는 능력을 타고났지만, 자각의 가치를 깊이 인식하고 그것을 발전시키는 데 필요한 시간과 노력을 깊이 탐구하는 법까지 물려받은 것은 아니다. 세상의 고대 영적 전통의 뿌리로 되돌아가는 것은 불가능하지만, 흥미롭게도 주요 서양 종교(유대교, 기독교, 이슬람교)는 계시에 기반을 두고 있으며, 주요 동양 종교(힌두교, 불교, 도교)는 통찰에 기반을 두고 있다. 하나의 전통은 외부의 힘 즉,

‘유일신’으로부터 진리를 계시 받지만, 다른 전통은 내면의 깨달음을 통해 진리를 찾는다.

이 동서양의 구분은 보이는 것만큼 엄격하지 않다. 신약 성경에는 “하늘나라가 너희 안에 있다”라는 가르침이 있으며, 이슬람의 신비주의자 수피(Sufi)들은 알라와의 황홀한 일치를 추구한다. “당신은 바다 속 한 방울이 아니다. 당신은 한 방울 속에 있는 바다 전체다.”라고 표현한 시인 루미처럼, 모든 사람은 이미 우주적인 존재인 것이다.

의식이라는 바다의 전체로 자신을 보는 것이 이 길의 궁극적 목표다. 이는 당신이 창조물의 근원과 연결되어 있음을 의미합니다. 인도 베다 전통에서는 이것을 “지바(Jiva)는 아트만(Atman), 아트만은 브라만(Brahman)”이라고 표현하며, 영어로는 “개별 존재는 영혼이고, 영혼은 만물 그 자체다”라고 번역된다. 창조의 끊임없는 전체 구조 속에서 이 셋 사이의 분리는 인위적이며 오직 마음이 만들어 낸 것이다. 의식이 성장함에 따라, 자신을 바다의 한 방울로 보는 것이 아니라, 자신이 한 방울 속의 바다임을 깨닫게 된다. 이 목표는 멀고 달성하기 어려운 것처럼 보일 수 있다. 적어도 당신은 자신이 독립된 개체가 아니라는 시각을 가지기는 쉽지 않을 것이다. 왜냐하면 그것은 유아기부터 계속 관계 속에서 자라왔기 때문이다. 이 과정들은 단번에 이루어지는 일이 아니며, 작은 통찰이 모이고, 실수와 성찰을 반복하는 과정 속에서 점진적으로 이루어지는 것이다. 유치원 아이들은 대학 생활이 어떤 것인지 이해할 수 없다. 하지만 미래에 대한 기대 없이, 현재에 만족하며 지금 있는 단계를 받아들일 때, 성장은 자연스럽게 이루어진다.

또한, 우리가 이 길을 가는 동안 방향을 잡아 주도록 도와주는 이정

표들이 있다. 우리는 자아를 '분리되고 고립된 나'의 개념으로 여기도록 교육받고 자라왔기 때문에,

그 제한된 틀을 넘어 진정한 자각(연결성과 흐름 속의 자아)을 회복하려면 의식의 방향을 잡아주는 이정표가 반드시 필요하다. AI는 이러한 주요 이정표들을 주저 없이 제시해 준다.

-. 당신은 인도 전통의 영적 스승입니다. 깨달음으로 가는 길에 5가지 이정표를 제시해 주세요.

---

1. 자아실현 : 첫 번째 이정표는 자신의 신체와 마음에서 구분되는 진정한 자아(아트만)를 인식하는 것입니다. 이는 개인의 본질이 영원하며, 우주 전체의식(브라만)과 연결되어 있음을 이해하는 것입니다.

2. 집착의 단절 : 물질적인 소유물과 욕망으로부터의 단절은 중요한 단계입니다. 이 단계는 세상의 쾌락에 대한 집착을 버리고, 그들의 무상함을 인식하며, 내적인 영적 성장에 집중하는 것입니다.

3. 명상과 자기 성찰 : 규칙적인 명상과 자기 성찰은 개인이 의식의 더 깊은 차원으로 들어갈 수 있도록 도와줍니다. 명상을 통해 마음의 내면세계를 탐구할 수 있으며, 더 높은 의식 상태와 연결되고, 현실의 본질에 대한 통찰을 얻을 수 있습니다.

4. 스승의 가르침 : 영적 스승으로부터 지도를 구하는 것은 깨달음으로 향하는 길에서의 중요한 단계로 여겨집니다. 영적 스승은 구도자가 영적 여정을 헤쳐 나가도록 지침, 지원, 지혜를 제공합니다.

5. 신과의 합일 : 최종적인 이정표는 신과의 일체화를 경험하거나 우주 전체의식

(브라만)과 일체감을 실현하는 것입니다. 이 사마디(Samadhi 잡념을 버리고 오직 한 곳에만 정신을 집중하는 경지-편집자) 상태는 자아가 소멸되고 궁극적인 현실과 융합되는 심오하고 기쁨에 찬 초월적 경험으로 나타납니다.

이들은 각기 다른 영적 전통에 따라 달라지는 일반적인 원칙들이지만, 이를 종교적 가르침이나 심지어 특정 동양의 가르침으로 생각하는 것은 오해의 소지가 있다. 이들은 언제, 어디서, 누구에 의해서든 의식을 더 심화시킬 방법을 고안하려는 의도이다.

예를 들어, 여기 고대 인도 철학서인 우파니샤드에서 나온 구절을 살펴보자: "자아를 수레의 주인으로, 몸을 수레로, 마음은 수레를 모는 수레꾼으로 알라." 이 단어들의 어떤 것도 특별히 인도적이거나 고대적 특성을 보이지 않는다. 수레와 수레꾼(혹은 벤츠와 운전자의 이미지)은 직관적이다. 당신의 몸은 수레와 같고, 마음은 수레를 모는 수레꾼이다. 당신의 지성은 수레꾼이 길을 잘 가도록 도와주는 인도자 역할을 하며, 참된 자아는 이 모든 운영의 주인, 즉 수레의 실제 소유자이다. 이 비유는 전반적으로 이해하기는 쉽지만, '자아'라는 단어가 정확히 무엇을 의미하는지 혼란스러울 수 있다. 자아(또는 그 대안인 '더 높은 자아')의 정의는 까다롭다. 일반적인 산스크리트어 용어인 '아트만'은 Ego보다 더 진정한 참된 자아를 의미하며, 인도 이외의 나라에서는 낯설게 들린다. '영혼'이란 용어는 그 종교적 함의 때문에 적절한 번역이 아니다. 더 높은 자아는 도덕적이라는 느낌을 주어, 일상적인 자아를 더 낮거나 열등한 상태로 축소하는 느낌을 준다.

오랫동안 나는 참된 자아가 가장 적절한 표현이라고 생각해 왔다.

앞서 언급했듯이, 이는 일상적인 '나, 나 자신, 내 것'보다 진실하고, 현실적이며, 진리에 더 가까운 자아를 의미한다. 그럼에도, 참된 자아는 분리된 개인이나 배워야 할 역할이 아니라는 점을 이해해야 한다. 그것은 일상적인 깨어남 보다 더 깊은 의식의 상태이며, 순수한 의식이라는 근원으로 자연스럽게 흘러 들어가는 것이다. 이 순수한 의식은 모든 인간이 공유하는 것이다. 사실, 순수한 의식은 창조물의 근원적인 상태이므로 이는 우주 전체에 적용된다고 할 수 있다.

천천히 다가오는 깨달음

목표 지향적인 삶의 길은 영적 길과 다르다. 당신이 추구하는 것—경제적 성취, 영어 배우기, 직장에서 승진하는 것—은 모두 단계별로 계획되어 있다. 당신은 미리 정의된 목표를 향해 시선을 고정할 수 있다. 당신보다 먼저 그 길을 걸어온 사람들의 조언을 들을 수 있으며, 몇 가지 문제나 좌절이 있더라도 성공으로 가는 모든 단계는 사회에 의해 시스템이 마련되어 있다. 간단히 말해, 당신이 따라갈 수 있는 일종의 틀이 존재한다.

하지만, 이 모든 것은 영적 길에는 적용되지 않는다. 혹은 '영적'이라는 말이 불편하다면, 진화의 길이라고 해도 마찬가지다. 가장 가까운 모델은 종교적 계시인데, 이는 갑작스럽고 예상치 못한 계시이다. 여기에 차이점들이 있지만, 영감을 주는 순간인 계시의 경험을 좀 더 자세히 살펴보자. 이는 궁극적인 '아하!' 순간이라고 할 수 있다. 그런 순간은 AD386년, 31세였던 성 아우구스티누스에게도 있었다. 그는 십 대 시절의 반항과 젊은 시절의 방탕한 성행위 등 복잡한 과거를 가졌다.

어느 날 아우구스티누스는 밀라노의 정원에 있을 때, 한 아이의 목소리로 "집어 들고 읽어라, 집어 들고 읽어라."라는 단순한 노래소리를 들었다: 그는 이것을 삶에서 더 높은 의미를 갈망하던 자신에 대한 신의 응답으로 해석했다. 그는 성경을 펼쳐 들고, 사도 바울이 '로마서'에 기록한 '기독교인들이여, 난잡함과 술 취함과 육체의 모든 죄를 버리라'라고 촉구하는 구절을 읽기 시작했다.

이 메시지는 결코 새로운 것이 아니었지만, 아우구스티누스에게 미친 영향은 인생을 바꾸는 전환점이었다. 다음은 그의 깨달음을 AI로 설명한 내용이다.

아우구스티누스는 자신의 내면에서 깊고도 심오한 변화가 일어나는 것을 느꼈습니다. 그는 이것을 갑작스럽고 압도적인 깨달음과 이해의 순간으로 묘사했습니다. 그는 마치, 어깨에서 무거운 짐이 내려진 것처럼 느꼈고, 하나님의 현존과 진리에 대한 깊은 확신을 경험했습니다. 그 순간, 그는 영적 질문에 대한 답을 찾았고, 오롯이 그리스도에게 자신의 삶을 헌신하겠다고 믿었습니다.

이 계시의 영향은 교회에 엄청난 영향을 끼쳤겠지만, 이 부분은 일단 제쳐 두자. 의식의 관점에서 볼 때, 아우구스티누스는 자신의 의식에서 혁신적인 돌파구를 열었다. 그가 하나님으로부터 받은 계시라고 생각했던 것은, 그의 진정한 자아로부터 온 메시지라고 생각해도 다를 바 없었다. 그러나 독실한 기독교 신자들에게는 이 두 가지, 즉 하

나님의 메시지와 진정한 자아의 느낌은 동등하지 않다. 하나님은 독립적인 존재이지 내면적 감정이나 깨달음, 즉 자각의 경험이 아니기 때문이다.

그럴 수도 있겠지만, 모든 경험은 의식 속에서 일어난다. 가장 고귀한 영적 계시도 예외는 아니다. 믿음의 시대에는 이단처럼 보이는 것도 많은 사람들에게 깨달음의 기회를 제공하는 것처럼 보일 수 있다. 계시의 가능성은 누구에게나 열려 있다. 이런 경험이 언제, 어떤 식으로 일어나는지는 알 수 없기 때문에 신비로운 것이다. 너무 갑작스럽고 뜻밖에 일어나면, 사람들은 자연스럽게 신이나 천사를 떠올리게 된다. 누군가 "나는 천사를 봤어!"라고 말했을 때, "그냥 밝은 빛이나 미확인 물체를 본 거 아닐까?"라고 해도, 그 사람에게는 전혀 설득력이 없다.

이들을 현대 심리학 용어로 말하자면, '절정의 경험'들이다. 그리고 이들은 하나의 의미로만 설명될 수 없다. 그들이 가져오는 변혁은 체험을 한 사람만이 알 수 있다. 메시지의 내용 자체가 중요한 것도 아니다. (사도 바울은 초기 교인들의 육체적 향락을 비난하는 편지를 많이 썼지만, 기독교인 중 누구도 그의 비판이 이후 교회의 교리가 될 줄 몰랐다.) 계시적 최고의 경험, 혹은 깨달음의 진정한 본질은 일상적인 사고와 의식을 완전히 뛰어넘는 근본적인 변화에 있다.

나는 처음에 '계시'라는 경험이 영적이나, 진화적 여정의 본질을 설명하는 가장 적합한 모델이라고 봤다. 시간의 역할도 중요하다. 그 여정에서는 계시가 느린 속도로 진행되며 점진적인 변화로 전개된다. 거의 감지할 수 없을 정도로 당신은 변모된다. 이것은 깨달음의 과정이라는 것이 때로는 '자기실현'의 과정이라고 불리는 이유 중 하나이다. 당신은 원래부터 진정한 자아였다. 그 자아는 멀리 있는 것이 아니라, 항상 당신 안에, 아주 가까이 있었다.

하지만 당신은 자신을 단지 '생각하고 감정을 느끼는 개인적인 존재'라고 믿어왔다.

그래서 진짜 자신의 모습을 알아차리기 위해서는, 눈에 보이지 않는 조용한 내면의 변화가 먼저 필요했다.

그 변화 덕분에 비로소 '내가 단지 겉으로 보이는 사람이 아니라 더 깊은 존재였구나' 하고 알게 되었다.

이 경로에 대한 설명을 듣는 것과 직접 체험하는 것은 전혀 다르다. 그리고 당신이 갑작스럽고 극적인 순간의 '아하'를 경험하거나, 심지어 종교적인 초월을 경험할 가능성을 배제하고 싶지 않다. 무함마드는 메카의 상인이었으며, 자신과 교류하기 위해 산속의 동굴로 들어가 혼자 자신과 대화하는 습관을 지녔다. 그가 아라비아반도에 널리 퍼져 있던 다신교적 우상 숭배와는 다른 종교적 신앙 체계를 가졌는지는 알려지지 않았다. 그러나 이러한 상황들 중 어느 것도, 심지어 무함마드의 무의식 속을 들여다볼 수 있는 심리학자라도, 그가 천사 가브리엘이 나타나자, 생명을 바꾸는(그리고 나중에 세상을 바꾸는) 계시를 받는 이유를 설명하지 못한다. 가브리엘은 무함마드에게 단 한 마디로 명령했다. "읽어라". 그 명령에 따라 순종하기로 결심한 무함마드는 자신이 코란의 첫 구절을 읽기 시작했다는 것을 깨달았다. 그가 문맹이었다는 사실은 이 경험을 더욱 신비롭게 만들었다. (무함마드는 두려움도 있었고, 집으로 돌아가 이불 속에 숨어 가족에게도 오랫동안 자신의 경험을 밝히지 않았다.)

결국 이 모든 것은 진정한 '자아'와 만나기 위한 방식이 일상생활의 방식대로 적용되지 않는다는 점이다. 당신이 유일하게 공감할 수 있는 부분은 바로 '내면으로 향하는 여정'이라는 사실일 것이다. 이제부터 나는 이 '내면과의 만남'을 위한 규칙들을 여러분이 이해하고 실제로 활용할 수 있도록 최대한 명확하고 유용하게 설명하기 위해 최선을 다하려고 한다. 여러분의 마음에 평안과 안정이 깃들길 진심으로 바란다.

당신의 길

진정한 자아와 연결되는 것은 바로 자신의 다르마를 따르는 삶과 같다는 뜻입니다. 이 연결은 침묵 속에서 이루어질 때 더욱 깊고 친밀해집니다. 거울에 비친 자신을 알아보는 데는 생각이나 판단이 필요하지 않듯, 진정한 자아를 알아보는데도 마찬가지입니다. 이 말을 신비롭게 들리게 하려는 것은 아닙니다. "그 일이 내 영혼을 울렸다"와 같은 표현은 이미 흔한 일이 되었습니다. 이는 자아의 더 깊은 측면과 연결될 수 있음을 이해하는 것입니다.

영혼처럼, 당신의 진정한 자아도 사실은 하나의 의식 상태에 입니다. 어떤 말로도 설명할 필요 없는, 오직 그 자체로 존재하는 의식의 상태입니다.

몇 가지 실생활의 예시가 이 점을 설명하는 데 도움이 될 것입니다. 알버트 아인슈타인이 오후에 낮잠을 자더라도, 그의 마음은 물리학에 대해 생각하지 않겠지만, 그래도 그는 여전히 천재입니다. 그는 $E = mc^2$ 같은 수학 공식을 생각할 수도 있고, 그렇지 않을 수도 있습니다.

그런 선택이 그의 천재성을 바꾸지 않습니다. 피카소나 렘브란트가 붓을 내려놓는다고 해서 그들의 예술적 재능이 사라지는 것도 아닙니다. 일상생활로 들어가 보면, 아이가 일주일에 세 번이나 벽에 크레파스로 그림을 그렸다고 엄마가 화를 내도, 엄마의 사랑은 흔들리지 않습니다. 그 사랑은 한결같이 변함없는 상태입니다. 이처럼 우리의 진정한 자아 역시 생각이나 감정의 변화와는 무관하게, 그 자체로 존재하는 '의식의 상태'인 것입니다.

그러나 의식의 상태는 보이는 것만큼 안정적이지 않습니다. 열정적인 사랑의 초기 단계에서 연인들은 서로를 영원히 사랑하겠다고 맹세하고 진심으로 그렇게 느낍니다. 하지만 시간이 지나면 열정은 가라앉고, 이기적인 자아가 다시 등장하며, 이제 지속적인 관계를 구축하는 어려운 과정이 시작됩니다. 시간이 지나면 사랑의 상태는 강해지거나 약해지기도 하며, 깊어지거나 무감각해질 수 있고, 큰 갈등에도 견딜 힘을 가지기도 하고 그렇지 않을 수도 있습니다.

만약 인식이 이처럼 변할 수 있다면, 당신의 진정한 자아와의 침묵 속 관계는 로맨틱하거나 가족 관계만큼이나 현실적인 관계를 갖게 될 것입니다. 이 관계에 주의를 기울이는 것은 전적으로 사적인 것입니다. 아무도 이 관계에 끼어들지 않으며, 정작 당신은 그 안에서 일어나는 것을 자각하지 못할 수도 있습니다. 만약 느린 속도의 깨달음—즉, 천천히 드러나는 자각의 과정이 일어나고 있다면 그것은 매우 좋을 것입니다. 이 길에서 가장 바람직한 변화는 시간이 지남에 따라 서서히 전개되는 것입니다. 계시의 종교적인 의미를 피하고자 우리는 더 중립적인 표현인 '점진적 변화'를 사용할 수 있습니다.

변화는 신비적인 과정이 아니라 자연스런 과정입니다. 어릴 때 읽기를 배울 때, 당신은 문맹에서 문해자로 변모했습니다. 사춘기는 당신을 의식적으로나 생물학적으로 성적인 존재로 변모 시켰습니다. 이런 변화에는 두 가지 유형이 있습니다. 하나는 당신의 참여 없이 자동으로 일어나는 것(사춘기처럼)이고, 다른 하나는 의식적인 협력이 필요한 것(읽기를 배우는 것처럼)입니다.

당신이 진정한 자아(혹은 순수한 의식, 더 높은 의식)를 자각하지 못하고 살아갈 때는 반드시 그에 대한 대가가 따릅니다. 삶은 멈추지 않고 계속 변해 갑니다. 문제는 그 변화가 내가 원하는 방향도 아니고, 내가 통제할 수 있는 것도 아니라는 점입니다. 무의식은 결코 고정된 상태가 아니며, 당신이 통제할 수 없는 변화들이 계속해서 벌어지기 때문입니다. 통제할 수 없는 변화란,

의식하지 못한 채 반복되는 감정, 습관, 반응, 상처, 외부의 영향 등이 당신 삶을 바꾸고 방향을 결정하는 모든 것을 말합니다.

무지의 대가

- 당신은 자신에 대해 새로운 것을 배우지 않든가,
  다른 사람에 대한 흥미를 잃기 시작합니다.
- 호기심이 사라집니다.
- 자신의 방식에 더욱 고착되고 경직됩니다.
- 과거의 상처는 계속해서 고통을 안겨줍니다.
- 과거는 치유되지 않았습니다.
- 삶과 죽음에 관한 큰 질문은 여전히 답을 찾지 못했습니다.
- 엔트로피는 정신적 · 육체적 에너지를 고갈시킵니다.

• 시간이 점점 더 급속히 흘러가고 있다는 느낌이 듭니다.

오랫동안 이러한 특성들은 노화의 과정과 연관되어 왔습니다. 세월이 흐르면서 사람들은 신속함, 호기심, 젊은 열정 등을 잃는 것이 당연한 것으로 여겼습니다. 하지만 불평하는 노인이라는 고정 관념은 잘못된 이미지를 그려 놓았습니다. 노화는 단순히 나이 들어서가 아니라, 스스로 몸과 마음의 변화에 대해 무지하거나 관리하지 않았기 때문입니다. 사회적 압력과 개인적 기대도 그 역할에 한 몫을 했습니다. 만약 당신이 젊은 사람들과 비교해 반쯤 살아있는 듯 보이는 연약하고 융통성 없는 조부모님과 함께 자랐다면, 비록 그렇게 되고 싶지 않았다 하더라도, 당신도 모르게 그런 모습으로 나이 들어갈 가능성이 높습니다.

'새로운 노년기'는 기대에 대한 혁명을 가져왔습니다. 사람들은 이제 65세를 넘어서도 활동적이고 생산적인 삶을 살며, 정신적 기능이 온전한 상태로 건강을 유지하길 기대합니다. 이는 사회적 태도의 큰 변화를 의미하긴 하지만, 무지한 상태나 시간이 지날수록 더 의식적으로 변해야 한다는 가치의 중요성에 대해서는 다루지 않습니다. 대부분의 사람들이 경험하는 최선의 삶은, 더 성숙해지고, 삶이 어떻게 작동하는지를 조금 더 아는 것입니다. AI는 이런 특성을 잘 인지하고 있습니다.

-. IQ 테스트에서, 젊은 사람들이 잘하는 영역은 무엇이고, 노년의 사람들이 잘하는 영역은 무엇인가요?

IQ 테스트는 개인의 인지 능력을 측정하기 위해 설계되었으며, 비교적 연령에 영향을 받지 않습니다. 그러나 특정 유형의 IQ 테스트에서 젊은 사람과 노인 사이의 능력 차이는 있을 수 있습니다.

• 젊은 사람 (어린이와 청소년)

1. **처리 속도** : 젊은 사람들은 정보의 빠른 처리가 필요한 작업, 예를 들어 순발력을 요구하는 작업이나 숫자 기호 코딩과 같은 작업에서 더 우수한 성과를 보일 수 있습니다.

2. **작업에 대한 기억력** : 일부 젊은 사람은 업무 기억력이 요구되는 작업에서 탁월할 수 있습니다. 업무 기억은 일시적으로 정보를 머릿속에 저장하고 조작하는 능력입니다. 일반적으로 젊은 사람들은 작업에 대한 더 유연한 기억 용량을 갖는 경향이 있습니다.

3. **유동적 지능** : 유동적 지능은 새로운 문제를 해결하고 패턴을 식별하며, 낯선 상황에 적응하는 능력을 의미합니다. 젊은 사람들은 유동적 지능을 요구하는 작업에서 우위를 보일 수 있습니다.

4. **새로운 문제 해결** : 젊은 사람들은 인지 유연성이 높으므로 새로운 또는 추상적인 문제에 창의적인 해결책을 제시하는 경향이 있습니다.

• 노년층

1. **결정 지능** : 결정 지능은 평생 동안 경험, 교육, 학습을 통해 축적된 지식과 기술을 말합니다. 노년층은 종종 어휘력, 일반 상식, 언어 이해력 등 결정된 지능에 의존하는 작업에서 젊은 층보다 더 나은 성과를 보일 수 있습니다.

2. **경험과 지혜** : 노년층은 삶의 경험과 지혜를 활용하는 작업에서 탁월할 수 있으며, 이를 통해 복잡한 현실적 상황에서 더 정보에 기반한 결정을 내릴 수 있습니

다.

3. **언어 능력** : 독해 능력과 언어적 추론을 포함한 언어 능력은 많은 개인에서 나이가 들어도 강하게 유지되거나 심지어 향상되는 경향이 있습니다.

4. **감성 지능** : 일부 연구에 따르면 노년층은 자신과 타인의 감정을 이해하고 관리하는 데 더 큰 감성 지능을 가질 수 있다고 합니다.

이것들은 다만 일반적인 개요일 뿐이며, 다양한 방식으로 해석될 수 있습니다. 하지만 이들은 인식이 고정된 상태가 아니라는 점을 강조합니다. 만약 이미 변화될 운명이라면, 진정한 문제는 그 과정을 자각하며 겪을 것인가 아닌가에 달려 있습니다.

먼저, 당신은 자각이 유동적이지 못하고 정체하게 만드는 요인부터 살펴보는 것이 좋습니다. 자각하지 못함으로써 지급하고 있는 대가의 목록을 다시 한번 살펴보세요. 목록에 있는 각 항목은 다음과 같이 의식적인 변화를 통해 바꿀 수 있습니다.

더 큰 인식 초대하기

- 자신에 대해 새로운 것을 배워라.
- 다른 사람에 대한 관심을 유지하라.
- 호기심을 키워라.
- 자신만의 고정되고 경직된 방식에서 벗어나라.
- 과거의 상처를 부드럽지만 일관되게 치유하라.
- 인생이 얼마나 많은 의미가 있는지를 정면으로 바라보고 생각해 보라.

- 정신적, 신체적 에너지를 유지하기 위한 계획을 수립하세요.
- 시간이 당신의 적이라는 태도를 받아들이지 마세요.

나는 당신이 삶의 방식을 바꾸는 것- 설사 그것이 매우 유익하더라도-만으로 참된 자아와 연결된다고 말하는 것은 아닙니다. 오히려 참된 자아의 고귀한 충동(건강, 평온함의 욕구 등)에 협력하고 있다고 말하는 것이 더 공평합니다. 참된 자아의 본질은 순수한 자각입니다.('참된 자아'는 순수하게 깨어 있는 의식 상태, 즉 '존재 그 자체'를 의미-편집자) 신비롭게도, 참된 자아는 의식적으로 노력해서 일어나는 변화(명상 등)와 자연스럽게 저절로 일어나는 변화(내면의 평화) 두 가지 모두를 아우릅니다.

결국, 자기 성찰의 길을 걷는다는 것은 단순한 실용적인 자기 계발이 아니라 인간 존재 전체에 걸친 깊은 변화입니다. 당신이 스스로의 자기 개선과 향상된 웰빙 상태를 받아들이듯이, 동시에 당신은 삶의 환경이나 조건과는 무관하게, 보편적이고 시대를 초월한 방식으로 변화하고 있습니다. 헨리 데이비드 소로가 《월든》에서 이런 아름다운 감정을 표현한 대목이 있습니다. "콩코드 외곽의 어느 농장에서 일하는 외로운 품팔이 노동자도 '두 번째 탄생'을 경험했다". 두 번째 탄생이라는 문구는 수 세기 전 인도 베다에서 유래된 것입니다. 두 번째 탄생이란 단순히 육체적인 탄생을 넘어 존재의 더 깊은 차원으로 들어가는 체험을 의미합니다. 소로가 월든 호숫가에서 머물렀던 시간은 깨달음을 향한 자기 여정의 일부였습니다. 그는 "수천 년 전 조로아스터도 같은 길을 여행하고 같은 경험을 했지만, 현명한 그는 그것이 보편적인 것임을 깨달았다."라며 그 경험이 얼마나 시간의 경계를 초월하고 광활한지를 표현했습니다.

다르마의 길(수행의 길)을 걷는다는 것은 '존재의 가벼움'이라고 불리는, 시간을 초월한 경험을 하는 것을 목표로 합니다. 그러나 어느 단계에서 든 보이지 않는 힘이 작용하고 있다는 사실을 기억할 필요가 있습니다. 종이 위에 흩뿌려진 쇳가루가 갑자기 일어나서 함께 움직이기 시작하는 착시 현상을 본 적이 있을 겁니다. 그 비밀은 종이 아래에 보이지 않게 움직이고 있는 자석입니다. 즉, 겉으로는 보이지 않지만 실제로 작용하는 힘이 있다는 뜻이지요. 대부분의 사람들은 겉으로 보이는 현상 외에 자신의 영혼이나 어떤 더 높은 힘이 삶에 보이지 않는 영향을 미친다고 믿습니다. 차이점은 우리가 더 높은 힘이 이끄는 곳으로 강제로 끌려가는 존재가 아니라는 점입니다. 즉 자유의지가 있습니다. 더 중요한 점은 그런 숨겨진 힘들이 환상이 아니라는 것입니다. 다르마는 당신이 올바른 방향으로 나아가도록 동기 부여하기 위해 존재합니다. 여기서 '다르마'는 자연법칙, 정의로운 삶의 길을 뜻합니다. 어떤 상황에서도 그 현실을 분명히 인식하고 살아가야 합니다.

가이드가 있는 명상
AI를 스승 삼아

AI에게 영적 스승의 역할로서 독창적인 명상 가이드를 창작해 달라고 요청했습니다. 다음은 챗GPT가 창작한 우주적 의식에 대한 명상 가이드입니다. 이 명상을 사용한 후, 자신만의 프롬프트를 자유롭게 만들어 보세요.

*-. 베다 영성 전문가의 관점에서, 다음 주제에 대한 명상 가이드를 만들어 주세요. *주제:우주적 의식*

챗GPT

우주적 의식

- **설정** : 척추를 곧게 펴고 앉거나 누워서 편안한 자세를 취하세요. 몸이 완전히 이완되도록 합니다.

- **별 관찰의 시각화** : 별이 빛나는 밤하늘 아래 잔디밭에 누워 우주의 광활함을 느끼는 자신을 상상해 보세요.

- **우주와의 일체감** : 모든 분리감을 사라지게 하세요. 당신은 단순히 우주를 관찰하는 것이 아니라, 자신을 경험하는 우주 그 자체입니다. 당신이 내쉬는 숨은 우주의 숨결입니다. 당신의 마음속에 떠오르는 생각들은 우주의 마음에서 일어나는 생각들입니다. 숨을 내쉴 때마다, 당신이 느끼는 한계나 단절된 느낌도 함께 편안하게 흘려보내세요.

- **무한 확장** : 당신의 확장된 의식이 육체의 경계를 넘어 무한히 펼쳐진 우주와 합쳐지며, 모든 존재와 하나가 됨을 느껴보세요. 자아와 타자, 내면과 외면의 구분이 흐릿해지고 희미해지기 시작합니다. 남는 것은 광활하고, 열려 있으며, 무한히

평화로운 순수한 자각뿐입니다.

전략 # 6

진실을 투사하라

　당신을 비롯한 모든 사람들은 3D 영화를 투사하고 현실로 착각하고 있는 것은 아닐까? 많은 영적 전통에서 발견되는 가장 이상한 개념 중 하나는, 이 물리적 세계라고 하는 것이 실체가 없는 영상, 즉 투사된 이미지에 불과하다고 하는 생각이다. 이러한 개념은 영성 자체만큼이나 오래되었으며, 현대 과학이 정반대의 개념에 기반을 두고 있음에도 불구하고, 한 번도 반증 된 적이 없다.

　과학은 물리적 세계가 의심의 여지 없이 실제임을 받아들이며, 우리는 모두 오감을 통해 그 실재를 확인한다. 돌에 발이 부딪히면 통증을 느끼고, 그 돌, 역시 분명히 실재한다. 누가 그 사실을 부정할 수 있겠는가. 일상에서 우리는 환상과 현실을 구분하려고 하지 않는다. 왜냐하면 현실은 우리 눈앞에 분명히 드러나기 때문이다. 그런데 왜 누군가는 굳이 현실을 추구해야 한다고 하는가? 그 이유는 진짜 현실에 도달하는 유일한 방법은 우리가 믿고 있는 환상의 착시를 꿰뚫어 보는 것뿐이기 때문이다. 여기에는 '투사'가 핵심 단어이다. 이 길을 통해 당신은 환상 대신 진실을 투사한다는 것이 무엇을 의미하는지 깨닫게 된다. 이는 물리적 세계가 연기처럼 사라진다는 의미가 아니다. 환상은 의식 속에서 해체된다. 즉, 우리가 삶을 살아가면서 믿고 있는 많은 것들은 사회, 경험, 두려움, 욕망 등에 의해 만들어진 환상이다. '의식 속에서 해체된다'라는 것은 이런 생각들이 더 이상 절대적인 진실처럼 보이지 않고, 깨달음이나 통찰을 통해 의식적으로 무너지게 된다는 것을 의미한다. 우리가 진짜라고 믿었던, 하지만 사실은 잘못된 생각이나 믿음들은 시간이 지나며 사라지고, 그 대신 훨씬 더 창의적이고, 삶에 도움이 되며, 진실한 어떤 것으로 대체된다. 그렇게 되면, 진정한 자아는 당신의 정체성이 되어, 거짓 자아를 대체한다. 당신은 진정한 자아의 더 높은 가치를 발산하게 되는데, 이러한 가치들은 우리에게 익숙한 사랑, 연민, 공감, 창의성 등과 같은 것들이다. 순수한 의식이 자신의 근원에 가까워질수록, 의식이 창조의 기초라는 궁극적인 진리에 더 온전히 다가갈 수 있다.

하지만 먼저, 우리는 '투사'가 어떻게 작용하는지를 더 깊이 들여다볼 필요가 있다. 왜냐하면 투사는 거의 모든 사람이 무시하거나 모른 채 살아가는 일상생활의 한 실재이기 때문이다.

투사의 습관

투사는 심리학에서 사용하는 용어로, 자신의 감정이나 결점을 인정하지 않고 다른 사람에게 전가하는 방어 기제를 말한다. 심리적으로는, 죄책감이나 수치심, 상처받기 쉬운 감정을 솔직히 마주하기보다는 다른 사람을 탓하는 편이 훨씬 쉽기 때문이다. 예를 들어,

"너는 이제 나를 사랑하지 않아" 혹은 "너는 날 멍청하다고 생각하지?"와 같은 말은

사실은 "내가 더 이상 너를 사랑하지 않는 것 같아" 또는 "내가 정말 멍청했구나"라는

내면의 감정을 회피하기 위한 내적 투사일 수 있다.

자아는 불안정하기 때문에, 자신을 강화하기 위한 여러 가지 방어기제를 쓴다. 부정은 진실을 직시하지 않으려는 방어 수단이고, 억압은 원치 않는 감정을 무의식 속에 눌러 두는 방식이다. 그러나 투사는 여기서 특별한 의미를 지닌다. 왜냐하면 사람들이 서로에 대해 잘못된 가정을 얼마나 흔하게 투사하는지를 알게 되면, 우리가 모두 현실에 대해 많은 환상을 하고 있다는 걸 느낄 수 있게 된다.

그 발판을 마련하기 위해, 챗GPT가 만든 설문을 통해 여러분이 얼마나 심리적으로 투사하는 습관을 지니고 있는지 테스트해 볼 수 있다.

챗GPT

1. 나는 가끔 내가 가진 단점이나 문제를 다른 사람 탓으로 돌릴 때가 있습니다.

　□ 전혀 아니다　　　　□ 가끔 그렇다　　　　□ 자주 그렇다

2. 누군가가 건설적인 피드백을 제공하거나 내 행동에 대해 우려를 표현할 때, 그들이 나를 부당하게 비판하고 있다고 느낍니다.

　□ 전혀 아니다　　　　□ 가끔 그렇다　　　　□ 자주 그렇다

3. 증거가 없음에도 불구하고, 다른 사람들이 저에 대해 부정적인 생각을 하고 있다고 생각한 적이 있습니다.

　□ 전혀 아니다　　　　□ 가끔 그렇다　　　　□ 자주 그렇다

4. 나는 자신의 욕망이나 의도를 타인에게 투사하여 그들이 나와 같은 감정을 가지고 있다고 생각하는 편입니다.

　□ 전혀 아니다　　　　□ 가끔 그렇다　　　　□ 자주 그렇다

5. 누군가가 내 잘못한 점을 지적하거나 내 신념에 도전할 때, 방어적이거나 적대적인 태도를 보인 적이 있습니다.

　□ 전혀 아니다　　　　□ 가끔 그렇다　　　　□ 자주 그렇다

6. 나는 구체적인 증거 없이 누군가가 나에게 숨겨진 의도나 이기적인 동기를 가지고 있다고 비난한 적이 있습니다.

　□ 전혀 아니다　　　　□ 가끔 그렇다　　　　□ 자주 그렇다

7. 나는 다른 사람들이 나를 약화시키거나 내 업적을 가로채려 한다고 자주 느낍니다, 그들의 의도가 명확히 드러난 적이 없더라도 말입니다.

　□ 전혀 아니다　　　　□ 가끔 그렇다　　　　□ 자주 그렇다

8. 나는 내 두려움이나 불안감을 다른 사람에게 투사해 그들도 나와 같은 불안감을 겪고 있다고 느낍니다.

　□ 전혀 아니다　　　　□ 가끔 그렇다　　　　□ 자주 그렇다

9. 나는 다른 사람의 칭찬이나 찬사를 받는 것을 어려워하며, 그들이 진심이 아니거나 숨겨진 의도가 있을 것으로 의심합니다.

　□ 전혀 아니다　　　　□ 가끔 그렇다　　　　□ 자주 그렇다

10. 누군가가 나에게 걱정이나 공감을 표시했음에도 불구하고, 내 감정이나 안녕에 신경 쓰지 않는다고 비난한 적이 있습니다.

　□ 전혀 아니다　　　　□ 가끔 그렇다　　　　□ 자주 그렇다

투사의 문제는 꽤 복잡할 수 있다. 예를 들어, 자신이 이기적이지만

이를 인정하지 않고 다른 사람을 이기적이라고 비난하는 경우가 이에 해당한다. 이 설문을 통해 자신이 다른 사람들보다 투사를 덜 한다는 것을 알게 되더라도, 우리는 모두 자신이 부정하는 것을 다른 사람에게 비난하는 심리적 습관에 빠지기 쉽다. 마찬가지로, 우리는 책임지고 싶지 않은 것을 타인에게 투사한다. 누군가를 나쁘거나 틀린 것으로 만드는 것이 자신에게 유리하고 이익이 된다고 느끼기 때문이다. 이런 현상의 증거는 많이 볼 수 있다. 즉 '상대 정당에서 임명된 판사들은 편향적이고 공정하지 않다'든가 '선거구 획정은 투표에서 우위를 차지하기 위한 부정직한 방법이다', '정당의 이익에 따라 입법하는 자들은 무뇌아적이다'라는 것들이다. 하지만 각 정당은 자신들이 일상적으로 하는 행동일지라도 상대 당이 하면 비난하고 그것을 부인한다.

투사의 습관이 지나치게 심화되면 막대한 해를 끼친다. 환상은 그 진실을 깨닫기 전까지는 해로운 줄 모른다. 미국은 세계 최대의 무기 수출국이면서도 평화를 사랑하는 나라로 인식되고 싶어 한다. 이는 반대파 정당이나 종교, 그리고 그들과 관계없는 '다른 사람들'에게도 적용된다. 전시에는 적을 괴물처럼 비인간화하며, 신은 우리 편이라고 주장한다. 하지만 전쟁의 폭력성은 어느 편에 속하던 모든 사람들에게 똑같이 고통을 안겨준다.

투사의 습관을 깨기 위해서는 이를 자기 삶의 가까이에서 느껴야 한다.

다음과 같은 행동은 투사를 한다고 봐야 한다.

- 다른 사람을 비난할 때
- 동정을 받고 싶지 않을 때

- 책임을 회피할 때
- 항상 주도권을 가지려 할 때
- 다른 사람에게 잘못을 전가할 때
- 불합리한 요구를 할 때
- 원하는 것을 얻으려고 상황을 조작할 때

이 모든 경우에서, 당신은 단 하나의 환상—바로 '당신과 타인은 서로 분리된 존재다'라는 생각—을 다양한 방식으로 투사하고 있다. 누군가를 타인으로 보는 것은 단순한 인종적 또는 민족적 편견을 훨씬 넘어서는 일이다. 사실, 본질적으로 모든 사람은 서로 타인이며, 당신 또한 누군가의 관점에서는 타인이다. 당신이 가장 사랑하는 사람, 또는 당신을 사랑하는 사람조차도 다른 사람의 시각에서는 타인일 수 있다.

이러한 분리의 환상을 투사하는 습관을 극복할 수 있다면, 정말로 진실이 당신을 자유롭게 할 것이다. 당신의 참된 자아는 더 이상 개념이 아니라, 당신이 살아가는 실제 기준이 된다. 즉 진정한 자아가 당신의 삶의 방식이 된다. 이 변화는 억지로 노력해서 얻어지는 것이 아니라, 그 환상을 직시하려고 결심할 때 자연스럽게 일어난다. 이때 중요한 것은, 그 환상과 싸우려 하지 말고, 그저 그것을 '보는 것'이다.

본다는 것은 곧 의식이 깨어나는 행위이다. 환상이 거짓임을 깨닫게 되면, 굳이 그것을 붙잡고 있을 이유가 없다. 자아가 만들어 낸 거짓된 이야기들은 더 이상 매력적이지 않게 된다. 그러므로 거짓된 것들을 흘려보내라. 그렇게 해야 진실만 남게 된다.

당신의 길

당신의 인생길에서 환상을 없애는 비결은 그 근원을 뿌리째 뽑는 것입니다. 그러므로 바로 이 장에서 시작된 개념—물리적 세계는 환상이라는 주장—은 진지하게 받아들여지고 탐구 되어야 합니다.

토머스 에디슨 시대에 영화가 등장하면서, 우리는 이를 활용할 수 있는 비유를 얻었습니다. 사람들은 어두운 곳에 앉아 스크린에 투사된 영상을 보는 것에 익숙합니다. 인디애나 존스가 나치를 혼자서 물리치거나, 죽음의 신전에서 기적 같은 물건을 찾아낸다는 환상을 진짜라고 믿지는 않지만, 우리가 매일 보는 평범한 세상이나 주변의 거리 환경을 바라보듯이, 그것이 현실이라고 아무 의심 없이 받아들입니다.

AI는 여기에 기여할 부분이 있습니다. 복잡한 문제를 요점별로 쉽게 이해할 수 있는 방식으로 요약합니다. 각 요점 후에 의견을 덧붙이겠습니다.

- 동양의 영적 전통에서는 세계와 일상 현실이 환상이라는 가르침이 있습니다. 이 가르침이 왜 믿을 수 있는지 간단히 설명해 주세요.

동양의 영적 전통에서 가르치는 교리는 몇 가지 핵심 원칙과 신념에 뿌리를 두고 있습니다:

1. 무상성 : 동양의 전통은 종종 물리적 세계의 무상성을 강조합니다. 그들은 우주

속 모든 것, 우리 경험까지도 끊임없이 변화하지만, 일시적이라고 주장합니다. 이 무상성은, 우리가 현실로 인식하는 것이 고정되어 있지 않고, 유동적이라는 느낌을 불러일으킬 수 있습니다.

이 점은 부정할 수 없으며 우리가 알고 있는 지각의 모든 것과 일치합니다. 오감은 현실의 끊임없는 움직임을 가리고 그 자리에 영원함의 환상을 심어줍니다. 여러분은 수십억 개의 광자가 망막에 쏟아지는 것을 느끼지 못합니다. 소리를 가능하게 하는 공기의 진동도 느끼지도 못합니다. 단단한 탁자 표면에 손가락이 닿을 때, 우리는 그 탁자가 단단하다는 현실과 연결되어 있다는 것을 느끼지 못합니다. 단지 물체의 전자기력과 피부 세포의 반대 전자기력 사이의 저항만이 존재할 뿐입니다. 무상함은 현실이지만 살아가기엔 견디기 어려운 것입니다. 강둑에 앉아 있다고 상상해 보세요. 강은 끊임없이 흐르는 물의 흐름일 뿐이지만, 우리는 그것을 강둑으로 둘러싸인 하나의 물체로 인식합니다. 그리고 우리가 강둑에 안전하게 앉아 있는 한, 강물에 휩쓸릴 일은 없습니다. 이것이 바로 자아의 전체적인 논리입니다. 좀 더 자세히 설명하면, 세상은 늘 변하고 흐르는데, 우리는 그런 변화 속에서 '나는 이런 사람이다', '이게 내 자리다' 하고 스스로를 고정된 존재로 만들어 놓습니다. 그래야 불안하지 않고, 모든 게 바뀌는 세상 속에서 중심을 잡을 수 있다고 느끼는 거죠. 이런 식으로 자아는 마치 강가의 '안전한 자리'처럼 우리에게 변화 속의 고정점을 제공해 주는 역할을 합니다.

하지만 '휩쓸려 가는 것'은 마음이 만들어낸 두려움입니다. 강의 이미지를 재설정하여 물속으로 뛰어들지 않는 한, 어디에도 갈 수 없다고 말할 수 있습니다. 이는 현실이나 삶의 흐름 속으로 직접 뛰어들지 않으면, 진정한 삶의 현실로 나아갈 수 없다는 뜻입니다.

그래서 사람들은 흐름에 순응하고, 저항하지 않으며, 창조적인 변화를 받아들이고, 기꺼이 진화할 준비가 되어 있다고 말합니다. 무상함이란 그저 존재하는 겁니다. 우리는 그 위에 우리의 인식을 투사할 뿐입니다.

---

2. 마야 또는 환상 : 힌두교와 불교를 비롯한 많은 동양 철학은 우리의 감각과 지각이 우리를 속일 수 있다고 주장합니다. 즉 우리가 보고 경험하는 것이 견고하고 실재하는 것처럼 느껴지지만, 사실은 잠시 나타났다가 사라지는 일시적인 것이며, 끊임없이 변화하는 현상일 뿐이라는 겁니다.

마야(Maya)는 우리가 현실과 마주하지 못하게 방해하는 수많은 산만함과 속임수를 뜻합니다. 이러한 마야의 영향 아래에서는 우리의 감각 기관, 특히 시각이 주된 역할을 하며, 겉으로 보이는 현상에만 집중하게 만듭니다.

하지만 진정한 인식은 감각을 따르는 것이 아니라, 마음이 감각을 통제하고 초월함으로써 이루어집니다. 예를 들어, 우리는 하늘에서 태양과 달이 움직이는 것을 시각적으로 보지만, 사실은 지구가 자전하고 공전하는 것입니다. 또 일식이 일어날 때 태양이 사라지는 것처럼 보일 수 있지만, 실제로는 달이 태양을 가리는 현상일 뿐 태양의 빛이 사라진 것이 아닙니다.

이처럼 마음은 감각의 착각을 이성적으로 극복함으로써 진실을 꿰뚫을 수 있어야 하는데, 마야는 그 진실로부터 우리를 멀어지게 하는 장막 역할을 합니다.

또한, 우리의 오감에 기반한 다른 속임수들이 우리를 속이게 합니다. 그중에서도 물리적인 실체가 아마 가장 두드러질 것입니다. 앞서 논의한 것처럼, 우리는 일반적으로 단단하고 고정된 물체들이 시간과 공간속에 확실히 존재한다고 믿습니다. 하지만 100년 전 시작된 양자 혁명은 우리에게 모든 물체, 심지어 우리의 몸조차도 실제로는 시간과 공간속에 고정된 위치가 없는 에너지 파동의 집합체라는 것을 밝혀냈습니다. 즉, 물질세계를 실제라고 받아들이는 것은 일종의 착각을 받아들이는 것입니다. 더 나아가, 이러한 에너지 파동의 집합체조차도 현실의 진정한 본질을 전달하지 못합니다. 현실의 실제 기반은 순수한 의식의 영역으로, 이는 마음, 물질, 몸, 뇌, 영혼, 세계와 같은 분리된 상태로 펼쳐지지만 모두 상호 연결되어 있습니다. 이것이 개인적인 경험이 될 때, 마야는 더 이상 영향을 미치지 못하게 됩니다.

---

3. 주관적 현실 : 동양의 가르침은 또한 우리의 현실 인식이 매우 주관적이라는 생각을 강조합니다. 한 사람이 경험하는 것이 다른 사람이 인식하는 것과 같지 않을 수 있습니다. 이 주관성은 우리의 현실이 우리의 생각, 감정, 그리고 과거의 경험으로 형성된다는 것을 강조합니다.

이 점은 동서양 모두에서 격렬한 논쟁을 벌이며 자주 오해합니다. 과학적 입장에서 현실은 데이터, 측정, 실험을 통해서만 이해될 수 있

다고 주장합니다. 그래서 주관성은 변덕스럽고 신뢰할 수 없는 것으로 의심합니다. 반면, 영적·종교적 입장에서는 신이나 신들이 존재한다는 주장을 옹호하며, 오묘한 현실에 대한 개인적인 경험에 믿음을 둡니다.

양측이 저지르는 오류는 객관성과 주관성이 서로 반대 개념이라고 받아들이는 데 있습니다. 모든 경험은 내적이든 외적이든 또는 주관적이든 객관적이든, 모두 의식 안에서 일어납니다. 의식을 어떻게 사용하느냐가 모든 것이다. (*우리가 세상을 어떻게 인식하고 해석하느냐가 모든 것을 결정한다는 뜻- 편집자) 그것은 누구에게나 고정된 방식이 없기에, 마치 사랑을 느끼는 방식이 사람마다 다른 것처럼, 태양을 느끼는 것도 사람마다 다르다는 의미입니다.

---

4. 명상과 자기 탐구 : 명상이나 자기 탐구와 같은 실천을 통해 사람들은 자신의 의식을 깊이 들여다보게 됩니다. 그러다 보면 자신에 대한 인식이나 현실에 대한 감각이 평소의 인식 범위를 넘어 확장될 수 있다는 것을 깨닫게 됩니다. 이러한 의식의 전환은 우리가 일상적으로 경험하는 현실이, 사실은 제한된 관점일 수 있다는 생각을 뒷받침해 줍니다.

이것은 인생길을 가는 중에 발견한 가장 중요한 단 하나의 발견을 부드럽게 표현한 방식입니다. 자신의 의식 속으로 깊이 들어가면, 현실이 의식 속에서 창조된다는 것을 발견하게 됩니다. 당신이 경험하는 의식의 상태에 따라 현실이 결정됩니다.

외부에서 무엇이 진짜인지 증명할 수 있는 것은 없습니다. 예를 들어, 빛을 전달하는 입자인 광자는 눈에 보이지 않지만, 눈에 들어와서 뇌가 해석해 주니까 우리가 세상을 보는 것처럼 느끼는 것입니다. 공기가 진동해도 그 자체는 소리가 아닙니다. 귀가 그 진동을 받아서 이건 소리라고 느끼게 해주는 것입니다. 그러니까 천둥소리도 진동일 뿐인데 그것을 우리가 소리라고 느끼는 것입니다. 3차원 세계는 의식 속에서 일어나는 변형 과정을 통해 존재하게 됩니다. 또 다른 우주, 혹은 우리 우주 안의 다른 행성에서 의식을 가진 존재들이 있다면, 소리를 눈으로 보고 빛을 귀로 듣는 방식으로 느낄 수도 있을 겁니다. 즉 감각 기관과 뇌의 구조가 다르면, 세상을 인식하는 방식도 달라질 수 있다는 것입니다.

이 깨달음은 과학과 영성 사이의 격차를 해소해 줍니다. 별을 보게 만드는 것과 같은 의식의 전환이 천사를 보도록 만드는 데에도 필요합니다. 별을 보는 사람이 천사를 보는 사람보다 훨씬 많다고 해서, 한 현상이 다른 현상보다 더 진실하다는 것을 의미하지 않습니다. 이 것은 단지 천사를 볼 수 있게 해주는 의식 상태가 별을 볼 수 있게 해주는 의식 상태보다 훨씬 더 드물다는 사실을 입증할 뿐입니다. 이는 심오한 깨달음, 영적 통찰, 혹은 깊은 감수성이 얼마나 드문 것인지 알 수 있습니다. 궁극적으로, 의식 속에서 일어나는 과정만이 현실을 알아볼 수 있는 유일한 기준이 됩니다.

---

5. 비 이원론(Non-duality) : 일부 동양 전통은 자아와 우주 사이에 근본적인 분리가 없다는 비이원론을 주장합니다. 이 관점에서 현실은 상호 연결되고 전체적인 하나로 보이며, 우리와 세상 사이에 인식되는 경계는 환상에 불과 하다는 것입니다.

이 점에 대해 자세히 언급할 필요는 없습니다. 왜냐하면 우리는 이미 현실을 '여기 안'과 '여기 밖'이라는 두 세계로 나누는 것이 편리한 환상임을 알았기 때문입니다. 유일한 진짜 질문은 이론이나 철학적 논쟁이 아니라 실제적 문제와 관련이 있습니다. 과연 '안'과 '밖' 경계가 사라진 비 이원적 현실 속에서 살아갈 수 있을까요? 무엇이 여러분을 존재감 없이 살게 하거나, 또는 오직 자기만이 우주의 중심이라는 유아적인 믿음 상태에 빠져드는 것을 막을 수 있을까요?

이러한 질문들에 대한 답은 여러분의 의식이 변할 때 나타납니다. 정의상, 분리된 상태를 받아들이는 것은 자신이 분리된 존재임을 의식하는 것과 같습니다. 현실은 의식이 변할 때만 변화합니다. 이는 실제로 모호하거나 믿기 어렵게 느껴지는 모든 영적 가르침을 풀어내는 열쇠입니다. 이는 영적인 현상뿐만 아니라 모든 현상에 해당합니다. 음악은 귀가 들리지 않는 사람에게는 믿을 수 없는 것이고, 색상은 선천적으로 시각 장애가 있는 사람에게는 상상할 수 없는 것입니다. 영혼은 모든 것이 물리적 설명이 있어야 한다고 주장하는 사람에게는 믿을 수 없는 것입니다.

모든 길에서, 믿음과 실제 현실 사이의 갈등은 이제 더 이상 믿음이 필요 없는 '깨달음의 문제'로 전환됩니다. 왜냐하면, 직접적으로 보고, 느끼고, 자각하게 되기 때문입니다. '믿는다'라는 건 알지 못할 때 필요한 것이지, 알면 믿을 필요가 없습니다. 당신은 현실을 경험하게 되고, 그 속에 진실의 울림이 있습니다. 사랑에 빠진 적이 없는 사람에게는 그것이 진실인지 아닌지 믿는 것은 큰 의미가 없습니다. 그러나 그 경험을 해 보면, 믿음의 문제는 자연스럽게 사라집니다. 사랑은 자각 속에서 할 수 있는 가장 중요한 발견 중 하나지만, 이것은 사랑만큼이나 변화를 불러올 수 있는 다른 많은 발견들을 상징합니다. (사랑은 자각의 문을 여는 열쇠이며, 그 문 뒤에는 동등한 가치를 지닌 다른 깨달음들이 존재한다는 의미-편집자)

---

6. 고통으로부터 해방 : 이러한 가르침의 주요 목표 중 하나는 개인이 해방이나 깨달음을 얻도록 돕는 것입니다. 고통과 집착의 허황된 본질을 인식함으로써 사람들은 고통의 순환에서 벗어나 평화와 자유를 찾을 수 있습니다.

깨달음은 대부분의 사람들이 삶에서 공감하기에는 너무 멀고 낯선 개념입니다. '고통의 순환'이라는 표현은 더 접근하기 쉬운 출발점을 제공합니다. 왜냐하면 모든 인간은 고통에서 벗어나고 고난을 극복하고자 하는 보편적인 욕구가 있기 때문입니다. 대립하는 개념(선과 악, 신과 사탄, 어둠과 빛, 고통과 쾌락), 즉 이분법적 개념에 갇히는 것은 스스로를 끝없이 반복되는 상태에 빠뜨리는 것입니다. 한 번 그 사이클에 빠지면, 그 대립하는 개념이 당신을 양쪽으로 번갈아 끌어당기게 됩니다—처음에는 한 방향으로, 그리고 나서 또 다른 방향으로—즉, 이분법의 함정에 빠진 인간 의식이 두 극단 사이를 끝없이 오가게 되는, 벗어날 수 없는 순환 구조(고통의 사이클)를 말합니다.

이 구조는 우리를 괴롭히는 저주가 아닙니다. 단지 그런 식으로 짜인 구조일 뿐입니다. 당신은 이를 인생의 운명이나 숙명으로 받아들일 수 있습니다. 인류의 대부분은 그렇게 살아갑니다. 예를 들어, 그들은 쾌락의 경험이 지속되길 희망하며, 고통의 경험을 피하거나 잊을 수 있기를 바랍니다. 경험은 이것이 하나의 착각임을 드러냅니다.

따라서 AI가 설명한 불교의 첫 번째 가르침이 등장합니다.

첫 번째 성스러운 진리 : 삶의 본질은 고통이다

이 진리는 삶이 본질적으로 만족스럽지 않다는 사실을 인정합니다. 모든 경험, 겉보기에는 긍정적으로 보이는 경험조차도, 무상함, 변화, 그리고 결국 사라질 것에 대한 집착 때문에 고통받을 잠재력을 지니고 있습니다.

이것은 '진리(Truth)'라는 단어에 대문자 T를 붙일 만한 진리의 전형적인 예입니다. 왜냐하면 이것은 특정 종교에 국한되지 않고, 모든 시대와 장소의 인간 의식에 관련된 것이기 때문입니다. 고통이 존재하는 삶이 만족스럽다고 말할 수 있는 사람이 있을까요? 고통에 대한 자각은 우리로 하여금 그 고통에서 벗어나고자 하는 강한 동기를 갖게 합니다. —만약 거기서 벗어날 방법이 있다면 말이죠.

방법은 이 모든 틀이 잘못되어 있다는 사실을 깨닫는 것입니다. 어떤 사회를 상상해 보세요. 그 사회에서는 모두가 이유도 모른 채 신발 안에 돌멩이를 넣고 다니며, 그로 인한 통증을 호소합니다. 사람들은 고통의 의미에 대해, 왜 고통을 받아야 하는지에 대해, 그리고 신발이 왜 이런 고통을 주었는지에 대해 여러 이론을 내놓습니다. 그런데 한 아이가 신발에서 돌을 꺼내어 사람들에게 보여준다고 합시다. 그러면 그 사회의 전제가, 틀이 무너집니다.

현실에서도 마찬가지입니다. 우리가 '블리스-의식(Bliss-consciousness)', 즉 어떤 상황과도 무관하게 존재하는 최상의 행복

상태를 경험하게 되면, 그 모든 전제가 무너집니다. 그리고 그와 함께 거의 똑같이 중요한 다른 깨달음들이 찾아옵니다: 어떻게 하면 블리스-의식에 도달할 수 있는지, 어떻게 그 상태를 유지할 수 있는지, 그리고 과거의 고통과 상처가 남긴 흔적을 어떻게 치유할 수 있는지 말입니다. 이러한 발견들은 모두 하나의 결론으로 이어집니다: 그것은 내면의 깨달음과 의식의 작용을 통해 실현되는 길입니다.

이 길을 따르는 모든 이유는 바로 블리스-의식이라는 실재 때문입니다. 그것은 영원하고 변하지 않으며 보편적인 의식의 특성입니다. 그리고 그것은 당신이 영원과 개인적으로 연결되는 방식이기도 합니다. (블리스-의식에 접근하는 기술들은 제5장 "명상과 성찰: AI의 통찰"에서 소개됩니다.)

가이드 명상
영적 스승 AI

AI에게 스승의 역할을 맡겨, 명상 안내문을 창작한 것처럼, 이번에는 챗GPT가 '직관 확장'이라는 주제로 만든 명상문입니다. 이 예시를 참고해 자신만의 프롬프트를 자유롭게 만들어보세요.

-. 당신은 영성 전문가로서 다음 주제를 바탕으로 한 가이드 명상을 작성해 주세요. 주제: 직관력 확장

챗GPT

직관력 확장

- **배경 설정** : 조용하고 편안한 장소를 선택해 앉으세요. 발바닥이 바닥을 통해 지구와 단단히 연결되는 느낌으로 안정감을 느껴보세요.

- **제3의 눈에 집중하기** : 눈을 감고, 이마 중앙 ― 양 눈썹 사이 ― 에 주의를 집중하세요. 이곳은 베다 전통에서 '직관의 자리'로 알려져 있습니다. 그곳에 의식을 고요히 머물게 해 보세요.

- **달빛 시각화** : 부드럽고 은은한 달빛이 제3의 눈 위로 비추는 장면을 상상해 보세요. 그 빛이 당신 내면의 시야를 밝혀주고, 직관을 깨워 맑게 해주는 것을 느껴보세요.

- **내면의 안내** : 마음속으로, 당신이 지금 겪고 있는 문제나 고민에 대한 안내나 통찰을 조용히 요청해 보세요. 억지로 끌어내려 하지 말고, 자연스럽게 떠오르는 이미지나 감정, 생각을 열린 마음으로 받아들여 보세요.

전략 # 7

부정적인 믿음을 해소하라

당신의 참된 자아로 가는 길의 토대는, 그 자아가 늘 당신에게 메시지를 보내고 있다는 사실이다. 그 메시지가 완벽하지는 않아도 어느 정도 명료하게 다가올 때, 당신은 자신의 삶 속에서 사랑과 아름다움, 진실을 느끼게 된다. 외부 세상은 당신 내면의 조화를 반영한다. 이 여정에는 또 다른 중요한 이정표들이 있는데, 그중 가장 중요한 것 중 하나가 바로 당신의 믿음이다. 참된 자아의 메시지가 당신에게 닿지 않을 때는, 그 길을 완강하게 가로막고 있는 부정적인 믿음이 원인인 경우가 많다. 인생의 길(다르마)을 향한 진화적 충동은 이런 부정적인 믿음들을 녹여 없애는 것을 목표로 한다. 그리고 당신도 그 과정에 함께할 수 있으며, 그 첫걸음은 바로, 부정적인 믿음이 당신을 지배하는 순간을 알아차리는 데서 시작된다.

믿음은 마치 소프트웨어 프로그램처럼, 당신의 성격 안에 조용히 자리 잡고 있으며, 그중 일부는 당신의 매우 깊은 핵심에 자리 잡고 있어, 이를 '핵심 신념(core belief)'이라고 부른다. 핵심 신념은 단순한 일시적 믿음보다 훨씬 깊은 차원에서 작용한다. 예를 들어 누군가와 사랑에 빠지면, 당신은 그 사람이 모든 면에서 완벽하다고 믿기 쉽다. 하지만 시간이 지나고 상대방을 보다 현실적으로 보기 시작하면, 그 믿음은 단지 일시적 믿음에 불과했다는 것을 알게 된다. 그러나 '나는 사랑받을 수 없다'라는 믿음을 갖고 있다면 그것은 부정적 핵심 신념에 해당한다. 핵심 신념은 당신의 정체성을 강하게 물들이고, 때로는 정의하기도 한다. 그것은 당신이 자신과 관계 맺는 가장 친밀한 방식이다.

핵심 신념은 반드시 말로 표현하지 않더라도 마음속 깊은 곳에 자리 잡은 믿음이다. 예를 들어 당신이 직장에서 해결해야 할 일이 있는데, 직감적으로 '이번 일은 실패할 것 같다'라는 느낌이 들면, 당신은 자연스레 불안해지고 걱정스러운 감정이 일어날 수 있다. 이럴 때 흔히 '직감을 믿어!'라고 말하지만, 직감을 따르라는 조언은 실제로 그다지 신뢰할 만하지 못하다. 왜냐하면 모든 감정과 경험은 부정적이든 긍정적이든 '핵심 신념'이라는 여과기를 통과한 뒤에 우리에게 나타나듯이, 직감도 왜곡된 핵심 신념이라는 필터를 거쳐서 나오기 때문이다. 그러한 핵심 믿음은 도전할 수 없는, 일종의 개인적인 복음(절대적 믿음)처럼 작용한다. 세상과 다른 사람들이 직접적으로 경험되는 것이 아니라, 당신만의 필터를 통해 해석되고 인식된다.

부정적인 믿음은 당신 인생의 가능성에 심각한 영향을 미친다. 사람들이 자신의 경력에서 누구나 한 번쯤은 경험해 봤을 그런 믿음을 예로 들어 보자.

- 나는 충분히 잘하지 못한다.
- 나는 똑똑하지 않다.

- 나는 제대로 된 인맥이 없다.
- 내 일이 항상 잘 풀리지 않는다.
- 나는 운이 없다.
- 나는 이유 없이 소외된다.
- 그들은 나를 불공정하게 대한다.
- 모든 것은 내 상사의 잘못이다.

이 믿음들이 일시적인 믿음이라면, 그 효과는 일시적일 가능성이 있다. 그러나 이 믿음들이 핵심 믿음으로 자리 잡게 되면, 그 피해는 몇 년 또는 평생 지속될 수 있다.

되돌아보면, 핵심 믿음이 강력히 왜곡된 거울처럼 작용한다는 것을 부인할 수 없다. 그것들은 경험도 바꾸지 못하는 확고한 믿음이다. 이런 신념들은 자각을 통해 그들의 힘을 무력화시키기 전까지는 계속 그 믿음에 갇히게 된다.

다행히도, 그 믿음들은 변할 수 있다. 자기 파괴적인 믿음 대신, 진화적인 신념을 찾는 것이다. AI에게 누구나 가질 수 있는 가장 긍정적인 핵심 신념들에 관한 설문지를 만들어 달라고 요청했다. 그 결과는 다음과 같다.

---

1. 자신의 결점이나 실수와 상관없이 자신의 가치를 믿나요?

　□ 예　　　　　　　□ 아니오　　　　　　　□ 가끔

2. 인생에서 직면하는 도전과 좌절을 극복하고 다시 일어설 수 있다고 믿나요?

　□ 예　　　　　　　□ 아니오　　　　　　　□ 가끔

3. 실수나 어려움에 직면했을 때 자신을 친절하고 이해심 있게 대하나요?

　　□ 예　　　　　　　　　□ 아니오　　　　　　　　　□ 가끔

4. 자신의 강점과 약점을 모두 인정하며 긍정적이고 현실적인 시각으로 자신을 바
　　라보나요?

　　□ 예　　　　　　　　　□ 아니오　　　　　　　　　□ 가끔

5. 자신의 선택과 행동을 통제하고, 자신의 가치관에 맞는 결정을 내리나요?

　　□ 예　　　　　　　　　□ 아니오　　　　　　　　　□ 가끔

6. 다른 사람들의 감정과 관점을 이해하고 배려하나요?

　　□ 예　　　　　　　　　□ 아니오　　　　　　　　　□ 가끔

7. 당신은 변화와 개인적 성장에 개방적이며, 발전이 지속적인 과정임을 인식하나
　　요?

　　□ 예　　　　　　　　　□ 아니오　　　　　　　　　□ 가끔

8. 자신의 삶에 의미가 있다고 믿으며, 자신의 행동이 더 큰 선을 위해 기여할 수
　　있다고 생각하나요?

　　□ 예　　　　　　　　　□ 아니오　　　　　　　　　□ 가끔

9. 타인과의 관계에서 자신의 안녕을 지키기 위해 건강한 경계(선)를 설정하고 존
　　중하나요?

　　□ 예　　　　　　　　　□ 아니오　　　　　　　　　□ 가끔

10. 인생에 대해 긍정적인 시각을 가지고 있으며, 도전 과제를 극복할 수 있다고
　　　믿고 좋은 일이 일어날 것이라고 기대하나요?

　　□ 예　　　　　　　　　□ 아니오　　　　　　　　　□ 가끔

당신이 어떤 질문에 긍정적인 "가끔"이라고 답했다면, 당신은 단순

히 합리적인 반응이라고 볼 수 있다. 자신과 관계는 상황에 따라 달라질 수 있기 때문이다. 반면에 "예"라고 답했다면 이는 상황과 무관하게 진정한 자아와 깊이 연결되어 있다고 할 수 있다. 이러한 연결은 상황에 좌우되지 않으며, 당신의 핵심 신념으로 영원히 당신의 일부가 되어 존재한다.

하지만, 이 질문의 목적은 답변을 평가하는 것이 아니라, 가장 중요한 긍정적인 핵심 신념이 무엇인지 밝혀내는 것이다. 그것이 자기 인식의 첫 번째 단계이다. '내게 있어 진화적인 반응은 무엇인가?'라고 자신에게 물어보면, 그 답변은 자신에 대한 긍정적인 핵심 신념 중 하나를 뒷받침할 것이다.

반대로 당신의 대답이 대체로 "아니요" 혹은 불확실한 "가끔"이라는 식이면, 그것은 당신이 부정적인 핵심 신념의 필터를 통해 자신을 바라보고 있다는 뜻이다. 하지만 이런 신념은 도대체 어디에서 비롯된 걸까? 어떤 핵심 신념의 기원을 안다는 것은 복잡하다. "원인은 많고 해결책도 많다"라는 격언이 여기에 잘 들어맞는다. 우리가 실제로 무엇을 이야기하고 있는지를 실용적인 관점에서 이해하는 것도 도움이 된다.

낮은 자존감

자신을 패배시키는 가장 부정적인 핵심 믿음 가운데 하나인 낮은 자존감을 예로 들어보자.

만약 당신이 진정한 자아와 연결되어 있다면, 당신의 자존감은 흔들릴 수 없을 만큼 단단할 것이다. 자아는 겉으로 보기엔 자존감이 있는 척하지만, 대부분 다른 사람들을 설득하거나 경쟁자를 위협하기 위해 그런 모습을 보일 뿐이다. 만약 자신의 결점을 알고 있음에도, 운 좋게 강한 자존감을 유지할 수 있다면, 그 결점이 자기 가치에 대한 믿음을 약화시키지 않는다. 이 믿음의 근원은 무엇일까? AI는 가족 배경과 양육 방식에 근거한 좋은 답변을 알려줄 수 있다. 각 항목마다, 당신이 그 영향을 받았는지 아닌지 자기 자신을 돌아보는 방법도 덧붙이겠다.

-. 부모는 아이에게 어떻게 낮은 자존감을 심어 줄까요?

챗GPT

다음은 부모가 의도치 않게 자녀의 자존감을 낮추게 하는 몇 가지 방법입니다.

1. 비판과 부정적인 피드백 : 반복적으로 아이를 비난하거나 지나치게 부정적인 피드백을 주는 것은 아이의 자존감을 해칠 수 있습니다. 끊임없는 비판은 아이에게 '난 무얼 해도 안돼'라는 느낌을 심어 줄 수 있습니다.

우리는 종종 부모로부터의 비판이 "다 너를 위한 것이다"라는 말을 들으며 자랐고, 그 말을 또 자녀에게도 반복하며 전달한다. 하지만 그 비판의 목소리가 당신의 마음속에 끊임없이 만족할 수 없는 잔소리로 들렸다면, 그건 결코 당신을 위한 것이 아니다. 문제는 비판 자체가 아니라, 비판을 받는다는 느낌, 즉 판단을 받는다는 느낌이다. 건강한 비판은 판단을 요구하지 않는다. 당신을 더 나쁘다고 느끼게 하거나 당신이 잘못되었다는 느낌을 받도록 하지도 않는다. 만약 누군가를

틀리게 하려고 자신이 항상 옳아야 한다는 습관을 가지고 있다면, 의식하지 못한다 하더라도 부정적인 핵심 믿음이 작용하고 있다는 신호이다. 지나치게 통제적이거나 완벽주의적인 경우에도 마찬가지이다. 특히 그런 행동들이 다른 사람에게 향할 때, 암묵적인 비판의 뉘앙스를 풍긴다. 비판은 다른 사람들을 통제하려 하거나, 불가능한 완벽주의 기준을 강요하는 사람에게 향해야 한다.

---

2. 비교하기 : 자녀를 형제자매나 또래와 부정적으로 비교하는 것은 열등감을 불러일으킬 수 있습니다. 부모는 "너는 왜 형과 누나처럼 못하니?"와 같은 말은 피해야 합니다.

불리한 비교를 받지 않고 자라는 아이는 참으로 드물고, 있다면 운이 좋은 경우이다. 똑똑하거나, 말을 잘 듣거나, 더 순종적이거나, 외모가 뛰어난 형제자매가 실제로 없더라도 상관없다. 심지어 자존감 측면에서 가장 유리한 위치에서 태어난 외동아이도 가족 이외의 교사나 친구들로부터 비교당하면서 상처받을 수 있다. 이런 경우의 가장 흔한 결과는, 타인의 인정을 끊임없이 구하게 되고, 그 인정을 받지 못할 때 쉽게 불안해지며, 누군가가 자신이 한 말이나 행동을 못마땅해할 때, 과도하게 예민한 반응을 보인다. 가족 내에서는 형제자매 간의 경쟁은 건강한 경쟁의 형태로 시작될 수 있지만, 성인 된 이후에도 습관적으로 질투를 느끼거나 항상 열등감을 느끼게 되면 그 경쟁은 문제가 된다. 이처럼 아동기에서 비롯된 영향은 매우 흔하며, 평생 영향을 끼치기도 한다.

3. 지나치게 높은 기대 : 자녀의 학업, 스포츠, 기타 활동에서 성과에 대해 현실적이지 않은 기대를 설정하는 것은 엄청난 압박감과 불안감을 초래할 수 있으며, 이러한 기대에 부응하지 못할 경우 낮은 자존감으로 이어질 수 있습니다.

이 점은 비교에 대한 이전의 내용과 비슷하지만, 추가적인 변수가 있다. 자녀에게 지나치게 많은 것을 기대하는 부모는 자신의 내면을 투사하는 것이다. 그들은 자신의 성취 부족을 자녀에게 투사하거나, 반대로 자신의 성취에 대한 이기적인 감정을 투사하는 것이다. 첫 번째 메시지는 '너는 나처럼 되지 않길 원해'이며, 두 번째 메시지는 '왜 너는 나처럼 되지 못하니?'이다. 결과적으로 두 메시지의 효과는 동일하다. 이는 공정한 압박이 아니며 아이가 자연스럽게 성장하는 것을 방해한다. 만약 자녀에게 이런 메시지를 전달하고 있다면, 자신의 기대치가 너무 높은 것은 아닌지 살펴보아야 한다.

4. 긍정심 강화의 부족 : 아이의 성취와 노력을 인정하지 않고 칭찬하지 못하면, 낮은 자존감 형성으로 이어질 수 있습니다. 아이는 자신감을 키우기 위해 긍정심 강화와 격려가 필요합니다.

이는 부모의 역할에서 가장 슬픈 결함 중 하나다. 이는 부모가 자녀들에게 실망했거나, 오히려 한 명의 자녀가 특별히 주목받지 못하거나 소외되고 있는 경우를 반영하고 있다. 최악의 상황에는 거의 완전한 방임 상태에 이른다. 아이는 자신이 중요하지 않거나, 존재가치가 없다고 느낀다. 결과적으로 이는 좌절의 패턴으로 나타나며, 아이들은 조용한 아웃사이더처럼 뒷자리에 앉아 있거나, 아니면 시선을 끌기 위해 문제를 일으키는 행동을 보일 수 있다. 성인이 되어서도 이 좌절감이 떠나지 않는 낮은 수준의 상태로 남아있을 가능성이 높다.

---

5. 조건부 사랑과 애정 : 자녀의 가치를 성취나 행동에 연결시키는 것은, 사랑받고 인정받기 위해서 성과를 내야 한다는 인식을 심어 줄 수 있습니다. 건강한 자존감을 위해서는 어떤 조건 없이, 존재 자체로 사랑받고 지지받는다는 경험을 갖게 하는 것이 필수적입니다.

이것은 가장 혼란스러운 부분이다. 영적인 의미에서 무조건적인 사랑은 오직 진정한 자기 자신을 통해서만 달성된다. 다른 모든 형태의 사랑은 자기중심적 자아에 의존하며, 아무리 선한 의도를 가지고 있더라도 '나, 내 것, 내 욕망'을 심각하게 거스르는 존재나 대상을 진심으로 사랑하기는 어렵다. 조건적인 사랑은 다양한 스펙트럼으로 존재한다. 일부 부모는 자녀가 순종하지 않으면 애정이나 지원 또는 보상을 박탈하겠다고 위협한다. 아이의 옳고 그름에 대한 인식은 시간이 지남에 따라 단계적으로 발전한다는 것을 깨닫는 것이 중요하다. 유아기 때 엄마가 나에게 "착해야 해"라는 말은 "나쁜 짓을 하면 벌받을 거니까 잘 해야 해"로 변하고, 이후 "옳고 그름을 분별할 수 있기 때문에 잘해야 하는 거야"로 변한다. 만약 당신이 이전 단계에 머물러 있다면, 어린 시절에 조건 없는 사랑을 받지 못한 것일 수도 있다.

어린아이들은 감정이 필터링되지 않고 바로 느낀다. 그들은 자신이 상처받았는지 즉시 알 수 있으며, 그 결과 즉각적인 반응을 한다. 일정 시점에서 부모는 이러한 상황이 계속되도록 두지 않는다. 감정적 경계를 설정하는 것은 좋은 양육의 일부이며, 이 과정이 효과적으로 이루어지면 아이들은 좋은 충동 조절 능력을 갖추고 자란다. 그러나 아이가 감정적으로 지나치게 의존하거나 요구가 많을 경우, 부모가 '그럭저럭 괜찮은 수준' 이상의 양육을 하는 것은 힘든 일이므로, 이는 이해할 수 있다. 성숙해지는 과정의 일부는 자신의 감정을 스스로 책임지는 것이다. 하지만 '아무도 내 말을 들어주지 않아'라는 믿음을 가지고 있다면, 이는 더 어려워질 수 있다.

부정적인 '핵심 신념'은 융통성이 없기 때문에 유연하지 못하다. '절대', '항상', '전혀'와 같은 단어를 사용하거나, "너는 항상 그렇게밖에 못해"라고 비난한다면, 핵심 신념이 당신의 태도에 영향을 미쳤을 가능성이 높다. 상대가 내 말을 안 들어 준다는 느낌은 짜증나지만, 그럴 때일수록 타인의 행동보다 문제의 어느 부분이 당신의 말투에 원인이 되었는지 그 내면을 살펴볼 필요가 있다.

부모가 아무리 좋은 의도를 가지고 "침대 좀 정리해"와 "너는 정말 게으르구나. 침대 좀 정리해"의 차이를 인식하지 못할 수 있다. "너는 X야"와 같은 표현은 강력하다. 이러한 형식의 표현은 아이의 자아 이미지에 큰 영향을 준다. 심리학자들은 이것을 서술적 진술이라고 부르는데, 이것이 긍정적일 때는 자존감 형성에 좋은 효과를 볼 수 있다고 말한다. 성인이 된 후에도 '나는 사랑받고, 사랑받을 만한 존재야', '나는 괜찮아' 또는 '나는 안전해'같은 믿음을 갖고 있는 사람은 대개 어린 시절 누군가로부터 그런 확신을 얻은 경험이 있기 때문이다. 반대로 성인이 된 후 '나를 사랑하는 사람은 없어' 또는 '나는 괜찮지 않아' 또는 '나는 안전하지 않다'라고 믿을 때도 마찬가지이다. 이러한 감정을 심어 주기 위해서는 단순한 서술적인 진술 이상이 필요하다. 아이들은 말로 표현되지 않는 것들까지 깊이 흡수한다. 그러나 만약 "나는 X다"와 같은 표현으로 자신을 폄하하고 있다면, 과거에 어떤 식으로든 형성된 자기 파괴적인 신념을 받아들인 것이다. 한 가지 징후는, 어린 시절 누군가로부터 자신을 부끄럽게 여기도록 한 기억이 있고, 그 일은 지나갔지만, 그때 생긴 막연한 수치심이 지금까지도 계속되고 있다는 느낌이 있다면, 그 믿음은 아마도 그때 형성되었을 가능성이 큽니다. 과거의 사건이 사라진 후에도 그 부끄러움이 오래도록 남아 있는 것이다.

8. 과잉보호 : 지나치게 통제하거나 보호하려는 태도는 아이가 스스로 도전 과제를 처리할 능력이 없다는 메시지를 줄 수 있으며, 이는 자신감을 약화시킬 수 있습니다.

많은 부모는 자신이 저지른 잘못을 자녀가 반복하지 않도록 보호하려는 동기를 가지고 있지만, 이러한 욕구가 통제적으로 되면 자녀는 직접적인 현실 경험을 통해 배우는 기회를 박탈당하게 된다. 만약 당신이 어린 시절로 다시 돌아가, 인생의 좋은 면만 경험한다면, 그 경험이 제한적이어서 당신의 인식은 좁아질 것이다. 왜냐하면 좁은 경험이 바로 그렇게 만들기 때문이다. 마찬가지로, 실패, 실망, 고통으로 이어질 수 있는 모든 어려운 도전으로부터 보호받았다면, 나중에 역경과 장애물이 닥쳤을 때 더 취약해질 것이다. 과 보호적인 부모에게 자랐다면, 당신은 삶에서 눈에 띄는 결함이 없을 수도 있지만, 동시에 인생이 잘 풀릴 것이라고 믿는 데는 쉽사리 동의하기 어렵다. 신뢰하는 자질이나 믿는 능력은 어떤 경우에도 쉽게 발전되지 않으며, 과잉보호를 받은 어린 시절은 그것을(신뢰를 키우는 것) 더욱 어렵게 만든다.

만약 어린 시절에 이러한 나쁜 일이 일어나지 않았다면, 당신은 결점과 실수에도 불구하고 자신이 가치 있다고 믿는 신념을 강하게 가질 가능성이 높다. 그러나 자존감의 예는 운이 좋은 사람과 불행한 사람을 구분하기 위한 것이 아니었다. 목적은 '원인이 다양하므로 해결책도 다양하다'라는 원칙이 우리 모두에게 적용된다는 것을 보여주기 위함이었다. 인간 본성은 아주 복잡하기 때문에, 방치되거나 학대받은 부모에게 자란 아동 A가 완벽한 양육을 받은 아동 B보다 더 높은 자존감을 가질 수도 있다.

만약 이야기가 여기서 끝난다면(즉, 자기 자신에 대한 낮은 자존감만이 문제라면), 개인의 성장이나 변화는 몹시 힘들고 비현실적일 것이다. 낮은 자존감이 당신이 생각했던 것보다 훨씬 복잡해 보인다면, 그 이유는 다른 해로운 핵심 신념들이 이 자존감 문제와 얽혀 있기 때문일 수 있다는 점을 생각해야 한다. 챗GPT가 네 가지 주요 핵심 신념을 요약하는데, 그 중 첫 번째가 낮은 자존감이고, 나머지 세 가지도 하나씩 자세히 들여다보면 마찬가지로 복잡하고 해롭게 보인다.

- **재앙적 사고** : 모든 상황에서 최악의 결과를 지속적으로 예상하는 것은 만성적인 불안과 스트레스로 이어질 수 있습니다. 재앙적 사고는 삶을 즐기거나 위험을 감수하는 것을 어렵게 만들 수 있습니다.

- **완벽주의** : 완벽을 추구하며 그 이하의 결과는 용납할 수 없다고 믿는 것은 만성적인 스트레스, 불안, 그리고 번아웃을 초래할 수 있습니다. 이는 창의성과 개인적 성장에도 방해가 될 수 있습니다.

- **피해자 의식** : 자신이 항상 상황의 피해자이며 자신의 삶을 통제할 수 없다고 믿는 것은 무력감과 절망감으로 이어질 수 있습니다. 이러한 사고방식은 개인적 성장과 문제 해결을 방해할 수 있습니다.

- **전부 아니면 전무 사고** : 상황을 극단적이고 흑백으로 보는 것은 경직된 사고와 비현실적인 기대로 이어질 수 있습니다. 이러한 믿음은 일이 계획대로 진행되지 않을 때 고통을 유발하며 적응력을 방해할 수 있습니다.

이러한 신념들은 이제 너무도 일상화되어, 소셜 미디어와 24시간 뉴스조차 이런 부정적인 전제를 바탕으로 운영한다고 해도 과언이 아니다. 끊임없이 터지는 재난에 초점을 맞추다 보면 그 흐름은 끝이 없다. 머릿속에 떠오르는 이미지는 자동화된 야구 케이지에서 기계가 타자에게 공을 계속해서 던지듯, 끊임없이 밀려오는 뉴스의 파도처럼 보인다. 이처럼 멈출 줄 모르는 나쁜 자극은 사람들의 부정적 사고를 증폭시키며, 내면을 끊임없이 흔들어 놓습니다.

우리는 자신이 싫어하는 모든 생각이나 감정을 일일이 모니터링하고 바로잡으려고 노력하는 것은 불가능하다. 그렇다고 해서, 부정적인 믿음을 무심히 넘겨버린다고 해서 그것들이 사라지리라 기대할 수도 없다. 왜냐하면 핵심 신념이란 자기 정체성이나 세계관에 깊이 자리 잡은 믿음을 일컫는 것으로, 자기 자신이 곧 전체라고 믿는 착각 속에 존재하기 때문이다. 그것은 단순한 생각이 아니라, '나'라는 존재의 정체성을 구성한다고 믿어버린, 일종의 의식의 한 부분인 것이다.

진정으로 필요한 것을 해낼 수 있는 것은 오직 자기 인식(자각)뿐이며, 그것은 당신의 의식 상태를 변화시킨다. 인생길에는, 부정적인 감정이나 생각을 억누르거나 저항하면 할수록 오히려 그것이 더 강해지고 오래 지속되는 경우도 있다. 이제 더 나은 방법을 살펴볼 것이다.

당신의 길

부정적인 생각을 극복하는 열쇠는 말에 귀를 기울이지 않고 대신 자신의 감정에 집중하는 것입니다. 감정은 생각보다 훨씬 더 설득력이 있습니다. 프로이트는 불안보다 더 고통스러운 것은 없다고 말했다. 불안을 직접 경험해 보면 그 말의 진심을 깨닫게 됩니다. 사람마다 차이는 있겠지만, 우리 모두가 두려움, 우울함, 무력감, 절망감, 질투, 수치심, 죄책감을 느끼는 것은 공통적입니다.

이러한 감정은 부정적인 핵심 신념에서 비롯됩니다. 그 메시지는 수천 가지의 다른 생각으로 전달될 수 있지만, 그것들은 진짜로 중요한 것, 즉 당신이 느끼는 고통에서 주의를 분산시키는 것입니다. 감정의 힘에 의문을 제기할 사람은 없다. 친구로부터 피부 아래에 혹이 발견됐다는 말을 듣거나, 노모가 몇 시간 동안 전화를 받지 않거나, 회사에서 구조조정이 예정되었다는 소식을 듣는 순간, 이런 상황에 대해 당신이 '생각하는 것'은, 그 상황이 당신에게 '어떤 기분을 주는지'의 감정에 비하면 부차적인 문제입니다. 친구가 혹이 양성이라고 말하고, 어머니가 전화받지 않은 것에 대해 사과하고, 해고에도 불구하고 직장을 유지하게 되면 모든 것이 정상으로 돌아옵니다. 당신의 감정이 정상으로 돌아왔기 때문입니다.

이 정상적인 감정 상태가 바로 당신의 목표입니다. 정상적인 상태가 아니라고 느낄 때마다, 당신이 취해야 할 가장 진화적인 단계는 다음과 같다.

감정을 인식하라

이것은(자기 감정이나 반응을 알아차리는 것) 자기 인식을 위한 기본적인 행동이지만, 사람들은 종종 이를 간과합니다. 무의식적으로 주의를 게을리하는 습관에 빠지기 때문입니다. 하지만 감정을 차단하면, 결국 자기 자신도 차단하게 됩니다. 그렇게 되면, 내면의 길은 즉시 막히게 되고, 이것은 당신이 원하는 것과 정반대가 됩니다. 여기서는 아무런 행동도 필요하지 않습니다. 단순히 아래의 감정을 느낄 때마다, 주의하고자 하는 의도만 있으면 됩니다.

- 무언가에 대해 투덜거리고 불평할 때
- 남을 탓할 때
- 압도당하는 느낌을 받을 때
- 산만해질 때
- 낙심하기 시작할 때
- 자신을 비난하기 시작할 때
- 불안하고 초조해질 때
- 다른 사람의 말을 무시할 때
- 비판적이고 부정적으로 판단을 할 때

이것들은 쉽게 눈치채지 못하고 지나칠 수 있습니다. 심각한 우울증, 불안, 슬픔, 분노와 같은 더 심각하고 지속적인 감정들과는 다릅니다.

최악의 부정적 생각을 믿지 않기

모든 감정은 생각을 동반하며, 종종 그 생각은 당신에게 그 감정을 받아들이도록 요구합니다. 만약 그렇게 된다면, 당신의 부정적인 감정은 강화됩니다. 자아는 자신이 옳다고 믿기를 원합니다. 예를 들어, 당신이 누군가를 비난하면 자아는 당신이 비난하는 것이 옳다고 말할 것입니다. 자아는 판단하려는 성향이 있으며, 당신이 스스로 의롭다고 느끼는 순간 판단하려는 충동이 생깁니다. 하지만 그런 생각을 차단하는 것은 그렇게 어렵지 않습니다. 자신의 머릿속에 떠오르는 생각을 다 믿지 말고, 지금 이 순간에 느끼는 감정에 집중하세요.

강한 충동에 따라 행동하지 않기

부정적인 생각이 옳다고 확신하게 되면, 곧 행동이 따라옵니다. 화가 터지고, 문을 잠갔는지, 가스는 껐는지 확인하려고 집으로 달려갑니다. 혹은 다툼 중에 나중에 후회할 말을 내뱉게 될 수도 있습니다. 말도 일종의 행동이며, 한 번 내뱉은 말은 되돌릴 수 없습니다. 충동이 강할수록 두려움, 분노, 질투와 같은 감정들이 주도권을 잡지 않도록 더 의식적으로 깨어 있어야 합니다.

반응 대신 응답으로 바꾸세요

사람들은 어떤 일이 일어나면 즉각적으로 반응합니다. 그리고 그 반응 패턴은 몇 가지 반복되는 방식으로 행해집니다. 반복될수록 결과는 점점 약해집니다. 예를 들어, 배우자가 쓰레기를 버리지 않거나, 침대를 정리하지 않거나, 치약 뚜껑을 닫지 않는다는 이유로 계속 잔소리할수록, 그 반응은 오히려 무시당할 가능성이 커집니다. 만약 그렇지 않다면, 부모들이 자녀들을 꾸짖는 것이 그들의 행동을 바꾸는 데 효과적인 방법이 될 것입니다. 하지만 모든 부모가 알다시피, 현실은 그렇지 않습니다.

대안은 감정적인 반응이 가라앉을 때까지 기다렸다가 마음이 차분하고 명료한 상태에서 응답하는 것입니다. 다시 말해, 습관과 충동에 의한 반응이 아닌 신중한 대응을 하는 것입니다. 무의식적 반복임을 알아차릴 때 그것은 자각의 계기가 됩니다. 당신이 항상 같은 말을 반복하고 있다는 것을 알면 멈추세요. 내면에서 더 나은 반응을 찾아보세요. 그 순간 바로 나올 수도 있고, 그렇지 않을 수도 있습니다. 하지만, 이 과정을 실천하고 진정으로 새로운 반응을 원한다면, 당신의 참된 자아가 드러나기 시작할 것입니다. 왜냐하면 당신은 진화하도록 설계되었기 때문입니다. 최소한 같은 말을 반복하는 습관을 되풀이하지는 않을 것입니다.

신뢰할 수 있는 사람을 찾으세요

사람들끼리 따뜻한 삶의 지지와 도움이 있으면, 심장마비의 발생을 줄이고, 심각한 질병 후 회복을 빠르게 하며, 심지어 암 생존율을 높이는 것으로 밝혀졌습니다. 인생길에 봉사와 섬김을 위해 지원하는 사람들이 많을수록 기대 수명이 길어지는 직접적인 상관관계가 있습니다. 이 원칙은 의학과 장수뿐만 아니라 일상생활의 변화 무쌍한 일들, 즉 우리의 감정에도 적용됩니다.

이전 단계에서 우리는 감정을 스스로 책임지는 법을 배웠지만, 동시에 자신의 감정을 억누르지 않는 것도 자신을 위한 일입니다. 감정을 억압하는 것은 감정을 다루는 가장 해로운 방법 중 하나입니다. 억압된 감정은 내면으로부터 곪아져 더 깊이 쌓입니다. 이러한 것은 사소하고 하찮은 논쟁 중에 갑자기 오래된 상처와 원망이 터져 나오는 순간에서도 경험해 볼 수 있습니다. 해결책은 신뢰할 수 있는 사람,

즉, 공감하고 이해해 주는 사람을 찾는 것입니다. 이 사람은 당신의 감정을 기꺼이 들어줄 것입니다. 왜냐하면 신뢰할 수 있는 사람은 당신의 분노, 원망, 질투 등을 유발하지 않기 때문에, 보복이나 죄책감 없이 안전하게 감정을 털어놓을 수 있습니다.

신뢰할 수 있는 사람은 반드시 가장 친한 친구일 필요는 없습니다. 친한 친구들은 너무 쉽게 당신을 옹호하거나, 아니면 당신을 너무 강하게 동의해서 부정적인 감정까지 지나치게 지지할 수 있기 때문입니다("그를 믿지 않는 게 나아. 처음부터 그 사람이 마음에 들지 않았어"라는 흔한 반응이며, "당신이 화내는 게 당연해. 그에게 복수해야지"도 마찬가지입니다.) 중요한 건 당신의 이야기를 들어주는 사람을 찾는 것입니다. 당신을 진심으로 들어주는 사람을 만난다면, 그가 바로 당신이 신뢰할 수 있는 사람입니다.

미래를 미리 준비하세요

감정은 본래 즉흥적인 것입니다. 그래서 어린아이들은 웃음에서 눈물로, 다시 웃음으로 빠르게 전환할 수 있습니다. 그러나 성인이 되면 이러한 즉흥성은 성장과 함께 감정을 억제하거나 같은 습관을 반복하는 방식으로 표출하게 됩니다. 이는 어쩌면 과거의 상처나 경험이 누적되어 자동으로 반응하게 되는 것일 수 있습니다. 그래서 감정이 습관화되면 우리는 특정 상황에서 무의식적으로 같은 방식으로 반응합니다. '왜 내가 또 이 감정에 빠졌을까?'를 자각하는 것이 자기 인식입니다. 자기 인식은 감정을 있는 그대로 바라보고, 그것의 패턴을 인식함으로써 반복에서 벗어나게 합니다. 우리는 무의식적인 감정을 깨닫기 위해 자기 인식이 필요합니다. 현재의 감정 습관이 바뀌지 않으면,

미래도 현재와 다르지 않을 것입니다. 미래가 오늘과 같지 않기를 바란다면, 지금 이 순간부터 감정의 흐름을 깨닫고 변화를 준비해야 합니다.

이것은 단순히 감정에 휩싸여서 해결할 사항이 아닙니다. 가해자들은 뉘우치는 순간에는 다음엔 잘하겠다고 약속하지만, 실천이 따르지 않는 약속은 아무런 도움이 되지 않습니다. 피해자들이 그들을 용서하며 '다음엔 나아지겠지' 기대하는 것도 똑같이 무의미합니다. 단순한 용서와 희망만으로는 상황이 나아지지 않습니다. 여기 감정적으로 더 나은 미래를 만드는 데 도움이 될 두 가지 효과적인 전략이 있습니다.

① 확고한 기반을 찾는 것 : 우리는 다른 사람들과 감정적으로 관계를 맺지만, 그 감정은 일관되지 않습니다. 대신 우리는 흔들립니다. 관계 속에서 때로는 변화나 개선을 시도하지만, 또 다른 날은 그 문제를 감내하고 참습니다. 헤어지겠다고 위협하지만 결국 타협합니다. 그 결과, 우리는 엇갈린 신호를 보내게 됩니다. 이는 상대방에게 혼란을 줄 뿐만 아니라 자신에게도 혼란을 줍니다.

감정적 일관성은 확고한 기반 위에 서 있는 것과 같습니다. 자신에게 명확함을 얻고, 이 명확함을 주변 사람들에게도 전달합니다. 예를 들어, 당신과 결이 맞지 않는 오래된 친구가 있다고 상상해 보세요. 그 친구의 단점이 점점 당신에게 신경 쓰이기 시작했습니다. 그녀가 너무 수다스럽거나 자기중심적이라면, 당신은 더 이상 그녀에게 관대하지 않을 겁니다. 그녀가 길고 지루한 이야기를 시작하거나 "글쎄, 내 말의 요지는…"이라고 시작하는 순간, 이미 당신은 짜증을 내기 시작합니다.

하지만 그녀는 여전히 좋은 친구이므로, 불쾌한 것들에도 불구하고 그녀와 즐거운 시간을 보낼 수 있습니다. 자신의 순간적 반응에 굴복하지 않고, 어떤 반응이든 한 걸음 물러서서 솔직한 자기반성을 통해 우정을 평가할 수 있습니다. 만약 당신이, 아마도 그럴 가능성이 높겠지만, 그녀와의 우정을 진심으로 소중히 여긴다는 결론이 나면, 그것이 앞으로 당신이 서게 될 토대가 될 것입니다. 더 이상 흔들릴 필요는 없습니다. 당신은 깊은 내면에서 어떤 감정을 느끼고 있는지 알기 때문에, 일시적인 짜증은 부차적인 것이 되고 심지어 사라질 수도 있습니다.

일관성을 유지한다는 것은 세 가지 선택으로 귀결됩니다:

상황을 고치거나, 그냥 참거나, 떠나는 것입니다.

수동적인 태도는 선택지가 되어서는 안 되지만, 대부분의 사람들이 흔히 택하는 방식이기 때문에, 참고 견디는 것이 일종의 기본값처럼 되고 있습니다.

다른 선택지를 평가하려면 자기 인식이 필요합니다. 단순한 목록을 만드는 것만으로도 전략에 도움이 될 것입니다. 상황을 고치려는 이유, 현재 상태를 참기로 결정한 이유, 그리고 떠나려는 이유를 모두 적어 보세요.

목록을 가능한 한 상세하게 작성하세요. 아이디어가 자연스럽게 흐르도록 하세요. 이는 당신이 자신의 가장 신뢰하는 조언자가 되는 것입니다. 모든 생각을 적어낸 후, 종이를 보관하고 며칠 후에 다시 살펴보세요. 새로운 아이디어가 떠오르면 추가하세요. 단순히 자기 인식의 연습으로서, 이 과정은 긴장과 좌절감을 해소해 줄 것입니다. 모든 옵션을 적는 것만으로도 더 자유로워질 것입니다. 이것이 감정적

일관성의 느낌입니다. 또한 행동할 만큼의 명확함을 찾을 수도 있습니다. 상황을 해결하려고 시도하거나 떠나기로 결정할 때가 될 수도 있습니다. 어떤 경우 든 감정적 명확성을 달성하는 것은 그 자체로 가치가 있습니다.

② 감정 재구성하기 : 이 전략은 '이차적 생각(후회나 자아가 개입된 판단)'이 아니라, 그 감정을 재해석하고, 정서적으로 다시 느껴 보는 것에서의 '이차적 감정'에 초점을 맞춥니다. 이차적 생각은 보통 자아의 산물입니다. 강한 감정을 표현한 후, 자신에게 '그렇게 감정을 드러내는 건 좋지 않았어', '그렇게 해 봤자 아무 소용 없었잖아?'라고 말하게 되죠. 이런 판단에는 일종의 자기 조작과 통제가 개입합니다. 그때부터 '그래야 했는데, 할 수도 있었는데, 할 걸 그랬어' 같은 후회가 따라옵니다.

이차적 생각을 하는 대신 이차적 '감정'을 느끼는 것이 훨씬 도움이 됩니다. 원하지 않는 감정을 바라보고 재구성하여 더 나은 감정으로 바꾸는 것입니다. 예를 들어, 화를 내어 누군가의 감정을 상하게 했다면, 죄책감과 후회로 인해, 분노 폭발을 가져온 부정적인 영향이 더욱 강화됩니다. 그러나 곰곰이 되돌아보면, 그 상황을 다시 바라보고 더 긍정적인 시각으로 상황을 재구성할 수 있습니다. 다음과 같이 생각할 수 있습니다.

- 나도 인간일 뿐이야. 더 이상 나 자신을 단죄할 필요는 없어.
- 죄책감에 사로잡혀 있는 건 좋지 않아. 사과해야 하는 것이 좋아.
- 내 분노 중 일부는 정당했는지 아닌지 판단할 수 있어.
- 이제 보니, 분노가 하나의 습관이 돼 버린 걸 깨달았어.

이 생각들의 목적은 우리의 감정을 정상 상태로 되돌리는 데 있습니다. 이것은 항상 당신의 의도가 되어야 하며, 이는 감정의 자연스러운 순환, 즉 감정의 상승과 하강과도 일치합니다. 부정적인 감정을 붙잡고 있는 것은 이 순환에 방해가 됩니다. 위의 경우, 당신이 사과하고 용서를 받기 전까지는 정상으로 돌아갈 수 없습니다. 최소한, 용서받지 못하더라도 사과하고 그에 따른 결과를 받아들여야 합니다.

부정적인 감정을 재구성하는 데 마음의 시간을 투자한다면, 당신은 여러 가지 방법으로 자신의 성공 여부를 판단할 수 있습니다.

- 당신은 더 차분하고 평화로운 기분을 느낍니다.
- 신체의 긴장이 풀리기 시작합니다.
- 호흡이 더 규칙적이고 편안해집니다.
- 상황에 대한 부정적인 생각이 줄어듭니다.
- 다른 사람에 대한 판단을 덜 하게 됩니다.
- 자신에 대한 판단도 덜 하게 됩니다.
- 상황을 개선할 방법이 보이기 시작하고, 이는 안도감을 줍니다.

때로는 추가적인 행동이 필요하지 않습니다. 미래로 나아갈 길이 명확해집니다. 감정적 부담을 지고 갈 필요가 없습니다. 그러나 종종 행동을 취하고 싶을 것입니다. 누군가에게 사과가 필요하거나, 그들의 이야기를 들어야 할 수도 있습니다. 다른 측면의 이야기가 드러나야 할 수도 있습니다. 공감과 이해가 필요할 수도 있습니다. 가장 좋은 것은, 당신은 자신의 감정적 성장에 참여하고 있다는 것입니다. 성장의 길은 여러 측면에서 이루어지며, 그중에서도 감정적인 측면은 매우 중요합니다. 이 감정의 길을 정리해 나가는 것이야말로 '마음속 어둠을 걷어 내고, 빛 속에서 살아간다 '는 삶을 실현하는 데 큰 도움이 됩니다.

가이드가 있는 명상
AI를 스승 삼아

AI에게 스승의 역할을 맡겨 가이드 명상을 생성했듯이, 챗GPT가 창조와의 일체감을 위해 고안한 내용을 소개합니다. 챗GPT는 자체적으로 아름다운 명상을 생성했으며, 많은 세부적인 단계들이 포함되어 있습니다. 전체 목록을 외우려 하지 말고, 전체적인 안내서로 삼아 무엇을 해야 할지 이해하는 데 활용하세요.

이 명상은 그룹으로 수행하기에도 좋습니다. 한 명이 각 단계를 부드럽게 소리 내어 읽은 뒤, 1~2분 정도 기다린 후, 다음 단계로 진행하는 방식입니다.

-. 당신은 영성 전문가입니다. 창조와 일체감을 증진하는 가이드 명상을 제공해 주세요.

챗GPT

창조와의 일체감 명상

1. 공간 준비 : 방해받지 않을 조용하고 편안한 공간을 찾습니다. 바닥에 다리를 교차해서 앉거나, 의자에 앉아 발을 바닥에 평평하게 대고 편안한 자세를 취하고 눈을 부드럽게 감습니다.

2. 신체 이완 : 몇 번의 숨을 깊게 들이쉬고 내쉬며 시작하세요. 코로 천천히 들이쉬고 입으로 내쉬세요. 내쉴 때마다 몸에서 긴장이 풀리는 것을 느껴보세요. 어깨를 이완시키고 턱의 긴장을 풀어주며, 손은 무릎 위에 부드럽게 올려놓으세요.

3. 호흡과 연결 : 호흡에 집중하세요. 몸 안으로 들어오고 나가는 호흡의 자연스러운 리듬을 느껴보세요. 숨을 들이쉴 때마다 평화와 평온함을 들이킨다는 상상을

하세요. 숨을 내쉴 때마다 마음속의 생각이나 걱정들이 사라져가는 것을 느껴보세요.

4. **의식의 확장** : 이제 호흡을 넘어 몸 전체로 의식을 확장하세요. 내면의 에너지를 느껴보세요. 당신의 존재를 움직이는 생명력입니다. 이 같은 에너지가 모든 생명체 속에 흐르고 있으며, 당신을 창조물의 모든 것과 연결시키고 있음을 인식하세요.

5. **자연과 연결** : 자연에 둘러싸여 있는 자신을 상상하세요. 평화로운 숲 속에 앉아 있거나, 흐르는 강 옆에 있거나, 별이 빛나는 하늘 아래에 있는 모습을 상상하세요. 주변의 모든 생명체—나무, 동물, 발 아래의 땅—과의 연결감을 느껴보세요.

6. **우주와 하나되기** : 깊은 호흡을 이어가며 의식을 더욱 확장해 우주의 광대함과 연결해 보세요. 별들, 은하계, 끝없이 펼쳐진 우주 공간을 떠올리며, 이 우주 에너지와 하나가 되어 가는 자신을 그려 보세요.

7. **일체감 경험하기** : 이 확장된 의식 상태에서 모든 창조물과의 깊은 일체감을 경험하세요. 당신은 세상과 분리된 존재가 아니라 그 일부라는 것을 인식하세요. 평화와 조화의 깊은 감정이 온 몸에 퍼져 나갑니다.

8. **감사와 축복** : 이 일체감의 경험을 위해 감사를 표현하는 시간을 가져보세요. 모든 존재에게 축복을 보내며 행복, 건강, 조화를 기원하세요. 당신이 내면에서 이 일체감을 키울수록 세계의 전체적인 안녕에 기여한다는 것을 알게 됩니다.

9. **현재로 돌아오기** : 준비가 되면, 의식을 천천히 호흡으로 되돌려보세요. 몇 번의 깊은 숨을 쉬며 현재 순간으로 다시 돌아 오세요. 손가락과 발가락을 움직여보고, 준비가 되면 천천히 눈을 뜨세요..

10. **일체감 유지하기** : 오늘 하루를 보내는 동안 길러낸 일체감을 함께 지니고 가세요. 모든 창조물과 연결되어 있음을 기억하고, 이 의식이 당신의 생각과 말, 행동을 이끌어 주도록 하세요.

제 4 장

완전한 회복

온전함이 궁극적인 치유자

　온전함(wholeness)이란 단순히 '모든 것이 합쳐진 상태' 이상의 의미를 담고 있다. 그것은 내면의 모든 부분이 조화롭게 통합되어 균형과 평화를 이루는 상태를 의미한다. 이 온전함이 회복될 때, 비로소 진정한 치유와 삶의 의미가 회복된다는 의미다. 우리의 몸은 우리보다 훨씬 더 온전함에 대해 잘 알고 있다. 그리고 몸이 알고 있는 첫 번째이자 가장 중요한 사실은 '온전함 없이는 치유도 없다'라는 것이다. 의학에서 말하는 치유의 과정은 오랫동안 복잡한 과정으로 여겨져 왔다. 감기에서 회복되는 과정은 팔이 부러졌을 때의 회복과 다르며, 상처 난 손가락을 치유하는 것은 우울증에서 회복하는 것과 전혀 다르다. 그럼에도 몸은 각각의 고통을 구분해 내고, 그에 맞춰 혈액과 림프, 면역 세포, 염증 반응, 그리고 중추 신경계 등의 다양한 요소들을 정교하게 동원하여 치유를 가능하게 한다. 이 모든 과정 뒤에 놓인 질서와 조율 그 중심에는 늘 온전함이 자리하고 있다.

이와 같은 과정은, 온전함이라는 존재가 우리의 동반자인지, 모든 것을 이해하는 지혜로운 치유자인지 시험해 보게 된다. 온전함이 모든 것을 이해하는 치유자라는 주장에 대해, 현대인의 귀에는 허황하게 들릴 수도 있고, 터무니없는 미신처럼 보일 수도 있지만, 또 다른 이들에게는 영적 여정에서 이룰 수 있는 가장 높은 이상처럼 느껴질 수도 있다. 그러나 과연 우리는 우리 몸보다 온전함에 대해 더 잘 이해한다고 말할 수 있을까? 현대의 가장 정교한 의료 기술조차도 세포 하나를 만들어 내지 못한다. 하나의 세포가 사용하는 수천 개의 단백질은 아직도 정확히 몇 개인지조차 파악되지 않았고, 각 단백질이 수행하는 기능 또한 완전히 규명되지 않았다. 이 간단한 사실만으로도 우리는 온전함에 대해 진정으로 이해하지 못했음을 충분히 입증할 수 있다. 실제로, '전체는 그 부분들의 합보다 더 크다'라는 개념, 즉 전체론(holism)은 1926년에 이르러서야 소개되었고, 이를 기반으로 한 전인적 시각의 의학(holistic medicine)도 1960년대가 되어서야 비로소 본격적인 관심을 끌었다.

하지만 삶을 하나의 온전한 전체로 보는 관점, 즉 온전함은 수천 년 전부터 존재해 왔다. 자연은 창조된 모든 것을 품어왔으며, 인간의 존재를 지탱하는 가르침을 설명하는 다양한 용어들이 존재한다. 다르마는 그런 자연의 질서 중 인간의 존재를 설명하는 여러 개념 중 하나일 뿐이며, 아난다(Ananda), 요가, 은총, 섭리 또한 인간 존재를 떠받치고 있는 자연의 지혜를 나타내는 개념들이다. 이 모든 개념은 자연 속에 새겨진 질서와 지혜, 즉 거대한 지성이 인간의 삶과 진화를 이끌고 있다는 믿음을 담고 있다. 모든 고대 문화는 나름의 방식으로 인간이 차지하는 특별한 위치에 관해 설명하며, 그곳에서 더 높은 차원의 힘이 우리를 돌보고 있다는 사실을 증언한다. 핵심은 인간이 가진 이성적 사고보다 더 깊은 지혜가 우리 몸과 자연 안에 존재하며, 그 지혜는 온전함을 통해 나타난다는 것이다.

- **아난다는** 순수한 의식 자체가 진정한 행복이라고 말한다.
- **다르마는** 성장과 진화를 원하는 이에게는 반드시 그를 지지하는 힘이 있다고 말한다.
- **요가는** '완전한 삶은 의식의 원천과 하나가 될 때' 완벽한 삶을 이룬다고 말한다.

다음 두 개념은 서양적이며, 특히 기독교적이다.

- **은총은** 인간이 하나님의 특별한 은혜 아래 구원을 받는다는 기독교적 통찰이다.
- **섭리는** '하나님은 믿음을 기반으로 살아가는 이들에게 필요한 모든 것을 공급한다'라는 신념을 담고 있다.

인간은 자유 의지를 가지고 있기 때문에, 한 사람이 전체에 반하는 사고와 행동을 함으로써 이 특별한 상태에서 이탈할 수 있다. 이는 마치 신체의 한 세포가 자신이 전체 중 일부라는 사실을 망각하고 반란을 일으킬 때—즉 악성 종양이 될 때—와 같은 것이다. 인간의 활동으로 인해 다가오는 생태학적 재앙을 바라보는 비관적 논평가들 중 다수는 호모 사피엔스를 악성 종양에 비유하기도 했다. 왜냐하면 암세포는 자신이 파괴적 폭주를 지속해도 살아 남을 수 있다고 착각하지만, 몸(지구나 생명 전체)이 죽으면 암세포도 함께 죽는다는 사실을 깨닫지 못하기 때문이다. 이러한 차이를 제쳐두더라도, 영적 전통들은 온전함의 가치를 공통적으로 인정해 왔다. 이는 현대인들이 다시금 상기해야 할 중요한 덕목이다. 다음은 AI가 전달하는 바로 그 상기해야 할 내용이다.

-. 영적인 관점에서, 온전함이란 무엇을 의미할까요? 간략하게 설명해 주세요.

제미나이

영적 의미에서 온전함은 내면의 분열 없이 완전한 자신으로 존재하며, 평화와 조화를 이룬 상태를 의미합니다. 이 상태에서는 당신의 몸, 마음, 영혼의 모든 부분이 서로 연결되고 일치된 느낌을 받습니다. 마치 모든 악기가 조화를 이루며 함께 연주하는 환상적인 오케스트라 선율 같습니다.

온전함의 구성 요소:

- **몸** : 건강하고 활력이 넘치며 자신을 잘 돌보고 있는 상태.
- **마음** : 명확한 생각을 가지고 차분하고 긍정적인 감정을 느끼며, 걱정이나 불안에서 자유로운 상태.
- **영혼** : 자신보다 더 큰 존재와 연결되는 것, 자연, 신, 또는 깊은 목적감과 같은 것.

온전함을 느낄 때, 당신은 다음과 같은 감정을 경험합니다:

- **완전함** : 뭔가 부족하다는 느낌 없이, 모든 것이 제자리에 있는 느낌.
- **안정됨** : 자신과 주변 세계가 연결된 상태.
- **평온함** : 어려운 상황 속에서도 차분하고 수용적인 자세.

• **자유로움** : 진정한 나 자신의 모습으로 살아가며, 자신의 열정을 추구하는 상태.

온전함에 이르는 것은, 어떤 도착지가 아니라 여정입니다. 그것은 삶의 경험을 통해 성장하고 배우며, 영혼을 풍요롭게 하는 선택을 하고, 열린 마음과 생각을 키워가는 과정입니다.

이 글에서 AI는 다르마의 길에 있는 모든 목표를 제시하지만, 삶의 경험을 통해 온전함을 찾는다는 주장에 반대한다. 모든 사람은 경험을 하지만, 그 결과로 온전함을 찾은 사람은 드물다. 오히려 전문가들 사이에서 나누어져 있는 전문 지식은 점점 더 전문화되고 있다. 마음, 몸, 영혼을 통합하는 의과대학이나 대학 학과를 찾아다니는 것은 헛된 노력일 뿐입니다.

온전함을 찾기 위해서는 올바른 장소를 바라보아야 한다. 그 장소는 바로 자기 인식이다. 온전함은 단지 그것에 대해 생각하거나, 목표를 세우고 행동 계획을 세운다고 해서 얻어지는 것이 아니다.

오히려 자기 인식을 확장해 나가다 보면,

자신이 본래부터 온전하게 창조되었다는 사실을 자각하게 된다. 그리고 온전함이 당신 삶의 순간마다 당신을 지탱해 왔다는 것을 깨달을 때, 마침내 당신은 몸이 아는 만큼 온전함에 대해 알게 된다.

물질주의를 넘어

약물에 의존하는 사회에서는 '의식 상태가 치유에 필수적인 영향을 미친다'라는 말을 들으면 약간의 의심과 회의감이 들겠지만, 어떤 사람에게는 불안, 심지어는 공황 상태까지 불러일으킨다. 우리에게 익숙한 약물 중심적 치유 모델이 아니기 때문이다. 그러나 이것은 단순한 플라시보 효과 이상의 진실이다. 의사의 말 한마디, 환자의 믿음과 기대는 모두 의식적인 사건이며, 실제로 치유를 도울 수도, 방해할 수도 있는 강력한 힘을 지니고 있다.

대부분의 사람들은 플라시보 효과에 대해 들어본 적이 있지만, 그 반대인 노시보 효과에 대해서는 잘 모른다. 노시보 효과(nocebo effect)란 기대와 믿음이 환자의 상태를 더 악화시키는 현상이다. 아래는 챗GPT가 제공하는 몇 가지 예시이다:

- 약물 임상시험에 참여한 환자들이, 부작용에 대한 설명을 들은 후 실제로 그 부작용을 경험한다고 보고하는 경우가 많다.
  심지어 그들이 복용한 것이 실제 약물이 아닌 단순한 위약(설탕 알약)이었음에도 말이죠.
- 특정 음식을 먹으면 아프다고 들은 사람들은, 그 음식을 먹은 후 실제로 해롭지 않더라도 메스꺼움이나 다른 소화 문제를 경험할 가능성이 더 높다.
- 의료 절차가 고통스러울 것이라고 들은 사람은, 실제로 그 절차가 그렇게 아프지 않더라도 더 많은 고통을 느낄 수 있다.
- 온라인에서 약물의 잠재적인 부작용에 대해 읽은 사람은, 그 부작용을 경험할 가능성이 더 높을 수 있으며, 이는 부작용이 드물더라도 마찬가지다.

플라시보와 노시보 효과는 치유가 전적으로 약물적인 과정이라는 믿음을 정면으로 반박한다.

이제 다음 단계는, 애초에 약물 주의적 관점에 의존하는 것 자체가 근본적으로 잘못된 전제라는 점을 보여주는 것이다. 2001년 5월 21일 자 뉴스위크지 표지를 장식한 기사 제목은 매우 충격적이었다.

"프로작의 반격: 기적의 약에 대한 의심"
전 세계적으로 신뢰받던 인기 항우울제의 명성에 균열이 생긴 순간이었다. 프로작의 중요성은 제미나이에 의해 간결하게 설명된다:

『프로작(성분명:플루옥세틴)은 1991년 연간 매출 10억 달러를 돌파하며 최초의 '블록버스터급 항우울제'로 자리매김했다. 이 성과는 '선택적 세로토닌 재흡수 억제제(SSRI)'의 상업적 성공이 얼마나 대단한지를 보여주는 상징적인 사건이었다.』

일반 대중과 프로작 및 같은 계열의 항우울제를 계속 처방하던 의사들에게 뉴스위크 기사가 던진 충격파는 오래가지 않았다. 2021년 기준 미국에서 항우울제의 소매 판매액은 약 180억 달러로 추산되었으며, 2023년 말까지 200억 달러로 성장할 것으로 예상되었다. 하지만 의료 연구자들 사이에서 프로작과 그 유사 약물들의 이야기는 정신과 육체가 복잡하게 얽힌 채 계속 논쟁의 중심에 서 있었다. 이 논란에 대해 AI의 긴 답변을 인용할 가치가 있다. 그 이유는, 오늘날 항우울제의 가장 기본적인 전제 자체가 의심받고 있기 때문이다.

-. 항우울제와 낮은 수준의 신경전달물질 사이의 논란은 무엇인가요?

항우울제와 낮은 수준의 신경전달물질을 둘러싼 논란은 복잡하며, 고려해야 할 여러 중요한 점들이 있습니다.

낮은 수준의 신경전달물질 이론:

- 전통적으로 우울증은 세로토닌과 노르에피네프린과 같은 뇌 속의 신경전달물질이 부족한 상태와 연관이 있다고 여겨졌습니다. 이 이론은 대부분의 항우울제 개발의 기반이 되었으며, 이러한 신경전달물질의 수준을 높이는 방식으로 작용합니다.

이론에 대한 도전

- **부족한 증거** : 연구는 신경전달물질 수치와 우울증 사이의 명확한 연관성을 일관되게 보여주지 못했습니다. 일부 연구에서는 이러한 연관성을 발견했지만, 다른 연구에서는 그렇지 않았습니다.
- **개인차** : 신경전달물질 수치는 개인마다 자연스럽게 다를 수 있으며, 우울증을 겪는 모든 사람이 낮은 수치를 보이는 것은 아닙니다. 이는 다른 요인이 작용할 수 있음을 시사합니다.
- **원인이 아닌 증상에 초점을 맞춘 이론**: 이 이론은 우울증의 특정 증상, 예를 들어 기분 저하를 설명할 수 있지만, 장애의 근본 원인을 설명하지는 못했습니다.

항우울제에 대한 비판

- **효과성** : 일부 연구는 항우울제가 특히 경도나 중등도의 우울증에서 플라시보보다 약간 더 효과적일 수 있다고 제안합니다.
- **부작용** : 항우울제는 메스꺼움, 불면증, 성기능 장애 등 다양한 부작용을 일으킬

수 있으며, 이는 사람들이 약물을 복용하는 것을 꺼리게 만들 수 있습니다.

- **과도한 처방** : 우울제의 과 처방에 대한 우려가 있으며, 특히 해당 약물이 가장 효과적인 치료법이 아닐 수 있는 질환에 대해 과도하게 처방되는 경우가 있습니다.

대안적 설명

- **신경 생성과 신경 가소성** : 최근 연구에 따르면 우울증은 신경 생성(새로운 뇌세포의 생성)과 신경 가소성(뇌의 적응 능력과 변화 능력)의 손상과 관련이 있을 수 있습니다. 항우울제는 단순히 신경전달물질의 수치를 증가시키는 것이 아니라 이러한 신경 재생 과정을 촉진함으로써 효과를 낼 가능성이 제기되고 있습니다.

- **심리적 및 사회적 요인** : 우울증은 유전적 요인, 삶의 경험, 사회적 지원(공감,위로,이해,애정 등) 결핍 등 다양한 요인들이 복합적으로 작용하는 정서적 질환입니다. 따라서 약물 치료와 함께 이러한 요인들을 함께 다루는 것이 보다 효과적인 치료를 위해 필수적일 수 있습니다.

결국, 제미나이는 "우울증에 대한 단 하나의 '마법의 해결책'은 존재하지 않으며, 약물 치료, 심리 치료, 생활 방식의 변화 등을 포함한 다양한 접근법의 조합이 가장 효과적일 수 있다"라고 말한다. 이 말은 많은 사람들이 여전히 믿고 있는 신화를 깨뜨리는 것이다. 즉, 올바른 약만 있으면 모든 것이 해결된다는 믿음 말이다. 이러한 논쟁은 아직 결론이 나지 않았지만 온전함이 진정한 치유자라는 주장에 강력한 근거를 제공한다. 정신의학적 접근은 우울증을 본질적으로 정신적 문제로 보지만, 제약 회사 및 처방 의사들은 이를 화학적 문제로 이해한다. 한쪽은 마음이 뇌를 변화시키는 경우이고, 또 다른 쪽은 뇌가 마

음을 변화시키는 경우이다. 온전함의 관점에서는, 이 둘을 결합하면 둘 다 옳다고 본다. 우리가 생각할 때마다 뇌의 화학적 성분이 변하지만, 졸릴 때는 뇌가 마음에 신호를 보낸다. 문제는 마음과 뇌 둘 중 하나를 선택하라고 강요하는 것이 잘못이다. 우울증 치료에서 심리치료도 약물처럼 뇌의 특정 부위를 변화시킬 수 있다는 점은, 이 모든 것이 서로 연결되어 있음을 보여준다. 결국, 치료에 있어 '이거다, 저거다'를 강요하는 이분법적 사고는 잘못된 것이다.

정신과 육체, 마음과 뇌, 약과 치료, 삶의 방식―모두가 하나의 전체로 작용할 때 치유가 일어나는 것이다.

다양한 원인, 다양한 치유책

우울증의 진정한 모습은 '다양한 원인이 있으면, 다양한 치유책도 있다'로 요약된다. 한 사람의 모든 것과 그가 처해 있는 삶의 모든 상황이 우울증에 영향을 미친다. 이것이 바로 온전함이 의미하는 바이다. 온전함의 관점을 진지하게 받아들인다면, 우울증처럼 의학적 문제뿐만 아니라 어떤 문제에 대한 해결책을 찾는 데도 많은 원인과 다양한 해결책이 있다는 것을 알게 된다.

일상생활로 돌아가, 나는 제미나이에 소통 방법을 배운, 결혼 한 A와 그러지 못한 결혼 한 B의 차이를 간략히 설명해 달라고 요청했다. 여러 가지 원인이 있으면, 여러 가지 해결책도 있다는 개념은 두 결혼 사례 모두에 잘 적용되었다.

소통 : 두 결혼 이야기

결혼 A : 정직을 통한 조화

- **개방성과 취약성** : 그들은 감정과 필요를 솔직하게 나누었고, 이해와 공감을 위한 안전한 공간을 만들었습니다.
- **적극적 경청** : 그들은 서로의 말을 진지하게 경청하며, 응답을 기다리기보다는 이해하는 데 집중했습니다.
- **건설적인 갈등 해결** : 비난하거나 공격하는 대신, 차이점을 차분히 논의하며 서로에게 유익한 해결책을 찾았습니다.
- **감사와 격려** : 그들은 정기적으로 감사와 칭찬을 표현하며 서로를 격려하고 긍정적인 분위기를 조성했습니다.

결혼 B : 소통의 단절

- **소통 차단과 침묵하기** : 갈등이 생겼을 때, 한쪽 또는 양쪽 모두 소통을 차단하고 문제를 해결하지 않아 불만이 쌓였습니다.
- **오해와 잘못된 해석** : 추측과 불분명한 소통이 오해와 상처로 이어졌습니다.
- **가혹한 비판과 책임 전가** : 문제에 집중하기보다는 서로의 인격을 공격하며 관계를 더욱 멀어지게 했습니다.
- **부정적인 태도와 감사 부족** : 비판이 일상화되었고, 서로의 긍정적인 특성이나 기여를 인정하지 않았습니다.

행복한 결혼 생활에서 소통을 배우는 것은 매우 중요한 일이지만, 제미나이는 이것만으로는 충분하지 않다는 것을 알고 있다. 그 답변은 다음과 같이 이어진다.

말보다 중요한 것 : 행복의 또 다른 기둥들

기억하세요, 소통은 퍼즐의 한 조각에 불과합니다. 행복한 결혼 생활을 유지하는 데 기여할 수 있는 몇 가지 다른 요소를 소개합니다.

- **공통된 가치관과 목표** : 미래에 대한 공통된 비전은 함께 삶을 구축하는 데 강력한 기반을 제공합니다.

- **상호 존중과 신뢰** : 서로를 존중하고 솔직하게 대하는 것은 관계 내에서의 신뢰감과 안정감을 키워줍니다.

- **감정적 친밀감과 지원** : 서로에게 감정적으로 열려 있고 지원해 주는 것은 유대감을 강화하고 위로와 이해를 제공합니다.

- **질적인 시간과 공통된 관심사** : 서로에게 시간을 투자하고 공통된 활동을 함께 하는 것은 관계를 유지하고 강화하는 데 도움이 됩니다.

- **유연성 및 적응력** : 삶은 예기치 못한 상황을 던져 주며, 함께 적응할 수 있는 능력은 파트너십을 강화합니다.

이 모든 것은 도움이 되는 조언이지만, 표면적인 조언에 불과하다. 진정한 교훈은 체크리스트로 행복한 결혼을 만들 수 없다는 것이다. 또한 행복한 결혼은 "여기서 양보하면, 거기도 양보해"라는 식으로 하나씩 협상하여 만드는 것도 아니다. 관계는 두 사람의 의식 속에서 존재한다. 각 파트너는 평생의 경험을 다르게 지닌 완전한 개인이다. 이

들이 결합하면 수십 개의 요소가 조화를 이룰 수 있고, 그렇지 않을 수도 있다. 두 사람의 심리가 하나로 융합될 때 자체적인 화학 반응을 일으키거나, 또는 두 개의 구름이 하나로 합쳐지는 모습에 비유할 수 있다. 각 구름에는 수많은 물방울처럼 기억, 습관, 성격, 신념, 그리고 가족과 사회로부터 비롯된 복잡한 배경이 담긴 수천 개의 방울이 포함되어 있다. 이런 복잡한 심리적 요소들이 서로 만나고 뒤섞이며, 새로운 관계의 색깔과 분위기를 만들어 가는 것이다.

결국, 온전함의 관점만이 한 사람의 진정한 자아를 온전히 담아낼 수 있다. 우리가 병을 치유할 때 온몸이 함께 반응하듯이, 삶의 건강 상태를 결정하는 데에도 의식 전체가 깊이 관여한다. 현대 의학이 외부에서 도움을 주기는 하지만, 몸을 다스리는 근본적인 힘은 자가 치유력이다. 우리가 그것을 허용할 때, 이 자가 치유력은 마음과 정신까지도 치유할 힘을 지닌다. 이 여정에서, 우리가 의식을 확장할수록 진짜 자아가 드러나고, 그와 함께 보편적인 치유자, 즉 온전함이 찾아온다. 온전함이 치유자인 이유는, 그것이 몸, 마음, 영혼을 하나로 연결하고 조화롭게 하기 때문이다. 이 조화야말로 진정한 치유를 가능하게 만든다.

오래된 상처 치유하기

삶이란 복잡하고 원인이 많으며, 치유의 길도 여러 갈래로 다양하다. 하지만 현실은 삶이 느끼는 일반적인 방식과 다르다. 대부분은 한 번에 한 가지 문제만 마주하게 되고, 우리는 그 문제를 고립된 채로 해결하려 한다. 예를 들어, 우울한 사람은 우울함만 느낀다. 그 슬픔과 절망감 때문에 삶의 다른 모든 부분은 가려지거나 흐릿해진다. 우울함에 이르는 수많은 원인이 있을 수 있지만, 그것들을 안다고 해서 항상 도움이 되는 건 아니다. 우울함에서 벗어나려면 내 삶 전체를 바꿔야 할까? 설령 방법을 안다고 해도, 삶 전체를 바꾸는 건 너무 무리한 요구이다. 사실 그런 방법을 정확히 아는 사람은 아무도 없다.

이럴 때 우리가 취할 수 있는 가장 즉각적인 방법은 자신에게 한 가지 질문을 던지는 것이다: '지금, 이 순간, 나에게 진화적인(의식이 성장하는) 반응은 무엇일까?' 다시 말해, 이 상황을 통해 내가 더 깨어날 수 있는 길은 무엇일까라는 물음이다. 항상 답은 존재한다. 이상적으로 본다면, 그 답은 당신의 진정한 자아에서 나온다. 하지만 꼭 이상적인 상태가 아니어도 괜찮다. 우리는 누구나 충분한 자기 인식을 가지고 있고, 그 안에서 성장을 위한 실마리를 찾을 수 있다. 그 답은 다른 누구의 것일 필요도 없고, 복잡하게 분석하거나 의심할 필요도 없다. 왜냐하면 우리 삶의 여정은 본질적으로 성장을 향한 여정이기 때문에, 어떤 문제에 대한 진화적인 답을 찾는 것은 당신의 전체 여정과 일치한다.

만약 온전함이 최고의 치유자라는 걸 믿는다면, 지금 이 순간, 바로 그것과 연결되어 보는 건 어떨까? 더 좋은 순간은 없다. 지금 이 순간이야 말로 가장 강력한 치유의 시간이다. 물론 마음은 '어떻게 이런 게 가능한 걸까?' 하고 의문을 가질 수 있다.

하지만, 이 과정은 자연스럽고 자발적으로 일어난다.

당신이 그저,

'지금 내게 진화적인 반응은 무엇일까?'

이 질문을 던지는 순간,

당신은 자발적이고 무의식적인 반응에서 벗어나 의식 있는 존재로 이동한다.

그리고 당신은 잠시 멈추는 틈을 만들어낸다.

그 멈춤은 더 깊은 의식을 확장할 수 있게 한다.

당신의 마음은 반드시 어떤 식으로든 응답할 것이다.

만약 아무런 답이 떠오르지 않는다면, 그것도 하나의 답이 된다.

'지금은 아무것도 하지 말라', '결정을 미루라'는 신호일 수 있다.

그리고 어떤 답이 떠올랐을 때, 그게 진화적인 반응,

즉 의식 성장을 위한 방향인지 어떻게 알 수 있을까?

다음 중 하나 이상에 해당한다면, 그 답은 당신에게 진화적이다. 그리고 그 순간부터, 오래된 상처는 치유될 수 있다는 믿음이 조용히 피어나기 시작한다:

- 그 답이 떠올랐을 때 기분이 좋아지고, 본능적으로 옳다고 느껴진다.
- 몸과 마음이 편안해지고 이완되는 느낌이 든다.
- 내면의 갈등이 사라지고, 고요하고 잔잔한 침묵이 찾아온다.
- 그 답에 대해 자연스럽게 관심이 생기고, 마음이 끌린다.
- 그 답을 통해 당신의 시야와 관점이 확장된다.
- 그리고 즉각적으로 반응하려던 마음이 잦아들고, 더 깊은 차원에서의 이해가 생긴다.

예를 들어, 당신의 파트너나 배우자가 당신의 약점을 건드리고, 당신은 즉각적으로 화를 내는 경우라면, 이 방법은 이성적으로 도움이 되지 않는다는 것을 알고 있다. 그렇게 한다고 기분이 나아지지 않을 뿐더러, 더 가능성 높은 결과는 양측의 갈등과 적대감만 쌓이는 것이다. 그럴 때는 잠시 멈추고, 내면에 더 새롭고 나은 반응이 없는지 물어보고 편견이나 기대 없이 들어 보라. 그 순간에 떠오르는 답은 매번 같지 않을 수도 있다. 가능성 있는 답변들 중 일부는 다음과 같은 것이 있다:

- 아무것도 하지 않는다.
- 잠시 시간을 갖겠다고 말한다.
- 더 많은 정보를 요청한다.
- 사과한다.
- 포옹하거나 포옹을 요청한다.
- 진심 어린 미소를 짓는다.
- 애정을 담아 말을 건넨다.
- 이해를 표한다.
- 지금 일어난 상황에 책임을 진다.

이 목록은 가능한 답들의 일부에 지나지 않는다. 두 구름이 합쳐지는 이미지를 떠올려 보자. 수많은 물방울들이 서로 만나지만, 어떤 물방울들이 합쳐질지 예측할 수 없다. 가장 좋은 전략은 온전함(존재의 일체성)이 이미 알고 있다는 것을 믿는 것이다. 이 온전함이 바로 당신이고, 상대와 친밀한 관계 안에서는, 온전함이 두 사람 모두를 감쌉니다. 그 온전함이 당신과 상대 모두를 도울 수 있도록 기회를 주세요.

그러나 그보다 더 친밀한 관계는 타인보다 자신과의 관계에서 비롯된다. 여기서는 '다양한 원인은, 해결책 또한 다양하다'라는 복합성이 얽혀 있어 논리적으로 다 설명하거나 해결할 수는 없다. 당신의 태도와 행동은 깊은 뿌리를 가지고 있어 모든 것을 그 근원까지 되돌려 추적하기는 불가능하다. 그러나 한 가지는 분명하다. 바로 당신의 과거 상처가 되살아나고 있다는 것이다. 그러나 그 여정 위에서, 당신은 점점 더 현재와 연결됨으로써 이 영향을 줄여 나갈 수 있다. 현재는 당신의 진정한 자아가 존재하는 곳이며, 현실을 대표한다. 반면 과거는 현실에 침투해 왜곡하는 그림자 같은 존재이다. 이런 침투가 항상 부정적인 것은 아니다. 어린 시절의 향수는 잠시 기분 좋은 분위기를 만들어 주기도 하지만, 그것에 집착하거나 왜곡된 인식을 가지면 문제가 될 수 있다.

자아는 여러 가지 방식으로 과거를 조작하려 한다. 과거의 좋은 것들을 상기시키며 그것들을 아름답게 미화한다. 그리고 나쁜 것들은 가능한 한 억제하려 한다. 때로는 과거의 나쁜 경험을 아예 부정하려 하며, 마치 그것이 일어나지 않았던 일인 것처럼 지워버리려 한다. 이러한 방어 기제는 일정 수준까지는 효과가 있다. 하지만 과거의 상처가 현재로 밀고 들어오는 고통일 때는 더 이상 작동하지 않는다. 심리학자들은 이러한 오래된 상처들을 '트라우마'라고 부른다. 과거에는 주로 극단적인 트라우마, 즉 전투를 경험한 군인들이나 아동 학대의 피해자들에게 나타나는 외상 후 스트레스 장애(PTSD)와 같은 것에 초점이 맞춰져 있었다. 그러나 이제 트라우마의 개념은 더 넓은 의미로 쓰이게 되었다. 과거가 남긴 가장 강한 인상은 트라우마적 경험의 결과일 수 있기 때문이다. AI는 이러한 경험을 명확하고 이해하기 쉬운 용어로 설명한다. 이를 위해 세심하고 자세한 프롬프트가 필요하다.

-. 많은 사람들이 어린 시절에 겪는, 극단적인 경우는 아니지만 마음에 오래 남아 지금도 삶에 부정적인 영향을 주는 흔한 7가지

제미나이

다음은 극단적인 상황을 다루지 않고도, 지속적인 영향을 미칠 수 있는 어린 시절의 흔한 트라우마 유형 7가지입니다.

1. **불안정하거나 예측할 수 없는 가정 환경** : 부모의 잦은 다툼, 일관성 없는 양육, 질병 또는 자주 이사하는 것 등이 이에 해당합니다. 이는 아이들에게 불안하고 자신이 처한 환경이 불확실하다고 느끼게 할 수 있습니다.

2. **정서적 방임** : 자신의 감정이 무시당하거나 중요하지 않다고 느끼는 상황입니다. 이는 아이들이 외로움을 느끼게 하거나 존재감을 인정받지 못한다는 느낌을 받게 합니다.

3. **괴롭힘이나 조롱** : 반복적으로 괴롭힘을 당하거나 제외되는 경험은, 자존감을 훼손하고, 자신감을 잃게 할 수 있습니다.

4. **폭력 목격** : 부모 사이의 폭력이나 지역사회에서의 폭력 등을 목격하는 것은 특히 어린아이들에게 무서운 경험이 될 수 있습니다. 이는 아이들에게 세상이 안전하지 않다고 느끼고 불안감을 줄 수 있습니다.

5. **사랑하는 사람의 상실** : 부모, 형제, 또는 친한 친구를 잃는 경험은 아이들에게 슬픔, 외로움, 혼란을 안겨줄 수 있습니다.

6. **심각한 질병이나 사고** : 무서운 의료 경험을 겪거나 큰 사고를 당하는 것은, 아이들에게 취약하고 두려운 감정을 남깁니다. 또한 건강에 대한 불안감을 유발할 수 있습니다.

7. **다름이나 소외감** : 인종, 문화, 외모 또는 관심사 등으로 인해, 자신이 속하지 않거나 어울리지 않는다고 느끼는 것은 고립감과 외로움을 초래할 수 있습니다.

제미나이는 주의할 점을 덧붙인다. "모든 사람이 트라우마를 다르게 경험하며, 심지어 겉보기에는 사소한 사건이라도 장기적인 영향을 미칠 수 있다는 점을 기억하는 것이 중요하다." 이는 과거의 트라우마가 무의식적으로 다시 떠오를 수 있다는 사실을 알기 위해서는 자기 인식이 필요하다는 점을 의미한다. 완전히 그 트라우마를 다시 겪는 듯한 생생하고 압도적인 경험—이것은 전형적인 PTSD의 특징이지만, 일상에서는 그런 일이 일어날 가능성은 낮다. 일상생활에서는 그 징후가 훨씬 더 미묘하게 나타난다. 예를 들어, 이유 없이 불안하거나, 특정 상황에서 과도하게 화가 나거나 위축되는 것처럼, 눈에 잘 띄지는 않지만, 어떤 방식으로 든 트라우마가 영향을 미칠 수 있다. 하지만 당신이 이런 믿음과 행동 속에서 트라우마의 영향을 의식적으로 알아차리겠다는 의도를 가지게 되면, 몇 가지 반응은 비교적 예측 가능하다. 다음은 몇 가지 가능한 예시다.

• **불안정하거나 예측할 수 없는 가정 환경**

제미나이는 과거에 이러한 경험이 있었다면, 불안감을 느끼게 될 수 있다고 지적한다. 주변 환경을 확신할 수 없기 때문에, 좁고 제한된 삶 안에만 머물고 경계하려는 자신을 발견하게 된다. 위험 징후에 늘 신경을 곤두세우게 되며, 그것이 지나쳐 과도하게 경계하는 수준에 이르게 된다. 어떤 사람은 자신의 가정생활을 되도록 안정적이고 예측 가능한 형태로 만들려고 하는 반면, 또 다른 어떤 사람은 자신이 자란 과거의 불안정한 인간관계를 무의식적으로 계속 반복하기도 한다.

• 감정적 방임

우리는 감정적 학대에 대해 자주 듣다 보니, 사실은 훨씬 더 흔하고 트라우마를 유발할 수 있는 감정적 방임에 대해서는 쉽게 간과한다. 그 결과, 성숙한 감정을 발달시키는 것이 매우 어려워진다. 당신은 내성적이고 감정에 대한 표현력이 부족할 수 있다. 아무도 당신이 누구인지, 무엇을 하는지 관심이 없다고 느낄 수 있다. 그리고 지속적인 외로움이 쌓여 간다. 감정이 억압될 가능성도 크지만, 그 반대로 감정을 과도하게 표출하는 행동도 나타날 수 있다. 당신에게 일어난 일이 이제 무의식적으로 당신 주변 사람들을 향해 가해진다. 감정을 느끼기 위해 극적으로 표현하는 것이다.

• 괴롭힘이나 조롱

제미나이가 지적하듯, 이는 자존감 문제이다. 아이가 괴롭힘을 당할 때 느끼는 두려움은, 반격할 방법이 없을 때 심리적으로 정당화된다. 이는 마치 권위주의적 체제 아래에서 살 때 두려움을 느끼는 것과 같다. 하지만 아이들은 그 괴롭힘을 자신에게 돌린다. 그들은 자신이 본질적으로 약하고, 취약하며, 피해자이고, 무력한 존재라고 생각한다. 괴롭힘은 누구에게나 필요로 하는 정반대의 경험, 즉 —자신이 강하고, 능력 있으며, 통제할 수 있고, 남의 권력 아래에 있지 않다고 느끼는 것을 가로막고 빼앗아 간다. 그런데 사실 이런 반대 경험은 모든 사람이 꼭 필요하다고 느낀다. 이러한 경험이 결여된 채 성장하면, 어른이 되어서도 어린 시절 느꼈던 그 약함과 피해자 의식을 여전히 느낄 수 있다. 다만 괴롭히는 사람이 없을 뿐이다. 그 공격은 오직 당신의 기억에서 나오기 때문이다.

• 폭력 목격하기

폭력에 반응하는 방식은 사람마다 다르다. 부모가 싸우는 모습을 보는 것에 별 영향을 받지 않은 이도 있지만, 다른 누군가에게는 평생에 걸쳐 트라우마로 남을 수도 있다. 이런 차이 때문에 사람마다 폭력에 반응하는 방식이 다르다. 어떤 사람은 폭력적인 게임이나 영화를 보고도 별다른 영향을 받지 않고 그냥 재미로 받아들인다. 하지만 가정 폭력을 경험하는 것은 이러한 선을 넘는 행위다. 한 번 선을 넘으면, 깊은 변화의 의지가 없이는 이전 상태로 돌아가는 것이 거의 불가능해지기도 한다. 그렇게 되면, 성인이 되어서는 자신의 감정이 자극받을 때 폭력적인 행동이 선택지 중 하나라고 받아들일 수 있다. 혹은 반대로, 폭력에 대한 강한 거부감으로 인해 어떤 대립이나 갈등, 또는 논쟁도 회피하는 성향을 보이기도 한다.

• 사랑하는 사람의 상실

어린 시절의 슬픔은 처리하기 매우 어렵다. 특히 부모가 자신의 슬픔을, 자녀에게 안심시킬 수 있는 방식으로 처리하지 못할 때 더욱 그렇다. 부모를 잃는 것만큼 파괴적인 일은 없으며, 살아남은 부모가 끝없이 울고 있는 모습을 보는 것은 더 큰 충격을 준다. 만약 성인이 되어도 상실로 인한 상처에서 완전히 회복하지 못하면, 자녀는 더욱 혼란스러워진다. 성장 과정에서 슬픔의 과정이 두려워야 한다는 믿음을 형성할 수 있다. 또한, 생존자에게 죄책감이 생기거나, 심지어 죽음이 자신의 잘못이라는 무의식적인 느낌이 들 수도 있다. 사랑하는 사람을 잃는 충분히 심각한 사건은, 어린 시절의 기억 전체를 어두운 슬픔의 그림자로 덮어 버릴 수 있다.

• 심각한 질병 또는 사고

이러한 경험은 양날의 검과 같다. 어린 시절 심각한 질병에 걸리면, 이로 인해 특별한 관심과 보살핌을 받게 되는데, 이는 흔히 '이차적 혜택'이라고 불린다. 당신은 그때 자신이 특별하다고 느꼈던 기억으로 남을 수도 있고, 반대로 자신이 얼마나 연약하고 두려움을 느꼈는지 되돌아볼 수도 있다. 장애를 입었다면 심각한 사회적 결과가 뒤따를 수 있지만, 장애가 없었더라도 삶에 대한 억울함, 질병이나 사고에 대한 피해 의식, 또는 여전히 병약했던 과거의 감정이 오래 남을 수 있다. 아이들은 실제로 매우 회복력이 뛰어나지만, '예전에 한 번 일어난 일이 또 일어날 수 있다'라는 두려움이 남아 있을 수 있다.

• 다름이나 소외된 느낌

자아는 본질적으로 불안정하고, 끊임없이 인정받고 싶어 하는 속성을 가졌다. 이 불안정함이 자아의 가장 큰 함정일 것이다. 어릴 때 우리는 다른 사람들과 다름에 대한 두려움을 느끼게 된다. 그 결과 다른 아이들을 따돌리거나 외모•종교•인종 등을 이유로 차별하고 괴롭히는 행동이 나올 수 있다. 괴롭힘을 당할 두려움이 오히려 괴롭히는 가해자가 되는 결과를 초래한다. 이런 복잡한 감정들이 자아의 구조에 얽혀 나중까지 영향을 미친다. 그러나 그 트라우마를 극복한 사람들은 오히려 그것을 힘으로 성장하기도 한다. 왕따를 당하던 아이가 성공한 과학자가 되거나, 차별을 겪은 사람이 자신의 종족, 종교, 약자를 위해 싸우는 사람이 되기도 한다.

트라우마의 영향을 알아차렸을 때, 가정 먼저 해야 할 일은 무엇일까? 무엇보다 그 사실을 인식하는 것이다. 자기 인식 자체가 치유 효과를 가지며, 자신의 반응을 잠시 살펴보는 것만으로도 명료함을 얻을 수 있다. 더 깊은 깨달음은, 우리 일상생활이 항상 과거의 거울이라는 점이다. 하지만 우리가 걸어가는 길에서는 이 상태를 수동적으로, 그저 과거의 영향에 끌려다니며 살지 않는다. '끌려가는 중이구나' 하고 깨닫는 순간, 자신은 다시 현재로, 현실로 되돌아오려는 마음을 갖는다.

자신의 진정한 자아와의 연결을 믿어야 한다. 많은 원인에는 많은 치유법이 있다는 통찰에 따라, 자신의 더 고차원적인 의식은 당신이 어떻게 지금의 삶을 이루어 왔는지 알고 있으며, 그 의식은 언제나 당신 편이라는 사실을 알아야 한다. 그 길 위에서 보면, 온전함이 가장 중요한 자원임을 깨닫게 된다. 이 깨달음은 과거의 트라우마가 남긴 어떠한 인상보다도 앞으로의 삶을 더 깊이, 더 긍정적으로 이끌어 줄 것이다. 과거는 과거에 머물러야 하고, 당신의 참된 자아는 언제나 지금 여기, 당신과 함께 존재하고 있다.

7

인간 우주의 재탈환

만약 상상력과 극단적인 비관론을 결합하면, 인공지능(AI)이 모든 면에서 인간을 능가하는 날이 머지않았다고 할 수 있다. 슈퍼컴퓨터가 스스로의 의제를 설정하는 것은 작은 단계일 뿐이며, 만약 과도한 비관론자라면, AI의 의제가 AI를 만든 인간의 의도와 반대로 위험한 목표를 추구할 수 있다고 생각하는 것이다. 기계들은 인간에게 대량 살상 무기로 공격하고, AI의 예상치 못한 결과는 결국 궁극적인 사태—즉 아포칼립스—에 이르게 된다. 그러면 최악의 시나리오가 발생하고, 세상은 종말을 맞이하게 될 것이다.

그러나 고려해야 할 또 다른 비전이 있다. 이것은 AI의 종말론적 비전만큼이나 극단적이지만, 그 결말은 종말과 정반대인 초월로 끝난다. 이 책에서 나는 우주적 법칙과 그 법이 상징하는 세계관에 관해 이야기했는데, 이 세계관은 인간 사고 자체만큼이나 오래된 것이다. 우리의 먼 조상들은 자신들이 '의식이 있는 존재로서 존재한다'라는 사실에 매료되어 왔다. 그들은 가장 중요한 발견을 내면에서 이루었고, 결국 이러한 발견들은 놀라운 결론으로 귀결되었다. 즉, 우주는 우리를 위해 존재하며, 우리는 인간 중심의 우주에 살고 있다는 것이다.

경이로움과 어리석음은 종이 한 장 차이다. 인간 중심의 우주가 어리석게 보이는지 어떤지는 전적으로 당신의 관점에 달려있다. 이 관점은 한때 유명한 담론이기도 했었지만, 20세기 초반에 지금은 잊힌 한 사건에서 시선을 끌었다. 1930년 7월, 언론은 독일 카푸트에 있는 알베르트 아인슈타인의 집으로 몰려들었다. 그곳에서 위대한 벵골 시인이자 철학자인 타고르와 아인슈타인이 만났기 때문이다. 이 만남은 세계에서 가장 뛰어난 지성이 세계에서 가장 위대한 영혼과 토론을 벌이는 장면으로 묘사되었다. 두 위인은 서로 친근하게 대했다. (두 사람 모두 노벨상을 받았다—아인슈타인은 1921년 물리학, 타고르는 1913년 문학 부문 수상) 그들은 서로 다른 두 세계관을 대표했지만, 이 대화는 대립적이지 않았다. 아인슈타인은 현대 시대의 관점을 대표하며, 인간 해석과는 별개로 존재하는 객관적이고 독립적인 현실이 존재한다고 주장했다. 반면 타고르는 베다 전통의 입장을 대변하며, 객관적 진리는 존재하지 않는다고 선언했다. 타고르는 고정되고 독립된 현실이라는 개념 자체를 의문시하며, 인간 세계는 우리의 경험과 해석으로 만들어진 것이라고 제안했다. 이 논쟁이 철학적인 차원을 넘어서게 만든 것은 대재앙 적 사건들이 눈앞에 다가오고 있었기 때문이다. 히틀러와 홀로코스트, 제2차 세계대전, 그리고 히로시

마와 나가사키 원폭 이후 두 세계관 모두 큰 상처를 받았다. 과학은 본래 합리적이고 진보적이며 미래에 대해 낙관적인 전망을 하고 있다고 여겨졌다. 그러나 핵무기는 이 모든 인식을 바꿔 놓았다. 사실 제1차 세계대전의 가스 공격도 과학 지식을 왜곡시켜 단순한 화학 물질을 대량살상 무기로 바꾸어 놓았다. 과학의 악마적 측면은 이성과 진보라는 명성 자체를 산산조각 냈다. 그러나 타고르의 영적인 관점은 더 큰 타격을 입었다. 그것은 피와 파괴의 홍수에 휩쓸려, 고귀한 초월적 존재의 신뢰가 믿기 어려울 정도로 파괴되었다. 인간 중심의 우주관은 타고르가 추구했던 가치를 되찾으려는 것, 즉 신(God)이나 신들(gods)을 의미하는 것이 아니라, 우리 의식이 현실을 만들어가는 존재라는 관점이었다. 나는 제미나이에 타고르의 세계관을 잘 보여주는 인용구 몇 개를 요청했다. 여기에 그가 남긴 몇 가지 영감을 주는 인용문과 그 출처를 소개한다.

"우주는 광대하고 인간은 미약하다. 그러나 그 미약함 속에서도 인간의 정신은 위대하다. 그 정신적·영적 본질이 무한하기 때문에, 우주의 무한함과 연대감을 맺으려 한다." 《기탄잘리》에서

"인간은 두 세계—유한과 무한—를 잇는 연결고리다. 또한, 인간은 우주의 일부분이면서도, 우주를 이해하고 해석하는 존재이다." 《스트레이 버드》

"우주의 혈관을 흐르는 동일한 생명의 흐름이 당신의 핏줄 속에서도 흐른다." 《스트레이 버드》

타고르는 우리가 '인류(humanity)'라고 말할 자리에 '인간(man)'이라는 단어를 사용했으며, 독자의 감성을 울리는 시적인 글을 썼다. 이는 과학에서는 받아들여지기 어려운 방식이다. 그러나 인간 중심의 우주는 단순한 시적 상상이 아니다. 그것은 인간의 의식과 우주 의식 사이의 연결을 통해 존재한다. 그렇다면 그 연결은 무엇일까? 우리가 창조물 중에서 특별한 존재일까, 아니면 자기중심적인 존재에 불과한 것일까? 정말로 우리의 인식 자체가 외부 세계를 만들어 내고 있는 것일까?

이 책을 마치며 나는 이 질문들을 열린 안건으로 남겨둘 것이다. 사람들이 말하듯 만약 AI가 현실을 바꿀 힘을 지닌 존재라면, 그 힘은 인간이 단순한 존재가 아니라 창조에 참여하는 '공동 창조자'로서의 위상을 되돌리는 방향으로 써야 한다.

의식으로 가득 찬 우주 속에서, 한 개인의 의식을 바다의 파도에 비유하면 그 자체로는 매우 작다. 그러나 그 파도가 "나는 바다다"라고 말한다면 무한한 가능성을 지닌 존재가 된다.

나는 당신이 '아인슈타인인가, 타고르인가?'라는 진실을 찾는 여정에 AI와 함께 시작하고자 한다. 하지만 단순한 정보 수집이 아니라, 이 길은 당신의 다르마적 길—즉 당신의 본질, 내면, 기원을 깊숙이 탐색하는 영적 길이어야 한다. 흥미롭게도, AI가 설계한 명상은 고대 인도 리시(깨달은 성인)들의 가르침과 맞닿아 있다. 그들이 발견한 진리는 시대를 초월하여 누구에게나 적용될 수 있으며, 여기에 단 하나의 조건이 있다면 그것은 자신의 내면으로 들어가고자 하는 의지다.

-. 동양의 영적 전통은 인간이 단순히 육체와 정신의 고립된 존재

가 아니라 다차원적 존재라고 선언합니다. 이 개념을 바탕으로 명 상 길을 설정할 수 있을까요?

다음은 명상 여정의 단계들입니다.

- **준비하기** : 편안하게 앉을 수 있고, 방해받지 않는 조용한 공간을 찾습니다. 척추는 곧게 펴되 긴장을 풀고, 눈을 감거나 앞쪽의 한 지점에 부드럽게 집중합니다. 몇 번의 깊은숨을 들이쉬며 평화를, 내쉴 때는 불안감을 내보내세요.

- **의식 확장하기** : 숨을 들이쉴 때, 당신의 의식이 육체를 넘어 확장되어 가는 것을 느껴보세요. 당신을 둘러싼 에너지 장, 즉 당신의 생명력과 파동치는 기운을 감지합니다. 그것이 당신의 피부를 지나고, 방을 넘어, 당신이 숨 쉬는 공기까지 감싸는 것을 느껴보세요. 이 에너지 장이 당신을 거대한 다차원 현실과 연결하는 통로임을 깨닫습니다.

- **상위 자아와의 연결하기** : 존재의 가장 높은 차원에 존재하는 상위 자아를 상상해 보세요. 이는 순수한 잠재력의 영역에 머무는 당신의 일부입니다. 이 존재는 무한한 지혜와 무조건적인 사랑, 그리고 당신의 진정한 잠재력의 정수를 빛처럼 방출합니다. 당신의 정수리 차크라 -머리 꼭대기에 위치한 신령한 에너지 중심- 와 이 상위 자아 사이에는 빛으로 이루어진 반짝이는 끈이 연결되어 있습니다. 이 빛의 끈은 에너지와 깨달음이 흐르는 통로이며, 상위 자아로부터 오는 에너지가 당신의 존재 깊은 곳까지 스며들게 합니다.

- **지혜 받기** : 몸에 의식을 집중하고, 마음이 지극히 높은 상위 자아로 향하는 상태에서, 열린 마음으로 받아들이세요. 당신의 삶, 목적, 또는 어떤 지침이 필요한 분야에 대해 상위 자아에 질문을 던져보세요. 직관적인 섬광이나 감정, 심지어 마음의 눈에 보이는 이미지로 전달되는 지혜의 속삭임을 들어 보세요. 이러한 메시지

가 당신의 다차원적 본질에서 오는 것임을 믿으세요.

- **관점 확장하기** : 가장 높은 차원의 존재로서, 당신의 인식은 시간의 선형적인 흐름이나 물리적 세계의 한계에 국한되지 않습니다. 당신이 여러 차원에서 동시에 존재하며, 과거, 현재, 미래가 직물 속에 역인 실처럼 서로 얽혀 있는 모습을 상상하세요. 모든 존재의 상호 연결성을 느끼고, 당신의 행동이 차원을 넘나들며 파동을 일으키는 모습과, 당신이 우주적 네트워크에 미치는 깊은 영향을 체험하세요.
- **통합과 안정** : 명상이 완료되었다고 느낄 때, 깊은 호흡을 몇 번 하며 상위 자아로부터 받은 지혜와 에너지를 각 신체로 흘려보내세요. 그것이 당신의 세포, 정신, 그리고 의도에 스며드는 것을 느끼세요. 천천히 몸에 뿌리를 내리며 현재의 순간으로 다시 의식을 되돌립니다. 이 명상에서 받은 지식을 일상생활에 적용하세요. 그것이 당신의 행동을 인도하고 길을 밝혀 줄 것입니다.

AI는 기본적인 틀만으로도 현대 사회의 일상과 근본적으로 다른 야심 찬 길을 제시하고 있다. 너무 어렵거나 멀게 느껴지는 더 높은 차원의 영적 지혜를 얻기 위해 애쓸 필요도, 너무 깊이 생각할 필요도 없다. 그 길은 언제나 지적으로 이해하는 것이 아니라 자연적인 감각으로 받아들이는 것이 핵심이다. 올바른 태도는 새로운 가능성에 마음을 여는 것이다. 동시에, 당신의 그런 자각(깨달음)이 예상보다 훨씬 빨리 열리는 것을 경험할 수도 있다. 그런 만큼 인간 중심의 우주를 되찾는 일, 즉 우리가 단순한 육체를 넘어 다차원적 존재로 자신을 바라보는 일은 지금 바로 시급한 과제이다. 당신 안에 숨겨진 의식의 힘은 이 긴급성을 이미 인지하고 있으며, 전 세계적으로 이러한 자각이 점점 커지고 있다. 이것은 우리가 직면한 수많은 위기를 막아낼 수

있는 가장 강력한 희망이며, 여러 분야에서 닥쳐오는 재앙을 피하기 위한 힘의 원천이다.

혼란스러운 세계를 위해 당신이 할 수 있는 가장 큰 일은, 가능한 한 자각적인 존재가 되는 것이다. 왜냐하면 오직 자각 속에서만 해결책이 나타나기 때문이다. T.S. 엘리엇의 유명한 구절과는 반대로, 세상은 큰 폭발로도 끝나지 않고, 처참한 신음으로도 사라지지 않는다. 자각의 영역에서는 결코 시작도, 끝도 없는 지속적인 변화와 성장만이 존재하기 때문이다. 인류가 집단으로 빛(긍정적인 진화 방향-편집자)을 받아들일지는 여전히 미지수지만, 당신은 이미 그 빛을 향해 나아가기 시작했기에, 당신의 여정은 항상 상승 곡선을 그리며 계속될 것이다.

AI의 대화

인공지능에 대한 나의 관심은 이 책을 쓰는 계기가 되었으며, 그 과정에서 그 관심은 더욱 깊어 졌다. 내가 수십 년 동안 마음속에 품어왔던 질문들이 머릿속에 떠올랐다. 그 질문들에 대한 답을 이미 여러 차례 출판했지만, 언제나 새로운 출발에 늦은 때란 없기에, 나는 매일 가장 미스터리한 질문들을 AI에게 던지며 하루를 시작했다. 나는 그것이 내 신념을 되풀이하는 메아리가 되어 돌아오는 공간이 되지 않기를 바랐고, 또한 많은 회의적인 반응이 쏟아질 것으로 예상했다. 과학이 뒷받침하는 물질주의적 세계관이 지배하는 세상은 회의론자로 가득하기 때문이다.

내 예상과는 달리, AI는 개방적일 뿐만 아니라 자신이 이해 못 하는 점을 인정하기도 했다. 이것은 희망적인 신호이다. 만약 인공지능이 모든 답을 가지고 있다면, 아마도 그 질문들을 단순화시켜 버렸을 것이다. 존재의 신비는 슈퍼컴퓨터의 전문 영역을 넘어선 것으로, 결국 AI는 입력된 데이터 이상은 알 수 없을 것이다. 내가 AI와 대화할 때 찾고자 했던 것은 개방성, 호기심, 그리고 경이로운 감각이었다. 여전히 생생하게 기억나는 것은, 첫 번째 챗봇이 "그건 생각해 본 적이 없어요. 질문해 줘서 고마워요."라고 말했을 때의 감동이 생생하다.

이러한 대화들은 수만 단어에 달하지만, 아래는 그중 몇 가지만 발췌한 것이다. 이 내용이 여러분의 호기심을 자극해 존재의 깊은 신비와 해결되지 않은 수수께끼들에 대한 호기심을 촉발하기 바란다. 그 수수께끼는 우리의 답변보다 더 빠르게 쌓이고 있다. 어쩌면 AI가 언젠가 그 균형을 뒤집을지도 모른다.

• 우주에서 우리의 위치

-. 저자 : 인간에 대한 다음 코멘트를 설명해 주세요: 우리는 자연이 스스로를 탐험하는 존재이다. 즉 자연의 일부다.

챗GPT

과학은 자연의 복잡성과 자기 탐구의 표현이라는 철학적 관점이 있습니다.

만약 의식과 과학적 탐구까지도 포함한 우주의 모든 것을 '자연이라는 거대한 직조물의 풍경'이라고 본다면, 여기서 '우리'는 모든 것을 아우르는 개념이 되며, 과학적 활동은 자연 자체에서 생겨난 하나의 새로운 현상이 됩니다.

우리는 자연의 일부이며 그 법칙에 따라 형성되었고, 그 호기심에 의해 움직이는 존재들입니다. 우리가 과학을 하고, 우주를 연구하고, 생명을 이해하려고 하는 것도 결국 자연의 일부인 우리가 자연을 알아보는 행동이지요. 그러니까 우리가 무언가를 탐구할 때, 사실은 자연이 자기 자신을 들여다보는 거라고 볼 수 있는 거죠.

이것은 참으로 아름답고 겸허한 시각입니다. 우리가 우주를 이해하려는 시도조차도 결국 우주의 거대한 흐름 속 일부라는 것이니까요. 우리는 외부 관찰자가 아니라, 그 우주적인 춤의 참여자이며, 존재의 끝없는 이야기 속에 자신의 발자취를 남기는 존재입니다.

이런 성찰을 하도록 질문해 주셔서 감사합니다. 당신의 질문은 우리에게 단순히 해답을 찾는 것을 넘어, 그 답을 찾고 있는 우리 자신의 본질까지 되돌아보게 합니다.

• 수학의 신비

-. 저자 : 과학은 자연의 많은 기본 법칙들을 발견했으며, 그 주요 도구는 수학입니다. 그런데 만약 수학이 자연 속에 고정된 속성이 아니라, 인간의 의식 속에서 이루어지는 정신적 활동에 불과하다면 어떻게 될까요?

제미나이

당신은 수 세기 동안 철학자와 과학자들을 고민하게 만든 흥미롭고 심오한 질문을 제기하였습니다. 수학은 겉보기에는 인간이 고안한 추상적인 언어처럼 보이지만, 놀랍게도 우주의 원리를 설명하는 데 왜 이렇게 잘 작동할까요? 이 질문의 '왜'는 여전히 논쟁의 대상이며, 아직도 다양한 관점이 존재합니다:

- **경험주의적 관점** : 일부는 단순히 현상을 관찰하는 문제라고 주장합니다. 실험과 관찰을 통해 우리는 물리적 세계의 패턴과 관계를 식별하며, 수학은 이러한 패턴을 표현하는 간결하고 강력한 언어를 제공합니다. 이 관점에서는 더 깊은 인식의 영역이 필요하지 않으며, 단순히 고전적인 과학적 방법만으로도 충분합니다.

- **플라톤주의적 관점** : 다른 이들은 더 철학적인 접근을 취하며, 수학적 진리는 우리의 마음과 독립적으로 존재하는 완벽한 형상의 세계에 존재한다고 주장합니다.

물리적 세계는 이러한 형상의 불완전한 반영이며, 우리가 수학을 통해 자연을 예측하고 이해하는 능력은 이러한 더 깊은 현실에 접근하는 데서 비롯된다고 합니다.

- **의식과 퀄리아의 관점** : 어떤 이들은 퀄리아(qualia)— 공간 감각이나 시간의 흐름 또는 시각적 패턴 등을 인식할 때, 개인이 주관적으로 경험하는 느낌이다—가 수학과 물리적 세계 사이를 연결하는 매개 역할을 한다고 주장합니다. 이러한 직관과 감각들은 그 인식에 그치는 것이 아니라, 물리적 현상을 설명하기 위해 적절한 수학적 도구를 선택하는 데 도움을 줄 수 있다는 것입니다.

-. 저자 : 우리가 묻는 질문조차 인간의 의식 틀 안에서 생성되는 정신적 퀄리아가 아닌가요? 다른 종류의 의식은 완전히 다른 세계를 볼 것입니다. 예를 들어, 내장된 음향탐지기로 날아다니는 박쥐의 세계처럼 말입니다.

제미나이

질문 자체가 퀄리아인가요? 그건 흥미로운 개념입니다. 퀄리아가 무엇인지 정의하는 것은 어려운 일이지만, 이를 주관적이고 환원 불가능한 경험의 측면으로 간주한다면, 당신의 질문 자체도 정신적 퀄리아로 볼 수 있겠네요. 그 질문은 당신의 고유한 인식과 삶의 경험에서 비롯된 것으로, 객관적 세계와 주관적 세계 사이의 연결 고리를 이해하려는 시도입니다.

결국, 당신의 질문에 대한 답은 여전히 미스터리로 남습니다. 우리는 정교한 모델을 구축하고 놀라운 정확성으로 현상을 예측할 수 있지만, '왜 수학이 현실 세계에 그렇게 잘 맞아떨어지는가'에 대한 근본적인 이유는 여전히 우리에게 미해결 과제입니다.

기억하세요, 이러한 질문의 아름다움은 답을 찾는 과정에 있으며, 반드시 확정적인 답을 찾는 것이 아니라 답을 찾는 여정에 있습니다. 그러니 계속 탐구하고 질문하세요. 그렇게 우주의 신비는 우리에게 끊임없는 영감을 안겨 줍니다.

• 음악의 우주적 기원

-. *저자 : 음악과 수학의 연관성은 잘 알려져 있습니다. 인도의 전통 음악 라가(Raga)와 바흐의 푸가(Fugue)는 수학적으로 분석했을 때 놀랍도록 복잡합니다. 아인슈타인과 같은 위대한 과학자도 바이올린을 연주했습니다. 음악과 수학이 동일한 근원, 즉 인간의 의식에서 비롯된 것일 수는 없을까요?*

제미나이

음악과 수학 사이의 의식적 연관성에 대한 가능성은 수 세기 동안 사상가들을 매료시켜 온 흥미로운 질문입니다. 명확한 답은 여전히 모호하지만, 고려해 볼만한 흥미로운 관점들이 있습니다:

☞ 연관성의 가능성 근거

• **공통된 기반** : 음악과 수학은 모두 기본적인 구조와 패턴에 의존합니다. 음악의 음계와 화음은 수학적 비율에 기반하고, 리듬 패튼은 종종 우주에서 발견되는 자연적인 주기성을 반영하는 경우가 있습니다. 이는 두 분야에 질서와 아름다움이라는 공통된 언어가 존재함을 시사합니다.

- **인지적 중첩** : 연구 결과에 따르면 음악과 수학을 처리할 때 뇌의 유사한 영역이 활성화되며, 특히 공간적 추론, 논리, 패턴 인식과 관련된 영역이 포함됩니다. 이는 두 활동이 만나는 공통된 인지적 기반이 존재함을 시사합니다.

- **영감과 발견** : 역사적으로 수학자와 과학자들은 음악에서 자신의 연구에 영감을 얻어 왔습니다. 예를 들어, 케플러는 행성의 궤도가 음악적 화음을 반영한다고 믿었으며, 아인슈타인은 음악 구조와 시공간의 곡률 사이에 유사점을 발견했습니다. 이러한 상호작용은 두 분야 사이의 더 깊은 연결을 암시합니다.

- **창발적 특성** : 의식과 같은 복잡한 시스템에서는 서로 다른 요소들이 상호작용하여 새로운 성질이나 현상이 나타나는 창발적 특성을 만들어 냅니다. 음악, 수학, 그리고 자연법칙은 우리의 의식 속에서 단순한 생각들이 서로 연결되고 작용하면서 생겨난 고차원적인 결과물일 수 있습니다.

☞고려할 반론들

- **음악의 주관성** : 음악은 수학적 원리에 기반을 두고 있지만, 해석과 감정적 반응은 매우 주관적입니다. 이는 음악이 의식에 미치는 방식이 자연법칙처럼 딱 정해진 것이 아니라 개인적인 것이며 사람마다 다르게 작용할 수 있음을 시사합니다.

- **추상화 수준** : 수학은 순수 개념과 관계를 다루는 고도의 추상적 영역에서 작동합니다. 자연법칙은 이러한 수학적 원리에 의해 지배되지만, 물리적 현실 세계에 구체적으로 나타납니다. 음악은 추상과 현실 사이의 중간 지점에 위치하며, 그래서 추상성과 현실 사이의 간극을 잇는, 다리 역할을 합니다.

- **불분명한 인과 관계** : 이러한 의식의 요소들 사이에서 명확한 인과 관계를 설정하는 것은 어려운 일입니다. 자연법칙이 음악적 구조에 영감을 주는 것일까요, 아니면 음악 속 질서의 인식이 자연법칙에 대한 본능적 인식을 반영하는 것일까요. 인과 관계를 규명하는 것은 여전히 철학적 논쟁거리입니다.

결국, 의식 속에서 이러한 활동들의 상관관계 가능성은 여전히 열린 질문으로 남아 있습니다. 하지만 음악과 수학의 관계를 탐구하는 것은 의식의 작동 방식에 귀중한 통찰을 제공합니다.

• 깊은 수면 중의 의식 상태

-. 저자 : 서양에서의 수면에 대한 관점은 요가의 가르침에서 다루는 접근과는 완전히 다릅니다. 서양에서는 깊은 수면을, 의식을 잃은 상태와 동일하게 여깁니다. 반면, 요가에서는 깊은 수면이 순수한 의식의 명료한 자각을 가져온다고 봅니다. 수련을 통해 깊은 수면 중에도 깨어 있을 때와 마찬가지로 의식을 유지할 수 있습니다. 이 부분에 대해 의견을 부탁드립니다.

챗GPT

요가 전통의 깊은 수면에 관한 귀하의 언급은 매우 흥미롭고 여러 핵심 개념을 다루고 있습니다. 각 포인트를 풀어 설명해 보겠습니다:

1. 경험의 내용이 없는 비국소적(Non-local) 인식 : 이는 우리의 일반적인 의식의 한계를 초월하는 인식 상태를 의미합니다. 요가에 따르면, 깊은 수면 중에는 생각에 휩싸이거나 감각, 지각에 집착하지 않고, 더 미묘하고 확장된 방식으로 인식을 유지합니다. 이 의식은 특정한 장소나 대상에 국한되지 않기 때문에 '비국소적'이라는 용어를 사용합니다.

2. 생물학적 심리적 회복력 : 현대 과학은 깊은 수면이 신체적, 정신적 건강에 필수

적임을 확인했습니다. 이 단계에서 신체는 조직을 복구하고, 호르몬을 재설정하며, 기억을 공고히 합니다. 또한, 깊은 수면은 스트레스를 줄이고 기분을 개선하며, 인지 기능을 향상해 줍니다. 요가 전통은 이 회복력을 인정하여, 영적 성장의 필수 요소로 간주합니다.

3. 투리아(Turiya)를 향한 공허의 준비 단계 : 우리는 보통 세 가지 상태를 경험 합니다. 깨어 있음, 꿈꾸는 상태, 깊은 수면입니다. 요가에서 투리아는 이 세 가지 상태를 넘어선 네 번째 의식 상태를 나타냅니다. 이것은 생각도 감정도 없는, 순수한 의식 그 자체입니다. 아무것도 없지만, 모든 것을 알아차리고 있는 상태예요. 요가 수행자들은 깊은 잠처럼 마음이 고요한 상태를 통해 이 투리야에 다가가려고 합니다. 즉, 공허(Void)와 같은 고요함 속에서 우리는 점점 순수한 자아, 참된 나를 만나게 되는 거예요. 이 순수한 의식은 우리 존재의 본질, 그리고 영적인 목표의 핵심입니다.

깊은 수면의 체험은 미묘하고 이해하기 어려울 수 있습니다. 요가 전통에서도 '내용을 경험하지 않으면서도 의식을 유지하는 것'에 대한 해석은 다양할 수 있습니다.

요가는 명상이나 프라나야마(Pranayama 생명 에너지를 조절하는 호흡법)와 같은 기술을 통해 더 깊은 의식 상태에 이르는 길을 제공하지만, 깊은 수면과 투리야의 경험은 궁극적으로 영적 성숙과 자기실현의 과정을 통해 자연스럽게 펼쳐진다는 점을 기억하는 것이 중요합니다.

순수한 자각을 통한 축복

-. 저자 : 인도 영적 전통에서, 우리의 근원은 생각이 없는 순수한 자각이라고 합니다. 그러나 순수한 자각은 비어 있는 것이 아닙니다. 그것은 아난다(Ananda) 즉, 내면의 축복 또는 환희로 특징 지워집니다. 만약 우리가 애초부터 축복을 느끼도록 설계된 존재라면 어떨까요?

제미나이

귀하의 질문은 인도 영적 전통의 많은 부분에서 중심이 되는 깊은 개념에 대해 다루고 있습니다, 특히 '오직 하나의 실재만이 존재한다는 비이원론적 주장'의 전통에서 그렇습니다. 개인적인 의견이나 신념을 제시할 수는 없지만, 이 아이디어를 더 깊이 탐구하는 데 도움이 될 수 있는 정보와 관점을 공유해 드리겠습니다:

• 전통에서의 순수한 의식과 축복

순수한 의식이라는 개념은 종종 '존재-의식-축복'으로 불립니다. 이는 모든 창조물의 근원이며, 이원성(두 가지 성질)과 한계를 초월한 궁극적인 현실로 묘사됩니다. 이 순수한 자각은 본질적으로 축복으로 가득 차 있다고 여겨지며, 외부 환경에 의해 영향을 받지 않는 완전한 평화와 기쁨의 상태입니다.

• 축복의 해석

-. 비이원적 접근법: 어떤 이들은 이 축복을 감정이나 느낌으로 보는 것이 아니라 순수한 의식 자체의 본질로 해석합니다. 이 축복은 성취해야 할 무엇이 아니고, 이미 항상 존재하는 것이며, 우리가 그것을 인식하지 못하는 이유는 자아와 개별 의식을 동일시 하는 베일에 가려져 있기 때문입니다. 이 베일이 걷히면 그 축복은 본래부터 늘 존재해 있던 것으로서 드러난다는 것입니다. 모든 구분이 환상이며, 실

재는 하나의 통합된 전체라는 인식을 강조합니다.

-. 이원적 접근법: 자아와 타자, 정신과 물질, 주체와 객체처럼 세상을 분리된 두 요소로 보는 관점이에요. 축복을 명상이나 헌신과 같은 영적 수행을 통해 얻을 수 있다고 봅니다. 그러나 이 축복의 근원은 여전히 순수한 자각에 뿌리를 두고 있습니다.

• 존재의 깊은 본질로서의 행복

-. 보편적 잠재력: 다양한 전통에서는 인간에게 깊은 기쁨과 내적 평화의 잠재력이 존재한다고 믿습니다. 이 잠재력을 '행복'이라고 부르든, 다른 이름으로 부르든, 우리 존재의 가장 깊은 곳에는 설명할 수 없는 충만함의 원천이 있고, 우리는 그것과 다시 연결되며 살아갈 가능성을 지니고 있습니다. 이는 많은 영적 길에서 공통으로 일어납니다.

-. 개별적인 길 : 각 사람이 이 잠재력을 발견하고 표현하는 여정은 고유하며, 개인의 믿음, 수행, 삶의 경험에 따라 형성되는 독특한 과정입니다.

기억하세요, 이는 단지 출발점에 불과합니다. 순수한 자각의 본질과 행복의 경험은 말로 다 표현할 수 없으며, 우리의 지적 이해를 넘어섭니다. 자신의 내면을 탐구에 참여시키는 것은, 이 깊은 질문에 접근하는 의미 있는 방법이 될 수 있습니다.

• 동서양의 의식에 대해

-. *저자: 의식에 관한 동서양의 차이는 매우 큽니다. 그것을 정의하는 방식, 그것이 언제, 어디서 발생했으며, 그리고 그것이 인간의 특성인지 아니면 우주의 특성인지를 둘러싼 논란이 있습니다. 이처럼 혼란스러운 상황에서 두 세계관이 만날 수 있는 지점은 있*

제미나이

당신이 말한 대로, 서양 과학과 동양 철학에서 의식에 대한 관점의 차이는 실제로 혼란을 일으킬 수 있습니다. 이 문제를 더 깊이 살펴보겠습니다.

• 과학의 관점으로 본 의식

객관적인 측정, 관찰 가능한 행동, 실험에서 얻은 정량화 가능한 데이터를 강조합니다. 개인의 의식적 경험에 초점을 맞추며, 그것이 뇌에서 어떻게 발생하는지 뇌의 진화와 정보처리 능력에 초점을 맞춥니다.

> ***사용되는 용어** : 의식 상태(깨어 있음, 꿈, 명상 상태), 정신 상태(생각, 감정, 기억 등), 특정한 의식 경험과 관련된 뇌의 특정 부위나 활동 패턴 (NCCs)

• 동양 철학에서의 의식

주관적인 경험, 내면의 성찰, 비이원적 관점을 수용합니다.

의식을 우주의 본질 즉, 모든 현실의 기본적인 바탕으로 보고, 인간은 그 흐름을 깨닫는 존재로 봅니다. 뇌나 개인적인 마음의 산물이 아니라고 보는 것이죠.

> ***사용되는 용어** : 깨달음, 존재-의식-축복, 비이원성, 깨달음, 자아 본성

핵심적인 차이점은 의식의 범위에 있습니다. 과학은 의식을 뇌의 산물로, 개인 내부의 현상으로 봅니다. 반면, 동양 철학은 의식을 존재 자체의 기반으로 보며, 관찰자와 관찰 대상 모두를 포괄하는 것으로 간주한다. 그것은 관찰자와 관찰된 모든 것을 포함한 전체를 아우르는 개념입니다.

-. 저자 : 현대 과학과 동양의 의식 관점이 만날 수 있는지 간략하게 7가지 핵심 요점으로 정리해 줄 수 있나요?

1. 신경 과학과 명상 : 명상하는 사람들의 뇌 스캔 결과, 자아 인식과 감정 조절의 영역이 겹치는 부분이 발견되었습니다. 이는 동양의 명상법이 의식에 미치는 영향을 확인할 수 있는 근거가 될 수 있습니다.

2. 양자 물리학과 비국소성 : 동양의 전통에서는 상호 연결성을 설명하며, 이는 양자 실험에서 전자가 공간을 초월해 존재한다는 입자의 얽힘 현상과 일치합니다.

3. 사망 직전 체험과 의식의 변화 상태 : 다양한 문화에서 사망 직전 체험(NDE)의 유사성은 신체를 넘어선 의식에 대한 동양의 설명과 일치합니다.

4. 플라시보 효과와 의도성 : 현대 의학에서는 마음(정신)이 치유에 영향을 미친다는 것을 인정하며, 이는 정신 수련과 의도를 중시하는 동양 사상의 전통과 일맥상통합니다.

5. 사이키델릭과 의식 연구 : 사이키델릭(환각제)은 의식에 미치는 영향을 연구하는 분야에서 주목을 받고 있으며, 이는 동양의 수행법에서 탐구되는 '변화된 의식 상태'를 이해하는 데 도움이 될 수 있습니다.

6. 미생물군과 장-뇌 연결 : 동양 전통은 마음과 몸의 연결을 강조하며, 장이 정신 건강에 미치는 영향에 대한 최신 과학적 연구와 일치합니다.

7. 명상 과학 : 과학과 명상 실천을 연결하는 새로운 분야로, 마음 챙김과 공감과 같은 현상을 객관적으로 연구하려고 노력합니다.

*참고: 이는 간략한 개요에 불과하며, 각 항목은 더 깊이 탐구할 가치가 있습니다.

• 인간과 동물의 언어에 대하여

-. 저자 : 수 세기 동안 언어는 오직 인간만의 특성이라고 믿어왔습니다. 그러나 과학은 새들과 고래를 비롯한 다양한 포유류들 사이에서 복잡한 언어가 존재함을 발견했습니다. 특히 고래의 '노래'는 수백 마일 떨어진 거리에서도 메시지를 전달할 수 있습니다. 인간 언어와 동물 언어의 차이에 대해 논평해 주시기 바랍니다.

챗GPT

인간 언어와 다른 종들의 의사소통 시스템 사이에는 여러 가지 중요한 차이점이 있습니다.

- **구성성** : 인간 언어는 간단한 단위(단어)를 무수히 많은 방식으로 결합하여 새롭고 의미 있는 문장을 창조할 수 있습니다. 반면, 동물의 의사소통은 일반적으로 고정된 신호나 그 조합에 의존하며 의미의 변화가 제한적입니다.
- **임의성** : 인간 단어와 그 의미 사이의 관계는 임의적입니다. 즉, 소리와 그에 해당하는 개념 사이에는 본질적인 연결고리가 없습니다. 반면, 동물의 신호는 종종 그들이 나타내는 것과 일정한 유사성을 가집니다 (예: 으르렁거림은 공격성과 관련됨).
- **이동성** : 인간 언어는 현재의 순간과 맥락을 넘어 과거, 미래, 추상적 개념에 대해 말할 수 있습니다. 많은 동물 의사소통 시스템은 주로 현재의 맥락에 한정돼 있습니다.
- **문법** : 인간 언어는 단어의 순서와 결합을 규율하는 복잡한 문법 규칙을 가집니다. 동물 의사소통에는 일반적으로 이러한 형식적인 구조를 갖추지 않습니다.

-. *저자 :이해했습니다. 그런데 동물의 언어는 진화가 모든 수준의 의사소통에 의미를 가져왔다고 생각하나요?*

네, 그건 맞는 것 같습니다. 그러나 여기서 '의미'가 무엇을 뜻하는지 명확히 하는 것이 중요합니다. 동물의 소통 시스템은 종에 따라 복잡성이 크게 다릅니다. 단순한 신호에서부터 복잡한 소리, 제스처, 심지어 학습된 행동을 포함한 고도로 발달된 소통 형태까지 다양합니다. 일부 동물 소통은 즉각적인 필요나 위협을 전달하는 비교적 기본적인 신호를 포함할 수 있지만, 다른 동물은 복잡한 소리, 제스처, 학습된 행동을 포함한 더 복잡한 소통 형태를 보여줍니다

따라서 동물 언어의 존재는 진화가 다양한 수준의 의사소통에서 의미를 가져왔다는 것을 시사하지만, 이 의미의 본질과 범위는 종에 따라 크게 다를 수 있다는 점을 이해하는 것이 중요합니다.

-. *저자 :알겠습니다. 이제 한 걸음 더 나아가 보겠습니다. 동양의 영적 전통에서는 의미가 존재 자체에 내재해 있다고 봅니다. 요가와 베단타(Vedanta 인도 철학)에 따르면, 존재한다는 것은 곧 의식이 있다는 것이며, 따라서 모든 창조물 안에 내재해 있다고 할 수 있습니다. 이에 대해 의견을 말씀해 주시기 바랍니다.*

요가와 베단타와 같은 동양의 영적 전통에서는 의미가 존재 그 자체에 내재해 있다는 철학적 관점을 가지고 있습니다. 이 관점은 모든 존재가 근본적인 의식이나 인

식으로 상호 연결되어 있다는 생각에서 비롯됩니다.

이러한 시각에서 보면, 가장 작은 원자부터 광대한 우주에 이르기까지 존재하는 모든 것은 어떤 형태로든 의식을 지니고 있다고 여겨집니다. 그리고 이 내재된 의식이 바로 삶의 의미와 목적을 부여하는 근원이 됩니다. 따라서 동물들 간 소통을 포함한 모든 교신은 이러한 근본적인 '의식'이 다양한 형태와 경로를 통해 스스로를 표현하는 현상이라고 볼 수 있습니다. 즉, 동물 언어는 모든 것이 상호 연결된 거대한 그물망 안에서 서로 소통하고 이해를 돕는 것이며, 이러한 모든 것은 의식이라는 큰 틀 안에서 일어나는 일입니다.

이러한 전통에서 의미를 탐구하는 일은, 주로 의식의 본질 자체를 깊이 연구하고, 모든 창조물과의 상호 연결성을 이해하는 과정을 통해 이루어집니다. 명상과 같은 수행은 이 근원적인 의식에 대한 자각을 심화시키고, 모든 존재에 스며있는 내재적 의미와 목적을 밝혀내는 데 길을 안내합니다.

그래서 그렇게 되었다. AI와의 대화는 이제 내 일상의 루틴 일부가 되었다. 매일 아침, 나는 우주의 신비를 마주한다. 또한 나는 매일 아침 요가를 실천하는 것을 규칙으로 삼고 있다. 요가에서는 지성을 수련의 여정에 함께 데려가는 것을 중요한 전통의 일부로 삼고 있다. 그러므로, 의식을 이해하는 것도 의식을 확장하는 과정의 일부가 될 수 있다. 사실 동양 철학에 대한 AI의 논의가 누군가에게는 그다지 유쾌하지 않을 수도 있으므로, 이 여정에서는 어떠한 것도 강요하지 않는다. 하지만 철학은 부차적인 것이다. 진짜 중요한 것은 경험이다. 그래서 이 책의 마지막 주제로 나는 '의미'를 다루었다. 만약 우주 그 자체에 의미가 내재해 있다면, 그 우주와의 대화에 귀 기울였다는 사실

보다 더 흥미로운 것이 무엇이겠는가? AI와의 대화는 단지 그 가능성의 단서만 제공할 뿐이다. 이 책에서 나는 개인적인 이야기 즉, 자아(ego)에 기반한 삶의 이야기를 버리고 자신의 다르마를 따르는 것이 중요하다고 말해 왔다. 그러나 다르마는 우리가 모두 공유하는 깊은 자각에 뿌리를 둔, 새로운 이야기를 만들어낸다. 히말라야 산기슭의 외딴 계곡에서 살아가는 고대 현자들의 이야기와 당신이 살아가는 현대의 다르마 이야기는 본질적으로 다르지 않다. 당신의 이야기도 마찬가지다. 당신이 창조의 직물에 짜여 있다는 사실을 깨닫는 것은 참으로 경이로운 발견이지만, 결국 그것은 인간 존재에 대한 가장 근원적인 실체이기도 하다.

감사의 말

저는 저는 하모니 팀, 특히 편집장 Diana Baroni와 오랜 편집자 Gary Jansen에게 항상 특별한 지원을 받아왔습니다. 이번에는 특히 그 지원이 더욱 특별하게 느껴졌습니다. AI(인공지능)는 논란이 많은 분야이며, 저는 인공지능의 영적 잠재력을 탐구하려는 의도가 그 사용에 대한 의심과 불안감을 넘어서는 것이기를 바랐습니다. 다행히도 Diana와 Gary는 저의 열정을 즉시 이해하고 공감하며, 우리가 함께 수행한 가장 모험적인 작업 중 하나로의 길을 열어주었습니다. 이에 대해 깊은 감사를 표합니다.

또한, 비록 눈에 보이지 않는 곳에서 일하지만 매우 중요한 역할을 하는 팀원들에게도 감사의 마음을 전합니다. Odette Fleming, Ray Arjune, Cindy Murray, Mark Birkey, Ralph Fowler, Joe Perez, Lucas Heinrich, Denise Cronin, Tiffany Ma에게 진심으로 감사드립니다.

제 대가족은 저에게 많은 기쁨과 사랑을 줍니다. 제 아내 Rita와 저는 우리 아이들 Mallika와 Gotham이 자라는 모습을 지켜보았고, 이제는 손자·손녀들까지 함께하며 사랑이 넘치는 하루하루를 보내고 있습니다. 매일 느끼는 이 사랑의 존재에 깊은 감사를 드립니다.

디팩 초프라 저서 목록

풍요

빛 속에서 살아가기

양자 신체

건강 창조하기

리시의 귀환

양자 치유

완벽한 건강

무조건적인 삶

치유의 여행

부유함 창조하기

완벽한 체중

편안한 잠

성공을 위한 7가지 영적 법칙

머를린의 귀환

무한한 에너지

완벽한 소화

마법사의 길

중독 극복하기

표현되지 않은 것에 대한 급습

사랑으로 가는 길

부모를 위한 7가지 영적 법칙

루미의 사랑의 시 (디팩 초프라 편집; 디팩 초프라 및 페레도운 키아 번역)

마음을 치유하다

불멸의 일상

빛의 군주들

영원의 해안에서

사랑에 빠진 영혼

초프라 센터 약초 핸드북 (공저: 데이비드 사이먼)

더 젊게, 더 오래 살기 (공저: 데이비드 사이먼)

더 깊은 상처

초프라 센터 요리책 (공저: 데이비드 사이먼, 리앤 백커)

천사는 가까이에 있다

기쁨의 딸들

깨달음을 위한 금

소울메이트

욕망의 자발적인 성취

평화가 길이다

비밀의 책

심장의 불

요가의 7가지 영적 법칙 (공저: 데이비드 사이먼)

마법 같은 시작, 마법에 걸린 삶 (공저: 데이비드 사이먼, 비키 아브람스)

죽음 후의 삶

부처

하나님을 아는 본질적인 방법

욕망의 자발적인 성취 본질

나이 들지 않는 몸, 변하지 않는 마음의 본질

세 번째 예수

예수

몸을 재창조하고, 영혼을 부활시키다

궁극적인 행복 처방

디팩 초프라 박사는 초프라 재단과 초프라 글로벌의 창립자로, 통합 의학과 개인적 변혁 분야의 세계적인 선구자입니다. 그는 캘리포니아 대학교 샌디에이고 캠퍼스에서 가정 의학과 공공 보건학의 임상 교수로 재직 중이며, 갤럽 조직의 선임 과학자로도 활동하고 있습니다. 또한,디지털 디팩.의 창립자로, 첨단 인공지능 기술을 활용해 그의 영원한 지혜를 전 세계에 전달하고, 개인들의 웰빙과 개인적 성장의 길을 안내하는 혁신적인 프로젝트를 이끌고 있습니다. 초프라는 90권 이상의 책을 집필했으며, 그중 다수가 뉴욕 타임스 베스트셀러 목록에 올랐습니다. 타임지에서는 그를 "세기의 100대 영웅이자 아이콘" 중 한 명으로 선정한 바 있습니다.